21世纪高职高专新概念规划教材

管理信息系统（第二版）

王彤宇　编　著

内 容 提 要

本书针对高职高专院校的教学特点，在第一版大量教学实践经验基础上，进行了修订。本着专业技能培养为重心的原则，全书以一个管理信息系统实际项目开发为贯穿，详细地介绍了管理信息系统开发的全过程，包括管理信息系统概念、开发步骤、方法、图表工具的运用，文档资料的建立等，力求理论与实际相结合，强调技术的可操作性。读者学习后可以较系统地掌握管理信息系统的原理与概念，了解管理信息系统新的应用领域，并具备在企事业单位进行管理信息系统的规划、系统分析、系统设计、系统实施、系统运行管理与维护的职业素质和基本能力。全书共 8 章，包括信息及信息化、管理信息系统概述、建设管理信息系统方法概述、管理信息系统规划与分析、系统需求分析方法、系统设计、系统实施、系统运行管理与维护等内容。

为扩大学习者视野，书中还介绍了企业资源计划（ERP）、供应链管理（SCM）、客户关系管理（CRM）、电子商务、事务处理系统、决策支持系统等多种在社会组织中成功应用的管理信息系统。同时加强课程实训内容，在附录部分给出了《管理信息系统课程设计》指导建议书。

本书适合高等职业院校、高等专科学校、成人高等院校、本科院校举办的职业技术学院计算机信息管理及经济管理类专业教学使用，也可作为有关技术人员的培训教材和自学用书。

图书在版编目（CIP）数据

管理信息系统 / 王彤宇编著. -- 2版. -- 北京：中国水利水电出版社，2013.3（2019.12 重印）
 21世纪高职高专新概念规划教材
 ISBN 978-7-5170-0662-6

Ⅰ. ①管… Ⅱ. ①王… Ⅲ. ①管理信息系统-高等职业教育-教材 Ⅳ. ①C931.6

中国版本图书馆CIP数据核字(2013)第032768号

策划编辑：雷顺加　　责任编辑：李 炎　　封面设计：李 佳

书　名	21世纪高职高专新概念规划教材 管理信息系统（第二版）
作　者	王彤宇　编著
出版发行	中国水利水电出版社 （北京市海淀区玉渊潭南路1号D座　100038） 网址：www.waterpub.com.cn E-mail：mchannel@263.net（万水） 　　　　sales@waterpub.com.cn 电话：（010）68367658（发行部）、82562819（万水）
经　售	北京科水图书销售中心（零售） 电话：（010）88383994、63202643、68545874 全国各地新华书店和相关出版物销售网点
排　版	北京万水电子信息有限公司
印　刷	北京虎彩文化传播有限公司
规　格	184mm×260mm　16开本　13.75印张　335千字
版　次	2004年1月第1版　2004年1月第1次印刷 2013年3月第2版　2019年12月第2次印刷
印　数	4001—4500册
定　价	25.00元

凡购买我社图书，如有缺页、倒页、脱页的，本社发行部负责调换

版权所有·侵权必究

第二版前言

首先感谢出版社和广大读者朋友给了本书改版的机会,以及建设性的、中肯的修改意见。

学习管理信息系统的重要意义在第一版前言中做了详细阐述。本次改版的修订原则是:在教学实践肯定的初版体系结构基础上,注重适应"项目导向,任务驱动,递推提升"的教学模式,强调"教学做一体,手脑机并用"的教学方法,以培养职业能力为目标,更新教材内容。针对初版中存在的不足,做了以下的修订工作:①按照工作过程系统结构化思想,重新整合分析了该课程对应的工作任务及其工作流程,确定完成工作任务所必备的职业能力要求,据此精简了不实用的理论内容,使内容表达更贴近高职学生思维习惯;优化了实例项目开发中若干图、表的描述,使内容更具有实践性;调整了部分内容的位置,使内容安排更为合理。②重新组织编写了基本概念部分,加强了内容叙述的层次性和逻辑性。并紧跟新技术发展,对相关前沿技术进行了介绍,开拓学习者视野。③改正了初版中的错误以及部分术语使用不统一问题,使书中的基本概念术语和解释更加规范化。比如,规范了"管理信息系统"和"信息系统"这两个术语的涵义。

修订工作始终注重与企业合作,听取企业对管理信息系统学科职业岗位技能的要求。在初版教学实践中,济南名扬科技咨询有限公司张祺、丁玉树工程师长期被聘为该课程客座讲师,他为本书的实例项目选取、职业能力定位、实训实践教学等方面提出了很多宝贵意见,在此表示真挚感谢。

修订后全书共 8 章和 1 个附录,大致分为三大部分:认识管理信息系统、实用技术运用和课程实训指导。第 1~3 章构成本书的认识管理信息系统部分,引入基本概念;介绍管理信息系统在当今社会组织中的典型应用,给学习者勾画出管理信息系统的价值蓝图;讨论管理信息系统的建设方法。第 4~8 章组成系统开发技术运用部分,该部分以管理信息系统开发工作过程为线索,以一个具体的管理信息系统开发项目为贯穿,系统讲解开发技术和应用技术。第 4 章和第 5 章是系统规划分析,阐述系统规划、可行性分析、系统需求分析和新系统逻辑模型;第 6 章系统设计主要包括系统概要设计和系统详细设计;第 7、8 章系统实施和运行维护,内容包括程序编码、系统测试、运行管理和系统维护;课程实训指导部分由附录和思考与练习题里的实验题组成,给出《管理信息系统课程设计》指导建议,作为同行老师们的教学参考。同时引导学生自主学习,培养自我建构的能力。

该课程的学习必须注重理论与实践相结合,同时展开课堂学习和实训训练。理论与实训课时比应达到1:1,总课时 72 学时,课时分配建议如下:

课时分配建议表

课程阶段	内容	课时
认识管理信息系统	基本概念； 管理信息系统在当今社会组织中的典型应用； 管理信息系统的建设方法	10
实用技术运用	系统规划、可行性分析、系统需求分析和新系统逻辑模型； 系统概要设计和系统详细设计； 系统实施和运行维护	26
课程实训指导	《管理信息系统课程设计》指导； 管理信息系统开发训练	36

  本书由王彤宇编著，负责全书的大纲撰定、内容策划、编写、修改、定稿。同时王新春、牛曼冰、闫萌、尤凤英、李兴福、刘晓玲、王艳娟、崔敏、王艳红、陈晨、王冰等老师参加了编写工作，并对编写内容提出了中肯的建议。本书在编写过程中也得到许文宪、王秀红两位老师的大力支持与关心，谨在此一并表示感谢。

  尽管本次教材改版工作在教材特色建设方面做了很大努力，但由于作者水平有限，加之这一领域发展迅速，书中不妥之处，敬请读者指正。

编者

2012 年 11 月

第一版前言

　　管理信息系统是当今高度信息化社会中任何企业、事业战略发展要素的重要组成部分，它的成功建设和应用是社会组织在竞争中立于不败之地，进而发展壮大的有力保证。近几年管理信息系统的研究和应用方兴未艾，已经成为高校信息管理、计算机应用、经济等专业的核心课程。本书的目的就是讨论建立一个管理信息系统的理论基础、相关技术、建立过程以及管理信息系统建立和运行中的管理工作，为初学者认识与实践管理信息系统打好基础。

　　本书的内容总体可分为两大部分：基本概念部分和实用技术部分。考虑到管理信息系统知识内容涉及面较广，以及高职高专学生的学习特点，课程重点内容均采用"任务驱动"的编写方式，从易理解、系统、实用等多个角度精选大量典型实例，有力激发学习兴趣，进而掌握学习内容。

　　作者认为，"管理信息系统"课程强调应用，教学中应兼顾基本概念，但更应强调应用技术和可操作性。对此，本书做了一些尝试。例如，本书以系统分析、系统设计为重点，加大相关内容阐述力度，注重深入浅出，使读者通过学习，达到基本概念清楚，掌握系统开发的基本技术和基本方法。

　　本书由长期从事管理信息系统一线教学且具有丰富开发经验的老师编写，全书共9章，大致分为6个部分。第1、2章构成本书的第一部分，介绍基本概念，讨论建立管理信息系统的理论基础和建设方法；第3、4章构成系统规划分析部分，阐述系统规划、可行性分析、系统需求分析和新系统逻辑模型；第5章构成系统设计部分，这也是内容涉及面最广的一章，主要包括系统概要设计和系统详细设计；第6、7章构成系统实现与维护部分，内容包括程序编码、系统测试和系统维护；第8章构成管理信息系统建设管理部分，阐述系统建设管理工作、管理者应具备的素质；第9章构成应用实例部分，旨在展现在实战中怎样应用理论知识。

　　本书由王彤宇主编，负责全书的大纲撰定、实例的选取和内容策划、修改、定稿，并执笔编写了第2、3、4章，王秀红老师编写第5、8章，王春红老师编写第6章，张冬霞老师编写第1、7章，粘新育老师编写第9章，王永斌、付玉国、程红兵等老师参加了编写工作，并对编写内容提出了中肯的建议。

　　本书在编写过程中得到蒋金丹、许文宪、周佩锋三位老师的大力支持与关心，谨在此一并表示感谢。

　　由于作者水平有限，书中不妥之处，敬请读者指正。

编　者
2003年10月

目 录

第二版前言
第一版前言

第1章 信息及信息化 1
  1.1 信息的概念 1
    1.1.1 信息的定义 1
    1.1.2 信息与消息 2
    1.1.3 信息与数据 2
  1.2 信息的运动 3
    1.2.1 信息运动相关概念 3
    1.2.2 信息运动基本形式 4
  1.3 信息的层次、类型及特征 4
    1.3.1 信息的层次 4
    1.3.2 信息的类型 5
    1.3.3 信息的特性 5
  1.4 信息科学 7
    1.4.1 信息科学由来 7
    1.4.2 信息科学定义 8
    1.4.3 信息科学研究内容 8
  1.5 信息资源管理 8
    1.5.1 信息资源成为战略资源 8
    1.5.2 什么是信息资源管理 9
    1.5.3 信息资源管理的内容 9
  1.6 信息化与知识经济 10
    1.6.1 信息化的概念 10
    1.6.2 信息化社会 11
    1.6.3 知识经济 11
  习题一 13

第2章 管理信息系统概述 15
  2.1 信息系统 15
    2.1.1 系统的概念 15
    2.1.2 系统存在的必要条件 15
    2.1.3 系统的主要特点 16
    2.1.4 辨识信息系统 17
  2.2 管理与管理层次 17
    2.2.1 管理的概念与基本职能 17
    2.2.2 管理的层次 18
  2.3 什么是管理信息系统 19
    2.3.1 定义管理信息系统 19
    2.3.2 管理信息系统特点 21
  2.4 管理信息系统的功能 22
  2.5 管理信息系统的实体组成 23
  2.6 管理信息系统的结构 23
    2.6.1 概念结构 24
    2.6.2 横向层次结构 24
    2.6.3 纵向职能结构 25
    2.6.4 软件结构 27
    2.6.5 空间分布结构 27
  2.7 管理信息系统的发展历程 30
    2.7.1 三大发展阶段 30
    2.7.2 广义与狭义管理信息系统 32
    2.7.3 管理信息系统发展趋势 32
  2.8 现代组织中的管理信息系统 33
    2.8.1 业务处理系统 33
    2.8.2 决策支持系统 36
    2.8.3 基于流程整合的集成化管理信息系统 41
  2.9 管理信息系统与其他学科技术的关系 45
  习题二 46

第3章 建设管理信息系统方法概述 50
  3.1 结构化生命周期法 50
    3.1.1 管理信息系统的生命周期 50
    3.1.2 结构化系统开发的基本思想 54

3.1.3 结构化生命周期法 …… 56
3.2 快速原型法 …… 59
  3.2.1 什么是快速原型法 …… 59
  3.2.2 快速原型法与生命周期法互补应用 …… 59
3.3 其他方法及各方法比较 …… 61
  3.3.1 计算机辅助软件工程 …… 61
  3.3.2 面向对象的系统建设方法 …… 62
  3.3.3 现有方法评价 …… 62
3.4 管理信息系统的开发方式 …… 63
习题三 …… 65

第4章 管理信息系统规划与分析 …… 67
4.1 系统规划 …… 67
4.2 系统分析概述 …… 68
  4.2.1 系统分析的目标和主要活动 …… 68
  4.2.2 系统分析工作的特点 …… 69
4.3 可行性研究 …… 71
  4.3.1 系统的初步调查 …… 71
  4.3.2 可行性研究的任务 …… 72
  4.3.3 可行性分析报告内容与格式 …… 73
  4.3.4 可行性研究初步实例 …… 74
习题四 …… 78

第5章 系统需求分析方法 …… 81
5.1 系统的详细调查 …… 81
  5.1.1 调查策略和方法 …… 81
  5.1.2 调查内容 …… 82
  5.1.3 详细调查与初步调查的区别 …… 82
  5.1.4 深入实际调查研究 …… 83
5.2 描述系统逻辑方案的工具 …… 93
  5.2.1 数据流图 …… 93
  5.2.2 数据词典 …… 98
  5.2.3 结构化语言 …… 104
  5.2.4 决策树 …… 105
  5.2.5 决策表 …… 106
5.3 提出新系统逻辑方案 …… 107
  5.3.1 现行系统的薄弱环节 …… 107
  5.3.2 新系统的总体功能需求 …… 108
  5.3.3 绘制数据流图 …… 109

5.3.4 编写数据词典 …… 112
5.3.5 系统分析说明书内容与格式 …… 114
习题五 …… 115

第6章 系统设计 …… 121
6.1 系统设计概述 …… 121
  6.1.1 目的与任务 …… 121
  6.1.2 系统设计的主要内容 …… 121
  6.1.3 系统设计的依据 …… 122
6.2 系统总体概要设计 …… 122
  6.2.1 系统总体布局 …… 122
  6.2.2 软件系统总体结构设计 …… 125
  6.2.3 功能模块设计 …… 125
  6.2.4 教学管理信息系统模块结构图 …… 136
6.3 系统详细设计 …… 138
  6.3.1 数据库设计 …… 138
  6.3.2 代码设计 …… 151
  6.3.3 输入输出设计 …… 154
  6.3.4 模块流程设计 …… 163
  6.3.5 系统设计说明书内容与格式 …… 169
习题六 …… 170

第7章 系统实施 …… 176
7.1 系统实施阶段概述 …… 176
  7.1.1 作用与地位 …… 176
  7.1.2 主要活动内容 …… 177
7.2 程序设计 …… 177
  7.2.1 对程序的质量要求 …… 177
  7.2.2 程序设计的书写风格 …… 178
  7.2.3 程序设计步骤 …… 180
7.3 系统测试 …… 181
  7.3.1 系统测试的基本概念 …… 181
  7.3.2 系统测试的基本原则 …… 183
  7.3.3 系统测试的方法 …… 184
  7.3.4 系统测试的策略 …… 185
  7.3.5 调试排错的方法与策略 …… 188
7.4 系统转换 …… 190
  7.4.1 系统转换 …… 190
  7.4.2 系统转换的主要工作 …… 191

习题七 ································· 192

第 8 章　系统运行管理与维护 ····· 195
　8.1　系统运行管理 ······················· 195
　　8.1.1　系统运行管理的主要任务 ······ 195
　　8.1.2　系统的运行管理机构 ··········· 197
　　8.1.3　信息中心的组成和职责 ········ 199
　8.2　系统维护 ······························ 200
　　8.2.1　系统维护的目的和重要意义 ··· 200
　　8.2.2　系统维护工作的内容和类型 ··· 201
　　8.2.3　系统维护工作的管理 ··········· 202
　习题八 ·· 203

附录　管理信息系统课程设计指导建议 ····· 205
　F.1　课程设计实习基本要求 ··········· 205
　　F.1.1　组织与选题 ······················ 205
　　F.1.2　编写技术文档 ··················· 205
　　F.1.3　设计结果、验收评分 ··········· 205
　F.2　课程设计课题参考 ················· 206
　　F.2.1　学生成绩管理信息系统 ········ 206
　　F.2.2　某企业库房物资管理信息系统 ······ 206
　　F.2.3　工资管理信息系统 ············· 207
　　F.2.4　租赁光盘管理系统 ············· 207
　　F.2.5　图书管理系统 ··················· 207
　　F.2.6　书店图书预定信息系统 ········ 207
　　F.2.7　某商场销售管理信息系统 ····· 208
　　F.2.8　运动会成绩管理系统 ·········· 208
　　F.2.9　银行储蓄信息系统 ············· 208
　　F.2.10　设备管理信息系统 ············ 208
　　F.2.11　航空订票信息系统 ············ 209
　　F.2.12　医院危重病人管理信息系统 ······ 209
　　F.2.13　住房管理信息系统 ············ 209

参考文献 ·· 210

第1章　信息及信息化

本章主要讲解信息的相关概念：什么是信息，信息与数据的区别，信息运动特点、信息的层次及特征，信息资源，信息化及信息化社会的意义，知识经济的特性特点。

通过本章学习，读者应该：
- 掌握信息的定义，理解信源、信宿和载体，把握信息与数据的区别联系。
- 掌握信息的层次特点，信息的特性规律。
- 了解什么是信息科学。明确信息资源是人类生存发展的战略资源，掌握信息资源管理的概念。
- 掌握信息化的概念，了解信息化社会及知识经济的意义。

1.1　信息的概念

21世纪人类进入了信息社会时代，在各类社会组织的经济管理活动中，在人们的日常生活中，信息被广泛应用，成为人类发展的战略资源，并成为多个学科的研究对象。信息技术（管理和处理信息所采用的各种技术的总称，主要包括计算机、通信控制和网络技术）作为当代社会最活跃的生产力，对经济发展和社会进步发挥着举足轻重的作用。信息技术应用水平的高低已成为衡量一个国家、一个地区或一个企业综合实力的重要标志。

1.1.1　信息的定义

那么什么是信息呢？不同的学科，从不同的角度对信息这个概念有不同的解释。

信息理论的创始人香农说："信息是用以消除不确定性的东西"。也就是说，信宿（信息接受方）未收到消息前不知道信源（信息产生方）发出什么信息，只有在收到消息后才能消除信源的不确定性。如果没有干扰，信宿得到的信息量与信源的不确定性相等。申农的看法，被认为是对信息的认识的重大进展，因为他推导出了信息测度数学公式，标志着信息科学进入了定量研究阶段。

从哲学意义上来看，信息是自然界、人类社会、人类思维活动中普遍存在的一切物质和事务的属性。

信息是具有价值性、实效性和经济性，可以减少或消除事务不确定性的消息、情报、资料、数据和知识。判断一条信息的标准就是看它是否有助于消除不确定性。信息是有关事物、环境的各方面情况的反映，信息的本质在于不确定性的消除。如果一条信息能在一定程度上消除主体面临的不确定状态，它就是一条新信息，否则就是旧信息。如在远处看到了一个动物的模糊形状，随着这个动物的走近，你逐渐看清了它有四条腿，高大的身形，长长的脖子，最后你看清了它是一匹马。走到身边的时候，你还能识别出它的胖瘦、年龄大小、是雄性还是雌性，这个过程就是一个新信息不断获得、不确定性逐渐消除的过程，你获得的每一个信息都是新信息，都有助于你对这个动物的更清楚的认识。

1.1.2 信息与消息

在日常生活中，音讯和消息往往称为信息，所以人们常常错误地把信息等同于消息，认为得到了消息，就是得到了信息。例如，当人们收到一封E-mail，接到一个电话，收听了广播或收看了电视等，就说得到了"信息"。确实，人们从接收到的E-mail、电话、广播和电视的消息中能获得各种信息，信息与消息有着密切的联系。但是，信息与消息并不是一件事，不能等同。

消息就是用文字、符号、数据、语言、音符、图片、图像等能够被人们感觉器官所感知的形式，把客观物质运动和主观思维活动的状态表达出来。例如，听气象广播，气象预报为"晴间多云"，这就告诉了我们某地的气象状态，而"晴间多云"这一广播语言则是对气象状态的具体描述；电视中转播足球赛，人们从电视图像中看到了足球赛进展情况，而电视的活动图像则是对足球赛运动状态的描述。可见，语言、文字、图像等消息都是对客观物质世界的各种不同运动状态或存在状态的表述。当然，消息也可用来表述人们头脑里的思维活动。例如，朋友给你打电话，电话中说："我想去北京"，你就得知了朋友的想法。此时，这语言消息则反映了人的主观世界——大脑物质的思维运动所表现出来的思维状态。

消息的传递过程是一个从不知到知的过程，或是从知之甚少到知之甚多的过程，或是从不确定到部分确定或全部确定的过程。不确定性的消除，就获得了信息。原先的不确定性消除的越多，获得的信息就越多。如果原先的不确定性全部消除了，就获得了全部的信息；若消除了部分不确定性，就获得了部分信息；若原先不确定性没有任何消除，就没有获得任何信息。例如，甲告诉乙说："你考上了研究生"，那么乙就获得了信息。如果丙又告诉乙同样的话，此时，对乙来说，他只是得到了一条消息，并没有获得其他任何信息，在这个事件当中，"考上了研究生"是对考试结果的一种描述，而考试的结果不止一种。可见乙在得到消息之前存在不确定性。在得到消息之后，只要甲没说错，乙的不确定性就消除了，也就获得了信息。

通过分析可知，消息中包含信息，是信息的载体。得到消息，消除不确定性，从而获得信息。同一则信息可以由不同形式的消息来载荷，如前例中，足球赛进展情况可用报纸文字、广播语言、电视图像等不同消息来表述。而一则消息也可载荷不同的信息，它可能包含非常丰富的信息，也可能只包含很少的信息。可见，信息与消息是既有区别又有联系的。

1.1.3 信息与数据

数据（Data）是对客观事物的性质、状态以及相互关系等进行记载的物理符号或是这些物理符号的组合。它是可识别的、抽象的符号。这些符号不仅指数字，而且包括字符、文字、图形等。数值数据使得客观世界严谨有序；其他类型的数据使得客观世界丰富多彩。数据经过处理后，其表现形式仍然是数据。处理数据的目的是便于更好地解释。只有经过解释，数据才有意义，才成为信息。因此，信息是经过加工以后、并对客观世界产生影响的数据。信息与数据既有联系，又有区别。

数据是符号，是物理性的，信息是对数据进行加工处理之后所得到的并对决策产生影响的数据，是逻辑性（观念性）的；数据是信息的表现形式，信息是数据有意义的表示，是数据的内涵，是形与质的关系。只有数据对实体行为产生影响才成为信息，数据只有经过解释才有意义，成为信息。例如，某超市的销售记录单如表 1-1 所示。

表 1-1 某超市的销售记录单

记录号	顾客	商品名称	时间
1	Tom	啤酒	2007/1/12
		尿布	
		香烟	
2	Nora	啤酒	2007/1/15
		可乐	
		尿布	
3	Kate	啤酒	2007/1/16
		罐头	
		尿布	
		奶粉	

表中的数字 1、字母 T、斜杠/都是数据，它们本身是没有意义的，只有我们经过分析发现它们可以表示记录号、顾客名字的一部分、日期的一部分。进一步，可以分析到 2007 年 1 月的某些天中，商品啤酒和尿布的销售量存在某些关系，这些数据才成为信息，决策者就可以根据获取的信息来改变某些营销策略（更改货架、捆绑销售等）。

1.2 信息的运动

1.2.1 信息运动相关概念

信源：即信息的发布者，也就是传者。

信宿：即接受并利用信息的人，也就是受者。

媒介：原意指中间物，可用以纪录和保存信息并随后由其重现信息的载体，媒介与信息密不可分，离开了媒介，信息就不复存在，更谈不上信息的交流和传播。

信道：指信息传递的途径、渠道。信道的性质、特点将决定对媒介的选择，比如，在谈话中，传者如果是以声波为交流信道的，那么，声波信道的特性便决定了所选取的交流媒介只能是具有"发声"功能的物体、材料和技术手段。同样，如果以频道为信息传递渠道，其媒介选择只能是电子类的载体。

反馈：指受者对传者发出信息的反应，在传播过程中，这是一种信息的回流。传者可以根据反馈经验检验传播的效果，并根据此调整、充实、改进下一步的行动。

1.2.2 信息运动基本形式

从信息的观点出发,我们把相互联系、相互作用的事物有目的的发展变化看作信息采集(获取)、传输、存储、加工、变换的过程。任何事物的发展变化,既受其他事物的影响,又影响其他事物,也就是说,既接受来自其他事物的信息,又向其他事物发送信息。因此,信源和信宿是相对的。如果把信息的接受者(信宿)作为主体,信源作为客体,主体接收来自客体的信息,进行处理(分析、评价、决策),根据处理后的信息付诸行动(实施),主体的行动反过来又影响客体,这种影响称为信息反馈。信息从客体传输到主体,经过接收、处理、行动各环节反馈到客体,形成一个信息行动的循环,称为信息循环,如图1-1所示。

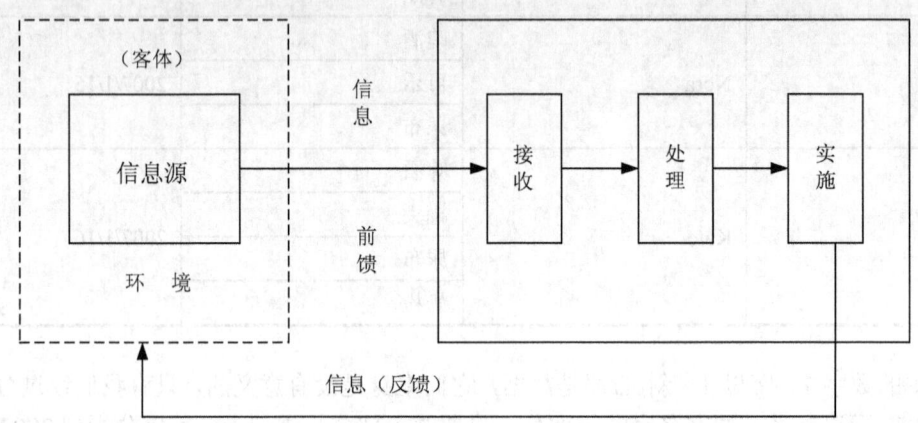

图 1-1 信息循环

信息循环是信息运动的基本形式,这种形式,特别是信息反馈的存在,揭示了客观事物在相互作用中实现有目的运动的基本规律。正确地设置和利用信息反馈,可以使主体不断地调整自己的行动,更有效地接近和达到预定目标。

1.3 信息的层次、类型及特征

1.3.1 信息的层次

根据信息对信息接收者活动的影响程度,信息的内容可分为四个层次(见表1-2)。

表 1-2 信息的层次

层次	信息内容	描述的问题
1	迹象	什么?(提出疑问)
2	事实	是什么?
3	知识	为什么?
4	智慧	怎么办?

信息接收者收集与利用信息，是为了规划或调整自己的行为，以更好达到预定的目的。迹象这一层次的信息是发现问题的先兆，这类信息提醒信息接收者情况可能有变，敦促信息接收者去进一步探明情况。如汽车司机在汽车运行中发现前方有异物，这就是"迹象"层的信息。司机进一步发现或被告知路有塌方现象，这一信息就反映了当前的事实，是第二层次的信息。连日下雨，路基不平是造成塌方的原因，这就是知识层的信息。如何避开塌方路段，最安全、最迅速的达到目的地，在这一案例中属于"智慧"层的信息。从上述简单的案例中可以看出不同层次的信息内容所描述的信源与信宿之间的相互联系与相互作用。现实生活中许多比这复杂得多的事物之间的相互联系与作用中，也都可以分别找到这四个层次的信息的运动。

1.3.2 信息的类型

信息存在的范围极其广泛，内容非常丰富。为了科学研究活动的需要，不同科学领域的研究人员往往依据不同的分类标准，对信息进行不同的划分。常见的信息分类主要有：

（1）以认识主体为依据，信息可分为客观信息（关于认识对象的信息）和主观信息（经过认识主体思维加工的信息）。

（2）以信息的逻辑意义为依据，信息可分为真实信息、虚假信息和不定信息。

（3）以信息的生成领域为依据，信息可分为自然信息、社会信息和思维信息。

（4）以信息的应用部门为依据，信息可分为工业信息、农业信息、军事信息、政治信息、科技信息、文化信息、经济信息等。

（5）以信息的记录符号为依据，信息可分为语声信息、图像信息、文字信息、数据信息等。

（6）以信息的载体性质为依据，信息可分为文献信息、光电信息、生物信息等。

（7）以信息的运动状态为依据，信息可分为连续信息、离散信息、半连续信息等。

（8）以信息的加工处理程度划分为一次信息、二次信息和三次信息。

（9）以事物产生、成长直至结束的发展过程进行划分，可将信息分为预测性信息、动态性信息和反馈信息。

（10）以传递的范围划分为公开信息、内部信息和机密信息。

（11）以信息反映的事物状态划分，则可将信息分为常规性信息和偶然性信息。

（12）以信息的稳定程度划分为固定信息和流动信息。

（13）以信息的范围划分为内部信息和外部信息。

1.3.3 信息的特性

信息之所以区别于物质与能量，并具有与物质、能量同等重要的作用，是源于信息所拥有的特性。物质在使用中是消耗的；能量就其个体而言在使用中也是消耗的，就其整体而言则是永恒的；而信息在其传递和使用过程中，可以重复使用，并可通过信息的加工处理而产生信息增值。信息作为一种资源，主要具有以下特性：

（1）客观性。信息的存在是客观的，它来源于客观存在的物质及其运动两大特性。从有人类存在以前，乃至今天，人类以外的各种生物就利用着大自然无穷无尽的信息资源。信息的客观性还表现为它是以物质的客观存在为前提的，即使是主观信息，如决策、判断、指令、计划等，也有它的客观实际背景，并以客观信息为"原料"，受客观实践的检验。

（2）依附性。信息总是依附于一定的物质载体而存在，需要某种物质承担者。如果不依附各种适当的载体,信息的含义和价值则不能传递和发挥。声音、语言、文字、颜色、图像、各种符号、光电磁、生物等各种信息信号、纸张、胶片、磁带光盘、人的大脑等,无一不是信息的载体。

(3) 可传递性。信息的产生是同信息的传递联系在一起的,信息在传递过程中发挥它的作用。信息的传递和流通过程是一个重复使用的流通过程,在这一过程中,信息的占有者不会因传递信息而失掉信息,一般说来,也不会因多次使用而改变信息的自身价值。

信息在时间上的传递通常被称之为信息的存贮。

(4) 可塑性。信息可以加工处理,可以压缩、扩充和叠加,也可以变换形态。在流通和使用过程中,经过综合、分析、再加工,原始信息可以变成二次信息和三次信息;原有的信息价值也可以实现增值;为了有效地交流和传递,借助于先进的信息技术,文本、图像、数字、语言等各种形态的信息均可实现互相转换。

(5) 时效性。现代社会中,信息的使用周期迅速缩短,信息的价值实现取决于及时地把握和运用信息。信息是活跃的,不断变化的,及时地获取有效的信息将获得信息的最佳价值,如时效性很强的天气预报、经济信息、交易信息、科学信息等。不能及时地使用最新信息,信息的价值就会随其滞后使用的时差而减值或贬值。

(6) 共享性。信息的共享性主要表现在同一内容的信息可以在同一时间由两个或两个以上的使用者使用,而信息的提供者并不失去所提供的信息内容和信息量,它是信息资源的广泛提供与利用的基础。

(7) 等级性。管理系统是分等级的,对于同一个问题,处于不同的管理层次,要求不同的信息。信息也是分等级的。信息和管理层一样,一般分为战略级、策略级和执行级。不同等级的信息其特色也不相同,如表 1-3 所示。

表 1-3 不同等级信息的特性

	战略级信息	策略级信息	执行级信息
来源	企业外部(如关于和其他企业的联合,关于向世界市场的开拓等)	有内有外(如关于如何获得原材料、资源、选择工厂位置、新产品的品种、生产效益和其他厂的比较等)	企业内部(如厂内计划调度的信息,厂内各项指标完成情况的信息,考勤信息等)
寿命	较长(如关于公司 5 年发展规划)	次之(一般以月为单位)	最短(如关于考勤的信息)
保密度	要求最高,是企业的生命线	要求稍低,但也不轻易泄漏,或有偿转让或拖延一段时间	保密级别最低
加工方法	最不固定,有时靠人预测一下,有时用计算机辅助计算一下,所得信息均只能作为决策者的参与,最后还要由决策者的艺术来决定	次之	最固定(如会计每月怎么计算工资的方法,仓库怎么发料的手续)
使用频率	使用频率最低(如关于 5 年计划的信息可能每年只使用一次)	次之	使用频率最高(如一种质量检验的标准,每天都要用它去衡量加工的产品是否合格)

续表

	战略级信息	策略级信息	执行级信息
信息精度	要求精度最低，一个长期预测有 60%～70%的精度已很高了，过高的要求战略信息的精度往往会带来假象	次之	精度最高（如每天会计的结账，要求一分钱不差）

（8）增殖性。用于某种目的信息，可能随着时间的推移价值耗尽。但对于另一目的又可能显示出用途。例如天气预报的信息，预报期一过就对指导生产不再有用。但和各年同期天气比较总结出变化规律还是有用的。信息的增殖在量变的基础上可能产生飞跃。假如有一个人把全国每天报纸上登的生产某种产品的广告和消息集中起来，积累到一定时间，再对这些信息进行一些提炼，就能对这个产品的全貌有个估计，甚至能对全国工业有个估计，原来不是保密的东西，集中起来就成为保密的了。原来不重要的变成重要的了。信息的增殖性、再生性使我们能在信息废品中提炼有用的信息，在司空见惯的信息中分析出重要的趋势。目前这已是各国用于信息收集的重要手段。

1.4 信息科学

1.4.1 信息科学由来

20 世纪 40 年代末，美国数学家香农发表了《通信的数学理论》和《在噪声中的通信》两篇著名论文，提出信息熵的数学公式，从量的方面描述了信息的传输和提取问题，创立了信息论。于是信息论首先在通信工程中得到广泛应用，为信息科学的研究奠定了初步的基础。

随着自动化系统和自动控制理论的出现，对信息的研究开始突破原来仅限于传输方面的概念。美国数学家维纳在这个时期发表了著名的《控制论》和《平稳时间序列的外推、内插和平滑问题》，从控制的观点揭示了动物与机器的共同的信息与控制规律，研究了用滤波和预测等方法，从被噪声湮没了的信号中提取有用信息的信号处理问题，建立了维纳滤波理论。

60 年代中期，由于出现复杂的工程大系统需要用计算机来控制生产过程，系统辨识成为重要研究课题。从信息科学的观点来看，系统辨识就是通过输入输出信息来研究控制系统的行为和内部结构，并用简明的数学模型来加以表示。控制就是根据系统结构和要求对信息加工、变换和利用。

信息和控制是信息科学的基础和核心。70 年代以来，电视、数据通信、遥感和生物医学工程的发展，向信息科学提出大量的研究课题，如信息的压缩、增强、恢复等图像处理和传输技术，信息特征的抽取、分类和识别的模式、识别理论和方法，出现了实用的图像处理和模式识别系统。为了解决控制和决策中的非数值问题，和适应 80 年代以后智能机研究的需要，以及要解决知识信息处理的问题，遂产生了知识工程，并已研制成专家系统、自然语言理解系统和智能机器人等。

香农最初的信息论只对信息作了定量的描述，而没有考虑信息的其他方面，如信息的语义和信息的效用等问题。而这时的信息论已从原来的通信领域广泛地渗入到自动控制、信息处理、系统工程、人工智能等领域，这就要求对信息的本质、信息的语义和效用等问题进行更深入的研究，建立更一般的理论，从而产生了信息科学。

1.4.2 信息科学定义

信息科学是以信息为基本研究对象，以信息的运动规律和应用方法为主要研究内容，以计算机等技术为主要研究工具，以扩展人类的信息功能为中心研究目标的一门新兴的综合性学科群体。以信息为基本研究对象，是信息科学区别于一切传统科学的最基本的特征。信息科学可以定义为"研究信息及其运动规律的科学"，其更为精确的表述为："信息科学是以信息作为主要研究对象、以信息的运动规律作为主要研究内容、以信息科学方法论作为主要研究方法、以扩展人的信息功能（特别是其中的智力功能）作为重要研究目标的一门科学。"信息科学是由信息论、控制论、计算机科学、仿生学、系统工程与人工智能等学科互相渗透、互相结合而形成的。

1.4.3 信息科学研究内容

信息科学正在形成和迅速发展，人们对其研究内容的范围尚无统一的认识。现在主要的研究课题集中在以下六个方面：

（1）信源理论和信息的获取，研究自然信息源和社会信息源，以及从信息源提取信息的方法和技术。

（2）信息的传输、存储、检索、变换和处理。

（3）信号的测量、分析、处理和显示。

（4）模式信息处理，研究对文字、图像、声音等信息的处理、分类和识别，研制机器视觉系统和语音识别装置。

（5）知识信息处理，研究知识的表示、获取和利用，建立具有推理和自动解决问题能力的知识信息处理系统，即专家系统。

（6）应用信息进行决策和控制，在对信息的采集、分析、处理、识别和理解的基础上做出判断、决策或控制，从而建立各种控制系统、管理信息系统和决策支持系统。

1.5 信息资源管理

1.5.1 信息资源成为战略资源

在人类社会中，一切活动都离不开信息。人们在社会活动中为了实现某种目标，需要确定行动方案，也就是要进行决策，信息的效用在于对决策的影响。长期以来，材料和能源是社会组织和个人赖以生存与发展的主要资源。随着本世纪以来科学技术的突飞猛进和社会生产力的迅速发展，人们进行信息交流的深度和广度不断增加，信息量急剧增长，传统的信息处理与决策方法和手段已不能适应社会的需要，信息的重要性和信息处理问题的紧迫性空前提高了。面对日益复杂和不断发展变化的社会环境，特别是企业间日趋剧烈的竞争形势和用户对产品与服务在品种、质量、数量、交货期等方面越来越苛刻的要求，一个人或一个企业要在现代社会中求生存、求发展，必须及时、准确地了解当前的问题与机会，掌握社会需求状况与市场竞争形势，了解有关的科学技术的最新成就与趋势，也就是说，必须具备足够的信息和强有力的信息收集与处理手段。单是拥有物质资源，不能获得必要的信息，或者信息的处理能力弱，不能对重要的情况做出正确、迅速的响应，任何企业或个人都无法在激烈的竞争中获胜。反之，有了信息，善于处理和利用信息，就可以获取更多的物质资源，为社会创造更多的财富。因此，在现代社会中，人类赖以生存与发展的战略资源，除了物质资源——包括再生资源（如动、植物等，又称第一资源）和非再生资源（如矿产及其伴生物等，又称第二资源）之外，还有信息，又称信息资源或第三资源。一个企业的实力，不单看拥有多少物质资源，还要看是否拥有足够的信息资源。

1.5.2 什么是信息资源管理

信息资源是现代社会组织的战略资源。科学的开发、合理的配置和有效的利用信息资源是一个组织、特别是企业提高自身素质和市场竞争能力的战略措施。一个现代社会组织的信息资源主要有：

（1）信息（消息、知识、技术）及其载体。
（2）计算机系统软件与应用软件。
（3）计算机和通信设备。
（4）生产信息处理设备的基础设施。
（5）技术、规章、制度、法律。
（6）从事信息活动的人。

信息资源的占有与利用水平，是一个国家或企业的综合实力与竞争能力的重要标志。目前人口不到 30% 的发达国家占有 90% 以上的信息资源。因此，积极开发和有效利用信息资源，是强国富民的战略措施，是面向组织的信息资源管理要解决的主要问题。

通过学习、跟踪国内众多学者对信息资源管理的定义，我们给出信息资源管理的下述定义：信息资源管理（IRM）是基于信息资源的一种管理模式，它综合应用现代信息技术和管理技术，对信息资源涉及的各个要素（信息、技术、人员、设备、资金、规范、机构等）进行计划、组织、协调和控制，以确保信息资源的有效利用，满足经济社会的各种信息需求。

根据 IRM 的定义可以看出，IRM 的管理对象是信息资源涉及的各个要素，包括信息、技术、人员、设备、资金、规范、机构等；管理的内容是信息资源的计划、组织、协调和控制；手段是现代信息技术和管理技术；目的是满足经济社会的各种信息需求。

1.5.3 信息资源管理的内容

总的说来，面向组织的信息资源管理的主要内容有：

（1）信息系统的管理，包括信息系统开发项目的管理、信息系统运行和维护的管理、信息系统的评价等。
（2）信息资源开发、利用的标准、规范、法律、制度的制定与实施。
（3）信息产品与服务的管理。
（4）信息资源的安全管理。
（5）信息资源管理中的人力资源管理。

信息资源中的信息、信息技术与信息人员等要素中，任何一个都难以单独存在并且发挥作用，必须把他们按一定的规则加以配置，组成一个信息系统，才能显示其价值。对信息资源进行管理，主要任务是对信息系统的管理，信息系统的效益主要取决于是否充分发挥了信息资源的作用。因此，管理信息系统的建设已经发展成为信息资源管理领域的重要组成部分。

1.6 信息化与知识经济

1.6.1 信息化的概念

信息化（Informationalization）的概念起源于20世纪60年代的日本，首先是由一位日本学者提出来的，而后被译成英文传播到西方，西方社会普遍使用"信息社会"和"信息化"的概念是70年代后期才开始的。

关于信息化的表述，在中国学术界和政府内部作过较长时间的研讨。如有的认为，信息化就是计算机、通信控制和网络技术的现代化，即信息技术现代化；有的认为，信息化就是从物质生产占主导地位的社会向信息产业占主导地位社会转变的发展过程；有的认为，信息化就是从工业社会向信息社会演进的过程。如此等等各有侧重面。

1997年召开的首届全国信息化工作会议，对信息化和国家信息化定义为："信息化是指培育、发展以智能化工具为代表的新的生产力并使之造福于社会的历史过程。国家信息化就是在国家统一规划和组织下，在农业、工业、科学技术、国防及社会生活各个方面应用现代信息技术，深入开发广泛利用信息资源，加速实现国家现代化的进程。"实现信息化就要构筑和完善6个要素（开发利用信息资源，建设国家信息网络，推进信息技术应用，发展信息技术和产业，培育信息化人才，制定和完善信息化政策）的国家信息化体系。

在信息化时代，科学家们身在实验室可以随时查到他们想要知道的数据资料，及时了解国内外同行的研究进展情况，并与之进行联络交流；银行家在几秒钟内便可知道世界各地金融市场的行情变化；医生可以根据任何地方传来的高清晰度x光及扫描图像进行会诊，手术时可与远距离经验丰富的专家保持声音和视觉联系，患者也可以在家中接受定期检查；教师可以进行远距离教学和屏幕批改作业；学生可选择最好的老师和图书馆，在家中进行学习，接受辅导；电影、电视、音乐可随观众的个人爱好而随意选择；个人可随时核对自己在银行的账户，随意定购喜爱的商品而无需出户。人们利用现代信息技术收集和利用信息更加广泛、更加快捷，而且不再局限于某一个场所，甚至超越国界，给人们的生活带来极大的便利。

所以所谓的信息化，它是指一个结果，就是在国民经济和社会生活的各个领域越来越广泛、越来越普通地使用信息技术和信息方法来开发和利用各种各样的信息资源，并以此为手段进一步开发和利用物质资源和能量资源，从而把社会的精神文明和物质文明推向历史新水平，推动社会进步。可见，信息化的过程实质上是一个形成一代崭新的社会生产力的伟大的社会实践过程，是一个逐步而又彻底地改变整个社会面貌的社会实践过程。这是信息化的最根本意义之所在。

推广应用现代信息技术是信息化工作的主要内容之一。信息化对国民经济的推动作用主要表现在企业管理、科学技术计算和生产控制等方面。大力应用信息技术，其中又以企业管理应用最为突出，现阶段大概占到70%以上。管理方面应用信息技术已发展成为专门的"管理信息系统"。

但是信息化并不等同于计算机化、网络化，而且信息活动的主体是人而不是机器，在社会经济活动中的信息活动是有组织地进行的。人的素质和管理水平对信息活动的效率和有效性起着决定的作用。技术、组织管理和人是信息化生产力的三个重要因素，也是推进信息化的三项关键资源。在推进信息化的实践中，对于广大应用部门来说，由于信息技术发展十分迅速，组织管理和人的因素由于滞后于技术的发展而成为信息化主要障碍之源。

1.6.2 信息化社会

以信息技术为基础，以信息产业为支柱，以信息价值的生产为中心，以信息产品为标志的社会即是信息化社会。

在农业社会和工业社会中，物质和能源是主要资源，所从事的是大规模的物质生产。

而在信息化社会中，信息成为比物质和能源更为重要的资源，以开发和利用信息资源为目的的信息经济活动迅速扩大，逐渐取代工业生产活动而成为国民经济活动的主要内容。从事与信息有关工作的人员，占社会在职人员的一半以上。知识经济在国民经济中占据主导地位，并构成社会信息化的物质基础。以计算机、微电子和通信技术为主的信息技术革命是社会信息化的动力源泉。信息技术在生产、科研教育、医疗保健、企业和政府管理以及家庭中的广泛应用对经济和社会发展产生了巨大而深刻的影响，从根本上改变了人们的生活方式、行为方式和价值观念。

因此，信息化社会的特点是：

（1）信息成为重要的资源。
（2）信息和知识是推动社会发展的重要动力。
（3）知识以"加速度"方式积累（知识爆炸）。
（4）以多种形式提供给多种感官的信息。

1.6.3 知识经济

在信息化不断推进，世界经济增长越来越依赖于知识的生产、扩散和应用的背景下，美国经济学家罗默和卢卡斯提出了新经济增长理论。罗默把知识积累看作经济增长的一个内在的独立因素，认为知识可以提高投资效益，知识积累是现代经济增长的源泉。卢卡斯的新经济增长理论则将技术进步和知识积累重点地投射到人力资本上。他认为，特殊的、专业化的、表现为劳动者技能的人力资本才是经济增长的真正源泉。

这些研究，使人们对知识与经济的关系产生了全新的认识。1996 年，世界经合组织发表了题为《以知识为基础的经济》的报告。该报告将知识经济（The Knowledge Economy）定义为以智力资源的占有、配置，以科学技术为主的知识生产、分配和消费（使用）为最重要的因素的经济。其中所述的知识，包括人类迄今为止所创造的一切知识，最重要的部分是科学技术、管理及行为科学知识。从某种角度来讲，这份报告是人类面向 21 世纪的发展宣言——人类的发展将更加倚重自己的知识和智能，知识经济将取代工业经济成为时代的主流。

知识经济通俗地说就是"以知识为基础的经济"。这里的以知识为基础，是相对于现行的"以物质为基础的经济"而言的。现行的工业经济和农业经济，虽然也离不开知识，但总的说来，经济的增长取决于能源、原材料和劳动力，即以物质为基础。

知识经济的基础是信息技术。知识经济的关键是知识生产率，即创新能力。只有信息共享,并与人的认知能力——智能相结合,才能高效率地产生新的知识。所以知识经济是在信息化背景下,人类知识特别是科学技术方面的知识积累到一定程度,以及知识在经济发展中的作用增加到一定阶段而产生的一种新型的富有生命力的经济形态。

知识经济的产生与发展具有重大的现实意义和战略意义:

1. 知识经济能够创造巨大的经济效益和社会效益

大量事实表明,科学技术、诀窍和其他信息对于企业和社会提高经济效益,是一个最重要的要素。这些作用和功效巨大的信息流能使企业和社会在经济活动中把资源消耗降到最低水平,大大提高生产率,使经营活动取得最佳效果。第二次世界大战以后,科技在经济增长中的贡献越来越大,科技的迅速增长造成了经济长期持续增长的趋势。发达国家 GDP 增长中科技贡献率已达 60%~80%,发展中国家为 20%~40%,我国只有 30%左右,远远低于发达国家的水平。为了追赶发达国家的水平,应对知识经济的挑战,我们必须把发展科技当做头等大事来抓。科技知识和人才教育是知识经济的两大支柱。科技知识的生产和传授以及人才的培养,都是教育部门职责范围内的事。知识经济与教育在相互促进中共同发展,将不断提高国民素质中科技知识的含量。

2. 知识经济是实现可持续发展的根本途径

可持续发展旨在保持生态系统的多样性,确保资源的可持续利用,保证良好的生产与生活环境,使社会人均的福利水平持续提高,知识经济是资源节约型经济,对人口众多、人均资源甚少的中国,知识经济有着更为重要的意义。据统计,我国吨煤消耗实现的 GNP(美元)与日、法、德、英、美的比为 1∶9∶7.9∶6.9∶5.1∶3.0。我国 12 种主要原材料的 GNP 消耗强度,比发达国家普遍高出 5~10 倍,比印度也要高出 2~3 倍。我国的劳动生产率,与日、法、德、英、美的比为 1∶36.5∶40.8∶45.9∶45.2∶31,差距之大,令人震惊。造成这种状况的根本原因是科技落后,人员素质不高。知识经济的发展,要求有一支宏大的掌握现代科学技术、具有较强的发明创造能力的科技人才队伍,同时也要求一般劳动者能适应技术先进的或高科技领域的某些工作。这些要求的满足,是以国民素质的不断提高和劳动结构的重组(即复杂劳动者越来越多)为前提条件的。

3. 发展知识经济有利于改变劳动结构,促进分配制度的根本转变

美国著名学者、诺贝尔奖获得者舒尔茨在他的研究报告中指出:"不同文化程度的人,在智力劳动方面的能力比是,大学∶中学∶小学=25∶7∶1"。劳动者科学文化素质越高,劳动生产能力就越大。在知识经济形成和发展的过程中,社会劳动结构将发生根本的转变,体力劳动越来越被机械化和自动化所替代,我们应利用知识经济正在成为主流经济的大好契机,加大国民教育投入,全面提高国民素质。劳动结构的变化又必然引发分配制度的变革,"按业绩付酬"是最易于被普遍接受的既公平又有效率的分配方式。业绩是贡献的标志,贡献的大小决定于某个人的知识、技术水平、技能和创造发明的本事。按业绩和贡献付酬,使工资质量和效果达到了前所未有的水平。

4. 知识经济促进了产业创新,有利于产业结构的升级和优化

在知识经济中,由于社会生产总过程越来越复杂,各环节的联系和相互依赖性越来越紧密,又由于社会的运行和管理需要更高层次的人才,所以整个社会对信息的依赖性也越来越大。对大量信息的生产、收集、整理、存储、传递、转移、反馈,需要一支宠大的队伍专门从事这些工作,信息产业的应运而生和独立化,是大势所趋。信息产业的出现是产业创新的一个标志。

信息产业是一种朝阳产业，具有巨大的能量和无限的生命力，它的形成和发展为传统产业结构注入了新的生机和活力，促进了产业结构的升级和优化。

习题一

一、单项选择题

1．（　　）被列为与物质、能源相并列的人类社会发展的三大资源之一。
　　A．知识　　　　　　B．信息　　　　　　C．人才　　　　　　D．金融

2．（　　），管理和处理信息所采用的各种技术的总称，主要包括计算机、通信控制和网络技术，是当代社会最活跃的生产力。
　　A．计算机技术　　　B．信息技术　　　　C．数据库技术　　　D．管理技术

3．人们从接收到的E-mail、电话、广播和电视的（　　）中能获得各种信息。
　　A．数据　　　　　　B．信息　　　　　　C．消息　　　　　　D．情报

4．（　　）是对客观事物的性质、状态以及相互关系等进行记载的物理符号或是这些物理符号的组合。
　　A．数据　　　　　　B．信息　　　　　　C．消息　　　　　　D．情报

5．（　　）是信息运动的基本形式。
　　A．信息循环　　　　B．信息技术　　　　C．信息反馈　　　　D．信息管理

6．根据信息对信息接收者活动的影响程度，信息的内容可分为（　　）个层次。
　　A．1　　　　　　　B．2　　　　　　　　C．3　　　　　　　　D．4

7．语音信息、图像信息、文字信息是以信息的（　　）为依据的信息分类。
　　A．载体性质　　　　B．认识主体　　　　C．记录符号　　　　D．应用部门

8．信息可以加工处理，可以压缩、扩充和叠加，也可以变换形态。这是信息的（　　）特性。
　　A．客观性　　　　　B．依附性　　　　　C．可传递性　　　　D．可塑性

9．同一内容的信息可以在同一时间由两个或两个以上的使用者使用，而信息的提供者并不失去所提供的信息内容和信息量。这是信息的（　　）特性。
　　A．时效性　　　　　B．共享性　　　　　C．等级性　　　　　D．增殖性

10．管理信息系统和决策支持系统的研究是属于信息科学的（　　）方面研究课题。
　　A．信源理论和信息的获取　　　　　　　B．模式信息处理
　　C．知识信息处理　　　　　　　　　　　D．应用信息进行决策和控制

11．人类赖以生存与发展的战略资源，除了物质资源和能源资源外，还有（　　）。
　　A．信息资源　　　　B．石油资源　　　　C．科技资源　　　　D．自然资源

12．以信息技术为基础，以信息产业为支柱，以信息价值的生产为中心，以信息产品为标志的社会即是（　　）社会。
　　A．资源化　　　　　B．工业化　　　　　C．智能化　　　　　D．信息化

13．在信息化不断推进，世界经济增长越来越依赖于（　　）的生产、扩散和应用。
　　A．知识　　　　　　B．物质　　　　　　C．智能　　　　　　D．能源

14．知识经济的基础是（　　）。知识经济的关键是知识生产率，即创新能力。
　　A．商品购买　　　　B．信息技术　　　　C．科技资源　　　　D．项目开发

15. 不同文化程度的人，在智力劳动方面的能力比是，大学：中学：小学＝（　　）。
   A. 1∶1∶1　　　　B. 25∶7∶1　　　　C. 7∶25∶1　　　　D. 1∶7∶25

二、填空题

1. 信息理论的创始人_____说："信息是用以消除不确定性的东西"。
2. 信息是具有价值性、实效性和经济性，可以减少或消除事务不确定性的消息、_____、_____、数据和知识。
3. _____就是用文字、符号、数据、语言、音符、图片、图像等能够被人们感觉器官所感知的形式，把客观物质运动和主观思维活动的状态表达出来。
4. _____中包含信息，是信息的载体。得到它，消除不确定性，从而获得信息。
5. _____是信息的表现形式，_____是数据有意义的表示，是数据的内涵，它们是形与质的关系。
6. 可用以记录和保存信息并随后由其重现信息的载体，叫_____。
7. 信息的发布者，称为_____。接受并利用信息的人，也就是受者，称为_____。
8. 根据信息对信息接收者活动的影响程度，信息的内容可分为_____、事实、知识、_____四个层次。
9. 信息作为一种资源，主要具有以下特性：_____、依附性、可传递性、可塑性、时效性、共享性、等级性、_____。
10. 信息和管理层一样，一般分为战略级、_____和执行级。
11. 信息科学是以信息作为主要研究对象、以信息的_____规律作为主要研究内容、以信息科学方法论作为主要研究方法、以扩展人的_____功能（特别是其中的智力功能）作为重要研究目标的一门科学。
12. 对信息资源进行管理，主要任务是对_____的管理。
13. 实现信息化就要构筑和完善6个要素（_____，建设国家信息网络，推进信息技术应用，_____，培育信息化人才，制定和完善信息化政策）的国家信息化体系。
14. 在信息化社会中，从事与信息有关工作的人员，占社会在职人员的_____以上。
15. 1996年，世界经合组织发表了题为_____的报告。该报告将_____定义为以智力资源的占有、配置，以科学技术为主的知识生产、分配和消费（使用）为最重要的因素的经济。

三、简述题

1. 什么是信息，什么是数据？简述二者之间的联系和区别。
2. 什么是信息循环？
3. 简述信息的层次和信息的类型及主要特性。
4. 简述管理信息的特点。
5. 为什么信息资源是人类发展的战略资源？什么是信息资源管理？
6. 试述信息化的概念。
7. 什么是知识经济？简述知识经济的由来。

四、实训题

在因特网中查询"云计算"的含义，找到目前云计算的一个示例。

第 2 章　管理信息系统概述

本章主要讲解管理信息系统的基本概念（什么是信息系统、什么是管理信息系统）；介绍管理信息系统功能与结构、管理信息系统的发展状况和当今组织中的管理信息系统概况。

通过本章学习，读者应该：
- 理解系统的含义，掌握信息系统概念。
- 掌握管理信息系统概念，掌握管理信息系统功能与结构。
- 了解管理信息系统的发展状况。
- 了解现代组织中的管理信息系统概况。

2.1　信息系统

2.1.1　系统的概念

现实世界中存在着各种各样的系统。如社会系统、天体系统、教育系统、计算机系统。一个企业是一个系统，一个机关、商店都可称之为系统。人体也是个系统，人体内还有神经系统、血液循环系统等。不同学科对系统的研究角度不同，因而对系统的定义也不相同。一般认为：系统由若干个具有独立功能的元素组成，这些元素之间互相联系、互相制约、共同完成系统的总目标。本书中把系统定义为组织，即由若干人和设备，为了一个共同的目标而有机结合起来的整体。如工厂、农场、机关、学校、医院、商店、银行、公司等都可以称之为系统。

2.1.2　系统存在的必要条件

任何系统的存在都要有三个必要条件：目标、功能和机构。

目标：目标是前提，无目标不称其为系统。

功能：功能是完成某项工作的能力。为了实现既定目标，就必须具备一定的功能。

机构：机构是基础，是组织保证。没有必要的机构就没有功能，目标也就成了空目标。目标、功能和机构三者之间的关系如图 2-1 所示。

系统必须在系统环境中成长和运转，不能孤立。系统是与它周围的环境相互支援、相互影响的。即使是一个最简单的系统，也必须有它的目标，而且必须在它的环境中运转。每个系统为了完成它的目标必须接受来自外界的输入，并对该输入进行处理，得到结果输出，所得的结果输出可以反馈到输入，以更好地调节输入得到更好的结果输出。输入、处理、输出、反馈的关系如图 2-2 所示。

一个系统可以有多种输入和输出，输出可能是输入的函数。有的系统在运行过程中，系统的功能是不变的。即是不随时间变换的系统，如电话系统。有的系统由外界控制，其功能可以改变，例如开关控制的电路系统。有的系统从输出取回信号对本身进行控制，叫反馈控制。例如冷气机输出的冷气，太冷时，反映过冷的信号反馈回来，把冷气机暂时关闭，就是利用了反馈原理。有的系统用前馈来控制，前馈信号抽样取自输入信号，例如根据输入的原油种类来调节系统，使输出的汽油质量保持不变，就是利用这个原理。由于这种系统的状态随时间而变，即是随时间变换的系统。

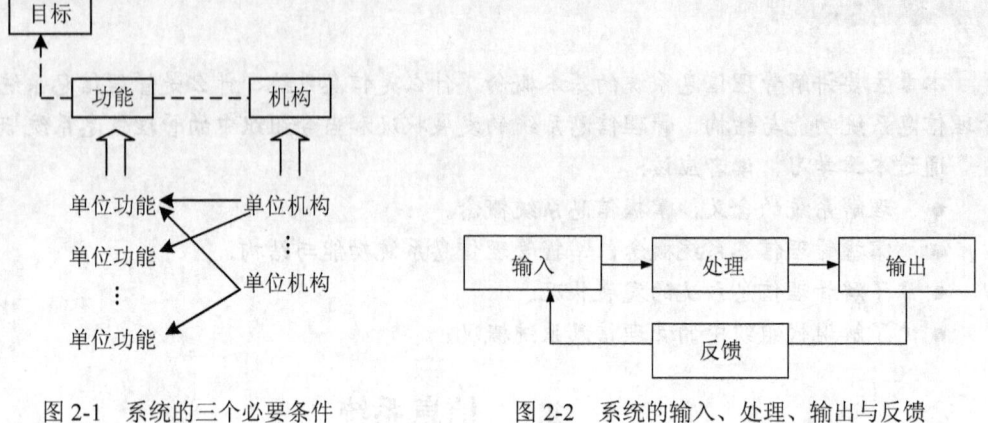

图 2-1　系统的三个必要条件　　　图 2-2　系统的输入、处理、输出与反馈

2.1.3　系统的主要特点

（1）系统的层次性。通常一个复杂的系统由许多子系统构成，各个子系统也具有系统的一切特征。这些子系统可以用串联、并联或串并联的方式组合。如一个学校系统由各系、部、处等子系统组成。各子系统亦自成体系，同样具有输入、处理、输出、反馈、控制等基本要素，并有自己的机构、功能以及服从于系统总目标的分目标。根据需要各子系统还可以划分为若干个子系统，如系可以划分为若干班和若干教研室，班还可以划分为组。如此划分下去便形成了系统的层次结构。

子系统之间的联系称作接口（Interface）。若子系统数为 N，则接口数为 N（N-1）/2 个。并不是任何子系统之间一定需要接口。但这个公式说明，若系统中子系统划分过多，会产生大量接口，给系统的设计和实现带来困难。所以，并不是划分出的子系统越多越好。

系统的层次性说明系统是可分的，这给我们开发系统以启示：要开发一个大系统，可以把它分成一个个小系统，再一个个地实现，最后完成整个系统的开发任务，如图 2-3 所示。

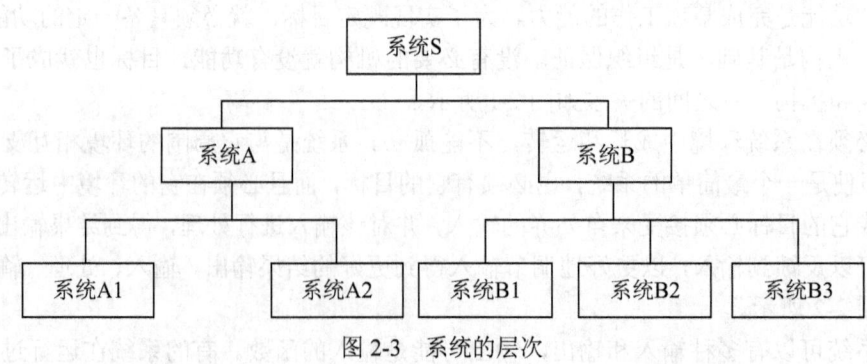

图 2-3　系统的层次

（2）集合性。系统是把本来不相关的单元联系起来，成为一个整体。例如：铸、铰、焊、机械加工、热处理、装配等各个车间通过加工某一产品，联系成为一个企业的生产系统。从车间内部也同样可以得到这样的事例。故企业、车间都可以成为一个系统。系统的整体目标要大于各子系统分目标之代数和。

（3）目的性。系统的另一特征是系统是有目标的，即为了完成或达到某种目标。系统的目标就是建立系统的根据。系统目标和环境条件的更好配合和协调，就导致了系统的最优化。例如，产品质量是指其性能、功能或价值和顾客的购买力与要求相配合。否则，产品本身质量再优，也会失去它的意义。

2.1.4 辨识信息系统

近年来，一个比较普遍的趋势是用信息系统代替管理信息系统。应当说，信息系统比管理信息系统有更宽的概念范围，用于管理方面的信息系统才是管理信息系统。而国外一般谈信息系统就是指管理信息系统，两者恰似同义词。但在国内，由于一些电子技术专业抢先用了信息系统的名词，他们主要偏重于硬件和软件系统，是与管理信息系统不同的专业。它不是用于管理的目的，而仅仅强调系统的软硬件方面的高性能，因为20世纪40年代人们创造电子计算机的最初目的就是为了解决工程和科学计算问题，如进行高速算术运算的信息系统，所以在国内不能简单地认为信息系统就是管理信息系统。

国外的信息系统概念可以在近期的一些管理信息系统的著名教授的著作中查出。例如，劳登（Laudon）教授在其所著《管理信息系统》（第 6 版）一书中写道："信息系统技术上可以定义为支持组织中决策和控制的进行信息收集、处理、存储和分配的相关联部件的一个集合。"从这句话中很容易看出，信息系统就是管理信息系统。而且可以看出近期的理解更偏向于管理，而不是偏向计算机。在本书中，信息系统均指管理信息系统。

2.2 管理与管理层次

2.2.1 管理的概念与基本职能

众所周知，管理有许多特殊的领域，例如：行政管理、经济管理、企业管理，以及各行各业、部门和过程的管理。这些领域都有专门的学科进行研究，但是我们稍加分析就可以发现，这些专门的学科有许多共性的内容，比如，人、财、物的组织与计划问题，对人进行领导和激励的问题等。从管理职能的角度概括各种专门领域的管理，我们可以得到如下的定义：管理是通过计划、组织、领导和控制等环节来协调人力、物力和财力资源，以期更好达成组织目标的过程。

这个定义有三层含义：

第一层含义说明了管理采用的是计划、组织、控制、激励和领导这五项基本活动。这五项基本活动又被称之为管理的五大基本职能。所谓职能是指人、事物或机构应有的作用。每个管理者在工作时都是在执行这些职能的一个或几个。简言之，计划职能包括对将来趋势的预测，根据预测的结果建立目标，然后要制订各种方案、政策以及达到目标的具体步骤，以保证组织目标的实现。国民经济五年计划、企业的长期发展计划，以及各种作业计划都是计划的典型例子。组织职能一方面是指为了实施计划而建立起来的一种结构，这种结构很大程度上决定着计划是否能够实现；另一方面是指为了实现计划目标所进行的组织过程。譬如根据某些确定的原则进行分工协作，适当授权，要建立良好的沟通等。组织对完成计划具有保证作用。控制职能是与计划职能紧密相关的，其中包括制订各种控制标准；检查工作是否按计划执行，是否符合规定的标准；若工作发生偏差要及时发出信号，然后分析偏差产生的原因，纠正偏差或制定新的计划，以确保实现组织目标。用导弹发射后其飞行过程来解释控制职能是一个比较好的例子。导弹在瞄准飞机发射后，由于飞机在不断运动，导弹的飞行方向与飞机这个目标将发生偏差，这时导弹中的制导系统就会根据飞机尾部喷气口所发出的热源来调整导弹的飞行方向，直到击中目标。领导职能主要涉及组织中人的问题。要研究人的需要、动机和行为；要对人进行指导、训练和激励，以调动他们的工作积极性；要解决下级之间的各种矛盾；要保证各单位、各部门之间信息渠道畅通无阻等。

第二层含义是第一层含义的目的，即利用上述措施来协调人力、物力和财力资源。所谓协调是指同步化与和谐化。一个组织要有成效，必须使组织当中各个部门、各个单位，直到各个人的活动同步与和谐；组织中人力、物力和财力的配备也同样要同步、和谐。只有这样才能达到组织目标。一个以汽车为主要产品并且管理良好的企业，它在人力、设备厂房和资金方面都有一个适当的比例，每个部门、每个单位，以至每个人什么时间做什么，何时完成，送到什么地点都有严格的规定，这样才能保证以较低的成本生产出高质量的汽车。这就如同一支配合良好的交响乐队，尽管大家各奏各的音调，配合起来则是一首美妙的交响曲。

第三层含义又是第二层含义的目的。协调人力、物力和财力资源是为使整个组织活动更加富有成效。这也是管理活动的根本目的。

事实上，管理起源于人类的共同劳动，根据上文的一般定义，可以进一步明确管理的内涵如下：

（1）管理是任何组织集体劳动所必需的活动。管理是人类的基本社会行为，它渗透到社会、政治、经济、军事、技术、文化和生活的方方面面。

（2）管理的对象是组织所拥有的各种规模资源。任何组织的生存和发展都依赖于特定的环境，必须从环境中获取所需要的资源，包括人力、资金、物资、信息等。管理即是对这些资源的组织和协调。

（3）管理是为组织目标服务的，是一个有意识、有目的的行为过程。

（4）管理的过程由一系列相互关联、连续进行的活动构成，可以粗分为计划、组织、领导、控制。

（5）管理有效性在于充分利用各种资源，以最少的消耗正确地实现组织目标。

（6）管理的主体为管理者。虽然管理者在行使管理职能时要受到诸多问题的影响，但管理者的素质与组织的运行绩效有着密切的关系。

2.2.2 管理的层次

通俗讲，管理层次就是指管理组织划分为多少个等级。管理者的能力是有限度的，当下属人数太多时，划分层次就成为必然，不同的管理层次标志着不同的职责和权限。企业的组织结构犹如一个金字塔，从上至下，责权递减，而人数递增。

通常情况下，我们将管理分为三个层次：高层管理、中层管理和基层管理。例如，在一个工厂中，影响全局的工作属于高层管理，各职能部门（如销售部、财务部、企管办等）的工作属中层管理，而车间主任的工作则属于基层管理。

（1）高层管理，属战略级管理，是指一个组织最高领导层。其主要职能是根据组织内外的全面情况，分析和制定该组织长远目标及政策。

（2）中层管理，属战术级管理，主要任务是根据最高层管理所确定的总体目标，具体对组织内部所拥有的各种资源，制定资源分配计划和进度表，并组织基层单位来实现总体目标。中层管理有时也称为控制管理。

（3）基层管理，也称执行层或作业层管理：是按照中层管理制订的计划，具体组织人力去完成计划。

2.3 什么是管理信息系统

2.3.1 定义管理信息系统

1954年10月，美国通过电气公司在UNIVACI型计算机上计算职工工资，开辟了计算机辅助企业管理的新领域。计算机处理管理数据的快捷、准确引起人们的关注，计算机的应用范围和功能迅速扩大。20世纪60年代，美国经营管理协会及其事业部第一次提出了建立管理信息系统（Management Information System，MIS）的设想，即建立一个有效的MIS，使各级管理部门都能了解本单位的一切有关的经营活动，为各级决策人员提供所需的信息。这之后IBM公司很快开发出了商品化的管理信息系统软件,企业财务和统计等领域成为计算机应用发展最快、拓展最广的领域，有力地支持了企业管理。

进入80年代，随着各种技术特别是信息技术的迅速发展，MIS得到了快速发展，MIS的概念逐步充实和完善，管理信息系统逐渐形成了一门学科。作为新兴学科，其概念至今尚无统一的定义，这反映了其理论尚不完善和概念方法尚未明确统一。但从国内外学者给MIS所下定义来看，人们对MIS的认识在逐步加深，MIS的定义也在逐步发展和成熟。MIS定义有很多种，研究者们从各自的角度出发给出了不同的定义，最具代表性的几种定义有：

（1）就其功能来说，管理信息系统是组织理论、会计学、统计学、数学模型及经济学的混合物，这些方面都同时展示在先进的计算机硬件和软件系统中。这个领域的中心问题是扩展视野，综合政府部门和民间组织的决策，这些组织必须控制其内部活动和由该组织的规模与复杂程度所引起的种种功能要求。

（2）一个管理信息系统是能够提供过去、现在和将来预期信息的一种有条理的方法，这些信息涉及到内部业务和外部情报。它按适当的时间间隔供给格式相同的信息，支持一个组织的计划、控制和操纵功能，以便辅助决策制定过程。

（3）MIS是一个具有高度复杂性、多元性和综合性的人机关系，它全面使用现代计算机技术、网络通讯技术、数据库技术以及管理科学、运筹学、统计学、模型论和各种最优化技术，为经营管理和决策服务。

（4）管理信息系统是一个由人、计算机等组成的能进行管理信息收集、传递、存储加工、维护和使用的系统。管理信息系统能实测企业的各种运行情况。利用过去的数据预测未来，从全局出发辅助企业进行决策，利用信息控制企业的行为，帮助企业实现其规划目标。

（5）MIS 是为决策科学化提供应用技术和基本工具，为管理决策服务的信息系统。

（6）不仅仅把信息系统看作是一个能对管理者提供帮助的基于计算机的人机系统，而且把它看作一个社会技术系统，将信息系统放在组织与社会这个大背景去考察，并把考察的重点，从科学理论转向社会实践，从技术方法转向使用这些技术的组织与人，从系统本身转向系统与组织、环境的交互作用。

人们对 MIS 的认识是一个不断提高和完善的过程，把上述的（4）和（6）结合起来，可以比较全面地认识 MIS。

我们也必须充分认识到在管理信息系统发展变化，形成生产力的过程中，信息技术起到了至关重要的作用。进入 21 世纪以后，计算机、因特网、个人计算和移动通信走向了全球数以亿计的社会组织和家庭，技术应用普及的速度越来越快。目前，下一代通信网络（NGN）、物联网、三网融合（电信网、移动互联网及广播电视网的应用融合）、高性能集成电路、云计算等新一代信息技术迅速发展，为 MIS 发展变化，社会组织信息化应用水平进一步提升奠定了新的基础。

无论历史长短或规模大小，无论从事何种行业，现代组织的运作都需要：

（1）及时准确地收集信息来把握市场需要，支持自身产品或服务的开发。

（2）采用计算机和通信技术支持组织的运作管理。

（3）建立有效的业务流程和管理方式，提高管理效益。

以我们所熟悉的商业连锁企业为例，较大型的连锁超市经营的商品多达上万种，覆盖范围可能是一个城市、地区或国家，也可能是多个国家。所以企业需要建设高效率的通信网络，以保证各类经营管理信息在地理位置分散的各个部门间安全传递，还需要有门店管理系统对各个超市商品的进销存进行精细化管理，并和总部顺畅沟通。企业所经营商品的供货链条会很长，甚至全球分布，企业需要利用计划网络和调度系统管理所有商品的采购流程，实现商品配送和检验环节的自动化。借助供应链管理系统企业还可以与商品的供货商建立数据共享和交换关系，通过供应商及时补货来降低商品库存，实现低成本运营和高质量监控。企业还可以用客户信息管理系统收集必要的数据，以便改善对客户的服务，帮助企业改进营销策略。没有计算机管理系统和通信网络的支持，现代化的商业企业很难运转下去。

在因特网等相关技术的支持下，产品、服务及信息的买卖交易和支付过程可以通过电子化和数字化方式实现，这种商品运营方式被称为电子商务（E-Commerce）。广义的电子商务还包括利用因特网从事客户服务、网上学习、与生意伙伴合作、组织内部交易等更多的商务活动。

移动商务（M-Commerce）指利用智能手机、PDA、掌上电脑等无线终端设备，借助移动通信平台开展的电子商务业务。电子商务的主要类型见表 2-1。

表 2-1 电子商务的主要类型

类型	描述
企业对企业（B2B）	销售者和采购者都是企业，从订购到结算开票的全部交易过程都用网络实现，如阿里巴巴为企业间交易提供的服务
企业对消费者（B2C）	销售者是企业而采购者是个人，也称作网络零售，如卓越亚马逊、京东商城等提供的服务。生产厂家也可以直接对消费者提供自己的产品或服务

续表

类型	描述
消费者对消费者（C2C）	消费者之间相互采购产品或者服务的交易形式，即"顾客对顾客"的方式，如淘宝网和易趣网为个人间交易提供的平台
消费者对企业（C2B）	消费者或个人先表明其对某种产品或服务的需求，然后企业再设法满足顾客的该项需求。如 Priceline 和一些团购网，可帮助有特定要求（价格、时间等）的用户找到合适的卖方企业
政府对公民（G2C）	政府机构使用电子商务技术向公民提供服务
社交电子商务（SNS-EC）	借助微博、社交网络等新型传播途径，通过互动和用户自己提供的内容来辅助购买或销售商品。如用户在 Facebook 上分享个人购物体验，在社交圈内推荐商品等活动

电子商务对社会组织运作的影响非常深远，主要表现如下：

（1）推动企业的业务流程全面实现电子化和数字化。
（2）推动了各个行业的经营运作流程转向电子化和数字化。
（3）使电子化及数字化应用延伸到经济活动中的所有主体。

2.3.2 管理信息系统特点

由上述管理信息系统的定义，可以看出管理信息系统具有如下的特点：

（1）面向管理决策。管理信息系统是继管理学的思想方法、管理与决策的行为理论之后的一个重要发展，它是一个为管理决策服务的新型系统，它必须能够根据管理的需要，及时提供所需要的信息，帮助决策者做出决策。

（2）综合性。从广义上说，管理信息系统是一个对组织进行全面管理的综合系统。一个组织在建设管理信息系统时，可根据需要逐步应用个别领域的子系统，然后进行综合，最终达到应用管理信息系统进行综合管理的目标，管理信息系统综合的意义在于产生更高层次的管理信息，为管理决策服务。

（3）人机系统。管理信息系统的目的在于辅助决策，而决策职能由人来做，因而管理信息系统必然是一个人机结合的系统。在管理信息系统中，各级管理人员既是系统的使用者，又是系统的组成部分，因而，在管理信息系统开发过程中，要根据这一特点，正确界定人和计算机在系统中的地位和作用，充分发挥人和计算机各自的长处，使系统整体性能达到最优。

（4）现代管理方法和手段相结合的系统。人们在管理信息系统应用的实践中发现，只简单地采用计算机技术提高处理速度，而不采用先进的管理方法，管理信息系统的应用仅仅是用计算机系统仿真原手工管理系统。充其量只是减轻了管理人员的劳动，其作用的发挥十分有限。管理信息系统要发挥其在管理中的作用，就必须与先进的管理手段和方法结合起来，在开发管理信息系统时，融进现代化的管理思想和方法。

（5）多学科交叉的边缘科学。管理信息系统作为一门新的学科，产生较晚，其理论体系尚处于发展和完善的过程中。早期的研究者从计算机科学与技术、应用数学、管理理论、决策理论、运筹学等相关学科中抽取相应的理论，构成管理信息系统的理论基础，从而形成一个有着鲜明特色的边缘科学。

2.4 管理信息系统的功能

在前面的学习中,我们知道管理的层次分为战略规划层、管理控制层和作业管理层。在实际的工作中,有时同一问题可以属于不同的管理层次,只是每个层次考虑问题的角度不同而已。如库存控制问题,在运行控制层最关心的是日常业务处理的准确无误;在管理层考虑的是如何根据运行控制数据,确定安全库存量和订货次数;而在战略层关心的是如何根据运行控制和管理控制的结果及战略目标、竞争者行为等因素,做出正确的库存战略决策。

管理信息系统的任务在于支持管理业务,因而管理信息系统可以按照管理任务的层次进行分层。支持不同层次的管理信息系统的功能总结如下:

1. 数据处理功能

数据处理是管理活动的基本内容,也是管理信息系统的首要任务和基本功能。它包括数据的收集和输入、数据的转换、数据的组织、数据的传输、数据存储、检索和输出等部分。

数据收集就是将分散在各处的数据收集起来,便于分析利用。在收集中严格控制基础数据管理,理顺信息流通渠道,这是计算机应用的关键,也是系统成功的关键。如果基础数据(原始数据)不准确,那么,再好的管理信息系统也无法正常工作。

数据的转换是为了将收集的数据转换成适于计算机处理的形式,如常用各种代码表示实际数据,这样便于存储和检索,同时也具有一定的保密性。数据组织是将具有某种逻辑关系的一批数据组织起来(如筛选、分组和排序等),存储到计算机存储器中,便于计算机进行快速检索。数据处理一般不涉及复杂的数据计算,多数为算术运算和逻辑运算。数据处理量一般比较大,因此,在处理中要求数据处理过程标准化,统一数据和报告等格式,建立集中统一的数据库。数据输出就是将经过处理得到的信息提供给用户,为用户服务。

例如:销售订单的输入、进货/出货记录、客户信息登记、工资单处理、人事档案录入等。

2. 预测功能

预测就是运用一定的数学方法和预测模型,利用历史数据对未来进行预测。管理信息系统的预测是管理计划和管理决策工作的前提。

例如:根据前6个月的销售量预测出以后的产量,进而预测出所需的原料、人力、物力等。

3. 计划功能

利用管理信息系统的数据,对各种具体工作进行合理的计划和安排,如生产和销售计划等。它是指导各管理层高效工作的前提和依据。

4. 控制功能

通过信息的反馈可以对整个企业生产经营活动的各个部门、各个环节的运行情况进行检测、协调、控制,保证系统的正常运行。

例如:炼油厂和自动厂装配线可以利用敏感元件收集数据,经过计算机处理后对生产过程加以控制。相关的质量控制、生产进度控制、成本控制、财务预算控制及产量、成本和利润的综合控制、资金运用控制和收支平衡控制等,这些控制大多数都由管理信息系统支持和帮助。

5. 辅助决策功能

支持管理决策是管理信息系统重要的功能,也是最为困难的任务。它需要用运筹学的方法和技术,合理配置企业的各项资源,为科学决策提供最佳的决策依据。特别是定量化的方法,如数学模型、经验模型、程序化模型、运筹学模型等，对信息进行加工处理，分析企业的生产状况和环境条件，支持管理决策工作，以利于企业目标的实现。

例如：某印刷厂从技术上来看，有可能生产集中产品，每种产品的单位利润差别很大，每种产品在生产中要经过不同的加工设备。现有 M 种加工设备，每种设备每年的生产能力是一个有限的值。在编制计划时，就可能提出，生产哪几种产品（即如何搭配产品）可以在设备生产能力允许的约束条件下，获得最大利润？这样的问题，就需要列出数学模型，在计算机上通过人机交互方式进行求解，给决策者提供辅助决策。

2.5 管理信息系统的实体组成

管理信息系统为实现组织的目标，对整个组织的信息资源进行综合管理、合理配置与有效利用。其组成包括以下七大部分：

（1）计算机硬件系统。包括主机（中央处理器和内存储器）、外存储器（如磁盘系统、数据磁带系统、光盘系统）、输入设备、输出设备等。

（2）计算机软件系统。包括系统软件和应用软件两大部分。系统软件有计算机操作系统、各种计算机语言编译或解释软件、数据库管理系统等；应用软件可分为通用应用软件和管理专业软件两类。通用应用软件如图形处理、图像处理、微分方程求解、代数方程求解、统计分析、通用优化软件等；管理专用软件如管理数据分析软件、管理模型库软件、各种问题处理软件和人机界面软件等。

（3）数据及其存储介质。有组织的数据是系统的重要资源。数据及其存储介质是系统的主要组成部分。有的存储介质已包含在计算机硬件系统的外存储设备中。另外还有录音、录像磁带、缩微胶片以及各种纸质文件。这些存储介质不仅用来存储直接反映企业外部环境和产、供、销活动，人、财、物状况的数据，而且可存储支持管理决策的各种知识、经验以及模型与方法，以供决策者使用。

（4）通信系统。用于通信的信息发送、接收、转换和传输的设施，如无线、有线、光纤、卫星数据通信设施，以及电话、电报、传真、电视等设备；有关的计算机网络与数据通信的软件。

（5）非计算机系统的信息收集、处理设备。如各种电子和机械的管理信息采集装置，摄影、录音等记录装置。

（6）规章制度。包括关于各类人员的权力、责任、工作规范、工作程序、相互关系及奖惩办法的各种规定、规则、命令和说明文件，有关信息采集、存储、加工、传输的各种技术标准和工作规范。各种设备的操作、维护规程等有关文件。

（7）工作人员。计算机和非计算机设备的操作、维护人员，程序设计员、数据库管理员、系统分析员、管理信息系统的管理人员及人工收集、加工、传输信息的有关人员。

2.6 管理信息系统的结构

管理信息系统的结构是指管理信息系统的组成部分所构成的框架。由于对不同组成部分的不同理解，就构成了不同的结构方式。主要包括概念结构、层次结构、功能结构、软件结构和空间分布结构。

2.6.1 概念结构

从概念上来看，管理信息系统由四大部件组成，即信息源、信息处理器、信息接收者和信息管理者，如图 2-4 所示。

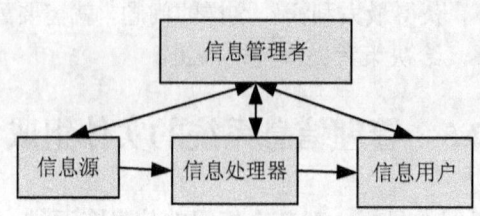

图 2-4 管理信息系统的组成

信息源是信息的产生地。信息处理器是指获取数据并把它们转化成信息，向信息接收者提供这些信息的一套完整的装置，由数据采集、录入、变换、传输、存储和检索等一系列实际装置所组成。信息接收者是接收信息的用户，管理信息系统的一切设计和实现都是围绕着用户的需求来进行的。信息管理者是负责信息系统本身的分析、设计、实施、维护、操作和管理的人员。现在有些国外企业设立首席信息主管（Chief Information Officer，CIO），说明信息管理者本身在企业是非常受重视的。

对组织内部和外界环境中的信息进行识别和收集产生信息源，通过信息处理器的传输、加工、存储，为各类管理人员（信息用户）提供信息服务，而各个信息处理活动都由信息管理者进行管理和控制，信息管理者与信息用户依据管理决策的需求识别收集信息，并负责进行数据的组织和管理、信息的加工、传输等一系列活动，在管理信息系统运行过程中负责系统的运行管理与协调。

根据信息系统的组成形成管理信息系统的概念结构，如图 2-5 所示。

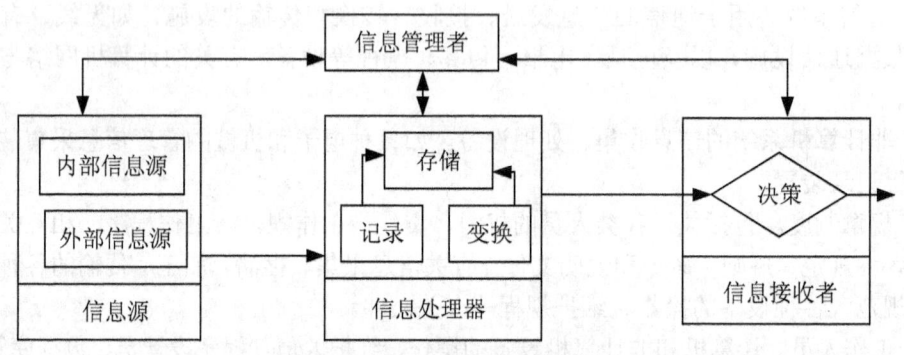

图 2-5 管理信息系统的概念结构

2.6.2 横向层次结构

管理信息系统是为企业的管理决策服务的，而组织内对信息的需求是不同的，按照企业的层次结构，也可以将企业的管理信息系统分为四个不同的层次。这四个层次的管理信息系统有：业务处理层系统、知识管理层系统、管理决策层系统及战略规划层系统，如图 2-6 所示。

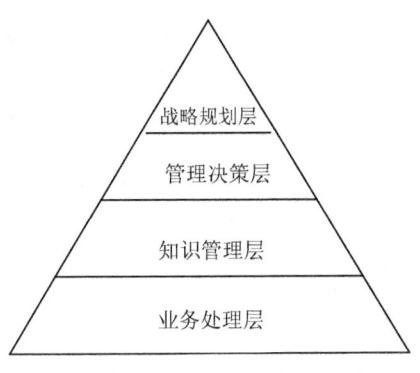

图 2-6　管理信息系统横向层次

（1）业务处理层系统。目前企业中应用最广的就属组织的作业层面的各式各样的业务处理系统，有时也称为业务操作层系统（operational-level system）。所谓业务，指企业运作中发生的业务操作和交易，如生产企业的原料采购、产成品的销售、收款、员工薪酬等。这个层次的信息系统主要目的就是帮助完成上述管理工作，提高业务的处理效率和处理质量，部分或完全取代手工作业，如回答日常问题及追踪记录组织内所有的交易状况等。要回答这类问题，信息必须正确、实时并容易获取。业务处理层的系统都是高度结构化的，按照事先设计的程序来处理固定的业务活动，不具备灵活性。大多数的事务处理系统（TPS）都属于这一层面的应用系统。

（2）知识管理层系统。知识管理层系统（knowledge-level system）旨在支持组织内的知识及数据工作人员。这个层次的系统目的在于帮助企业整合新知识，并且帮助组织掌握内部知识和书面文件的流向。随着办公自动化系统的日益普及，知识管理层系统的应用也越来越广泛。

（3）管理决策层系统。管理决策层系统（management-level system）主要指各种决策支持系统，也包括一些管理报告类的信息系统。其服务对象定位在组织的中层管理者，可以回答类似组织是否正常运作的问题，其提供的定期管理报告主要是在业务系统的基础上进一步拓展，给出一些更为详细的报表和报告，能对中层管理者的决策提供帮助。某些管理层系统还可以用来支持非常规的决策，需要面对一些不是很明确、也非结构化的信息需求，例如可以回答"假如……会怎样……"之类的问题。如果下个月的销售量增加 2 倍，对生产日常安排有何影响？如果新的分厂开工延缓 3 个月，对投资回报率又有什么影响？要回答这些问题，显然需要组织内外的大量数据，甚至一些不存在于业务层系统中的数据。这类系统常称为决策支持系统（DSS）。

（4）战略规划层系统。战略层系统（strategic-level system）是帮助高层管理人员即所谓的决策层处理战略性议题及企业长期的发展趋势，其面对的问题是在复杂多变的公司内部和外部环境中思考组织未来的运作方向，属于战略规划的范畴。比如未来三年内企业员工数量会如何变化？企业长期的成本走向如何？公司的市场地位会发生什么变化？五年后生产什么新产品？这个层面较有代表性的系统是 EIS（Executive Information System），也称经理管理系统或高管人员信息系统。

2.6.3　纵向职能结构

管理信息系统的结构也可以按照使用信息的组织职能加以描述。一般组织的主要职能领域可以包括销售和营销、生产和制造、财务和会计、库存管理及人力资源管理等,它们分别需要不同的信息系统来提供支持。可以用图 2-7 来表示企业管理信息系统纵向职能的分层状况。

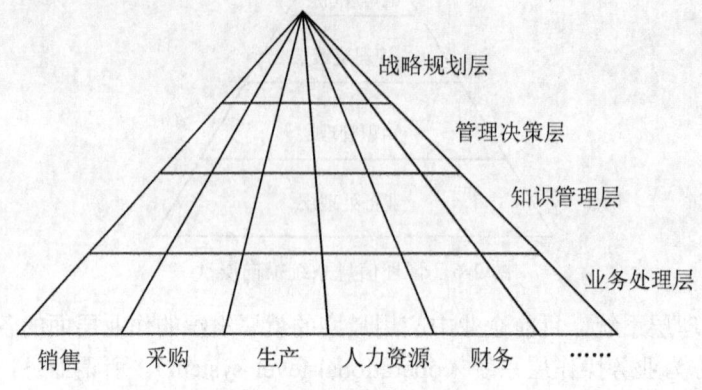

图 2-7　管理信息系统的纵向层次

从图 2-7 可以看出,尽管信息系统可以按照组织职能划分成如销售与营销、财务和会计、制造与生产等,但其每一个职能的功能模块中都可以包括如前所述的业务处理、管理决策、战略规划等不同层级的信息系统。而且随着信息技术的发展以及企业组织架构的拓展,过去纯粹单独的功能模块逐渐向整合系统发展。比如销售、库存和财务就可以合为一套系统,而对一整套信息系统而言,具体的功能模块仍可单独开发、单独使用,可以将其看作完整系统的一个子系统。因而,按管理职能划分,管理信息系统基本由下列核心子系统构成:

(1) 销售与营销子系统。销售与营销职能的目的是满足客户的产品和服务需求,其中的销售是与客户接触、销售产品和服务,而营销则更关注客户对于公司产品或服务的感受,在确定客户需求的基础上,规划生产出适合客户需求的产品,通过诸如广告、策划、促销等活动来推销产品和服务。销售和营销系统正是为这些活动提供全面支持。其中,业务处理层的重点是帮助寻找和联系客户、追踪销售业绩、处理订单以及提供顾客服务;在知识层,销售和营销系统支持各种营销分析工作,比如提供给各级营销主管大量有关销售人员、每个客户、每个销售区域、每类产品的历史和实时信息;在管理决策层,销售和营销系统涉及到支持市场研究、广告和促销活动及定价决策;在战略规划层,销售和营销系统包括新市场的开拓和新市场的战略,它使用的信息有顾客分析、竞争者分析、顾客调查分析、收入预测和技术预测等。

(2) 制造与生产子系统。制造与生产子系统的职能是指生产型企业实际生产的产品和提供的服务。制造与生产活动包括生产设备规划、发展及维护;生产目标的确立;产品原料的采购、储存和使用;对产品所需设备、工具、原料及人工的安排等。制造与生产系统可全面支持这些活动。在生产制造型企业,生产管理系统的应用非常广泛,也是较为成熟的系统。现今比较流行的 MRP、ERP 等都是在此基础上发展起来的。既可作为一个子系统单独运行,也可与其他系统相融合。

该系统的战略层处理企业长期制造目标,如在何处设置新的分厂,或者是否需要投资于新的生产技术;管理层重点分析和监控生产成本及资源的配置,进行生产的计划管理,决定生产能力和车间作业安排;知识层开发设计知识或专门技术去推动生产流程;而业务层则处理生产工作的实时状况,多数生产子系统都会用到库存系统的一部分,包括库存管理、物料需求管理和采购管理。

（3）财务与会计子系统。财务和会计有着不同的目标和工作内容，但它们之间有着密切的联系。财务的职责是在尽可能低的成本下，保证企业的资金运转，包括托收管理、现金管理和资金筹措等。会计则是把财务工作分类、绘制标准财务报表、制定预算及对成本数据的分类与分析。对管理控制报告来说，预算和成本是输入数据，也就是说，会计是为管理控制各种功能提供输入信息。与财务相关的业务处理有赊欠申请、销售、开单据、收账凭证、支付凭证、支票、转账传票、分类账和股份转让、工资薪酬管理以及固定资产核算等。知识管理提供系统分析工具来支持财务和会计工作，设计正确的投资组合让公司得到最大回报率，具体的功能有资本支出分析、投资管理和信用分析等；在管理层，协助中层管理者管理和控制公司财务资源，全面预算是被越来越多企业用以辅助决策的重要财务管理方式之一；战略规划包括保证足够资金的长期战略计划、为少数税收冲击长期税收会计政策，以及对成本会计和预测系统的计划等。

（4）人力资源系统。人力资源的职能在于吸引、发展、维护公司的人才。人力资源系统参照现有的人力资源管理规则和标准，支持对企业人力资源的招聘、培训、绩效考核及一般性事务过程进行管理。提供各种职能级别的查询、统计功能，对进一步开发企业人力资源提供决策参考。

战略层的人力资源系统确认员工的需求，包括技能、教育背景、职位种类、职级数目和成本等，配合公司的长远战略规划，具体功能中还可以包括对所需劳动力供给和需求的预测；在管理层，人力资源系统主要是协助管理者监控和分析员工的聘用、配置、报酬及福利管理，包括各种绩效考评与人员的定岗定薪；人力资源的知识系统支持各种分析活动，如工作效率分析、工作技能培训、规划员工职业生涯等；人力资源的业务处理则重点放在组织的机构管理、职位管理和普通人事管理等日常活动方面，如组织的机构变动和职能变化、员工基本信息与人事变动、日常工作考勤等。

2.6.4 软件结构

在管理信息系统的功能/层次矩阵的基础上进行纵横综合，纵向上把不同层次的管理业务按职能综合起来，横向上把同一层次的各种职能综合在一起，做到信息集中统一，程序模块共享，各子系统功能无缝集成。由此形成一个完整的一体化系统，即管理信息系统的软件结构，如图 2-8 所示。

显然，管理信息系统是由各功能子系统组成的，每个功能子系统又可分为业务处理、运行控制、管理控制、战略控制四个主要信息处理部分。每个功能子系统都有自己的文件，即图中每个方块是一个程序块或一个文件。例如，生产管理的软件系统是由支持战略管理的模块、支持管理控制、运行控制及业务处理的模块所组成的系统，并且带有自己的专用数据文件。整个系统有为全系统共享的数据和程序，包括为多个职能部门服务的公用文件、公用程序。为多个应用程序公用的分析与决策模型的公用模型库及数据库管理系统等。

2.6.5 空间分布结构

管理信息系统空间分布结构指系统中的硬件、软件、数据等信息资源在空间位置上安排情况。实际应用中主要采用分布式网络下的两种结构模式：C/S 结构（客户机/服务器体系）和 B/S 结构（浏览器/Web 服务器体系）。

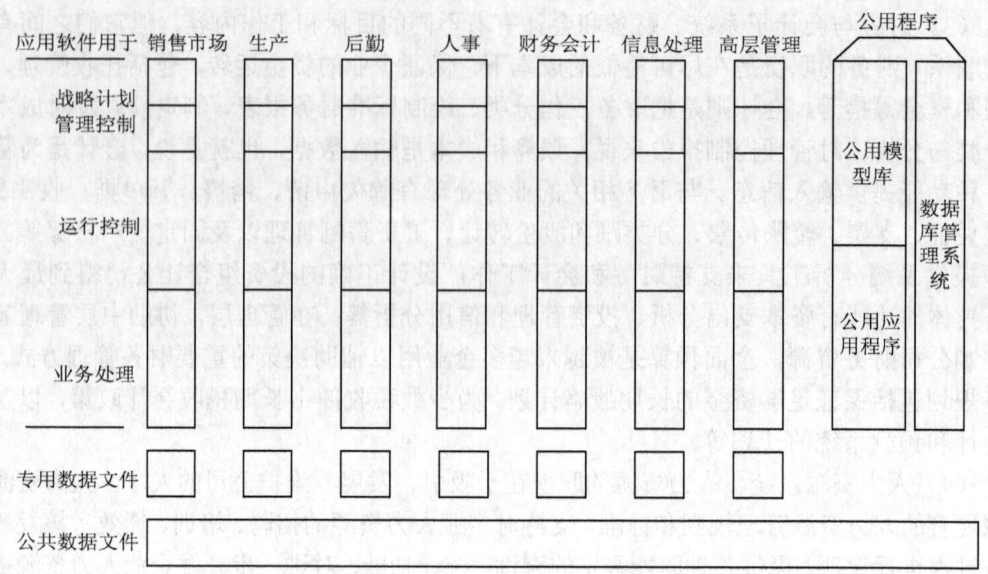

图 2-8 管理信息系统的软件结构

1. C/S 结构

C/S 结构即是指客户机/服务器体系，这种模式，数据及其处理能力被分布在网络上的各个计算机站点，系统的任务划分为由"客户机"和"服务器"分别分担的部分，它们各自承担并完成各自的功能。在此过程中，多个任务间存在多种交互关系，体现为"服务请求/服务响应"关系。客户向服务器提出对某种信息或数据处理的请求，服务器针对请求完成处理，将结果作为响应返回用户。虽然两者都是连接在网络上，但对用户来说，在网上所感觉到的就类似一个具有全部功能的独立系统，客户机和服务器被集成在一起而且能够相互访问。客户机/服务器模式是一种能够最充分发挥台式计算机能力的主要手段。图 2-9 是一个典型的客户机/服务器模式。

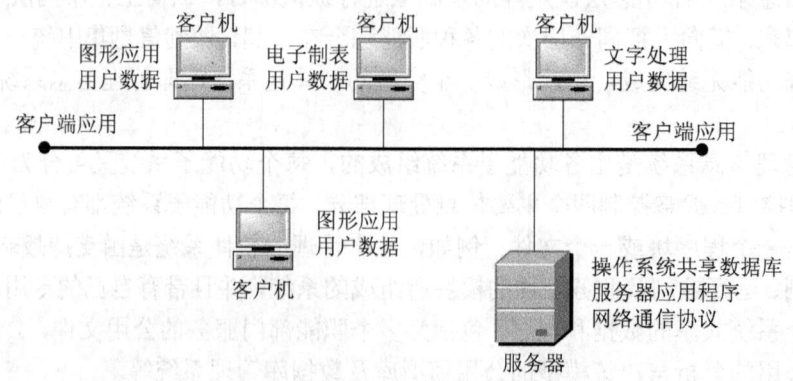

图 2-9 C/S 结构示意图

客户机是用户所需功能的入口点，一般它采用台式计算机、工作站或便携式电脑。通常用户只需与客户机端的应用直接进行交互，典型的方式是通过一个图形化的用户界面，用户可以利用客户机进行数据的输入，并通过查询数据库来进行数据检索；一旦数据被检索到，用户就能够对它们进行分析并用自己客户机中的电子制表、文字处理、图形应用等常用软件包将其输出。

服务器满足用户对数据和应用功能的需求,它既可以是高档微机或主机,也可以是台式计算机,但必须能够支持多用户功能。服务器存储并处理系统共享的数据,还完成用户看不到的一些后台功能,如管理周围的设备和控制共享数据库的访问等。

客户机/服务器模式要求应用程序分成两个或多个独立的部分来书写,它们将分别安装并运行在不同的机器上,但操作起来的感觉就像是一个完整的应用一样。客户机与服务器之间任务的准确划分完全是根据包括处理需求、用户数量和能够访问的资源情况在内的各应用需求而进行的。例如,对于大型机构的工资单系统来说,客户端的任务可能包括输入数据(如加入新的员工记录并记载工作时数)、向服务器提交数据查询请求、分析收到的数据和在显示器或打印机上输出结果(以字符或图形方式);而服务器部分将接受来自客户端输入的数据并负责加工工资单(每月一次);它还将控制访问,只有那些符合安全保护权限的用户才能够查看或更新数据。

2. B/S 结构

B/S 结构,即 Browser/Server(浏览器/服务器)结构,是随着 Internet 技术的兴起,对 C/S 结构的一种变化或者改进的结构。在这种结构下,用户界面完全通过 WWW 浏览器实现,一部分事务逻辑在前端实现,但是主要事务逻辑在服务器端实现,形成所谓 3 层(3-tier)结构。B/S 结构,主要是利用了不断成熟的 WWW 浏览器技术,结合浏览器的多种 Script 语言和 ActiveX 技术,用通用浏览器就实现了原来需要复杂专用软件才能实现的强大功能,并节约了开发成本,是一种全新的软件系统构造技术。随着 Windows 98/Windows 2000 将浏览器技术植入操作系统内部,这种结构更成为当今应用软件的首选体系结构。

B/S 系统的三层结构即把程序按照内部分工及业务逻辑分割成几个相对独立的程序,一般划分为界面层、业务处理层、数据存储层。而业务处理层根据需要又可以再进一步分割,使程序之间的关系变得清晰、耦合小。

由于程序进行了分割,它们就可以安装在不同的机器上。一般情况下,界面层的程序安装在客户机上,业务处理层安装在应用程序服务器上,数据存储层安装在数据库服务器上。

例如开发教学管理系统的教师远程报送考试成绩与学生查询两个模块,使用 B/S 结构,则中心数据库在学校服务器端,教师或学生只要家里有一台能够上网的机器,使用浏览器软件就可以登录学校网站,进行报送成绩和查询活动,不必考虑是否需要安装其他的应用程序。

3. C/S 结构与 B/S 结构的综合应用

由于 Internet 技术正处在发展之中,现有浏览器、Web 服务器的商品软件在功能上还有待进一步完善,安全性能不是很稳定,所以目前通常情况,在 Web 服务器上一般是用于查询、检索和公告发布等,而对较为复杂的应用软件开发,较为重要的数据交互操作,则必须由 C/S 结构来完成,所以数据库服务器在 Web 上的应用,应该说是有限制的应用。如图 2-10 所示,为一个 C/S 模式与 B/S 模式的结合。

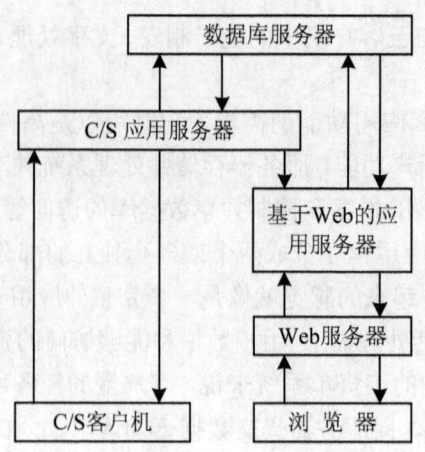

图 2-10 C/S 模式与 B/S 模式的综合

2.7 管理信息系统的发展历程

2.7.1 三大发展阶段

信息系统的发展与计算机技术、通信技术和管理科学的发展紧密相关。虽然信息系统和信息技术在人类文明开始就已存在,但直到电子计算机问世、信息技术的飞跃以及现代社会对信息需求的增长,才迅速发展起来。近半个世纪以来,信息系统的发展经历了单机到网络,由电子数据处理到管理信息系统,再到决策支持系统,由数据处理到智能处理的过程,且呈相互交叉的关系。这个发展历程大致经历了以下三个阶段。

1. 电子数据处理系统 EDPS

计算机在管理中的应用始于日常业务与事务的处理,亦称业务信息系统。业务信息系统将企业内的人工计算和操作改由计算机来代替,定期提供一套系统的业务数据。这一阶段还可再分为两个阶段:单项数据处理阶段(或称初级系统阶段)和综合数据系统阶段。

(1)单项数据处理系统。这是计算机在管理领域应用的起步阶段。在 20 世纪 60 年代的初、中期,在美国,计算机已逐步在大企业中推广应用,当时计算机往往模拟手工的管理操作。例如用于计算工资(每月打印工资表)、登记仓库的库存账目等。当时一般在机房操作计算机,人们定期将数据送入机房,进行数据处理,由计算机定期打印各类报表,这类数据处理称为事务数据处理(Business Data Procession)。这种数据作业处理代替了人工的登记、计算与打印报表。虽然数据处理的功能不强,但面对着要求迅速处理的大量的业务数据,与手工操作相比,电子计算机已显示出优越性。但对中、高层管理部门的管理控制决策和战略决策的支持作用极其有限。

(2)综合数据处理系统。20 世纪 60 年代中期到 70 年代中期,计算机技术迅猛发展。当时已具有带多台终端的联机系统,已使用具有高速存取功能的较大容量的外存储器——磁盘。系统软件方面已开发了具有文件组织的数据管理系统。当时的用户可以通过终端向计算机输入信息,通过终端可向计算机查询信息以及打印报表,因而在上述条件下,可以在局部范围内开发多功能的数据共享的事务处理系统。例如,一个库存控制系统,既可以对仓库进行自动记账,还能进行查询库存、报警以及编制物资供应计划等工作。这样的系统能有效地、迅速地处理一系列的管理业务。这个计算机的应用阶段可以说是一个过渡阶段，也就是由单项事务处理向管理信息系统过渡的阶段。

2. 管理信息系统 MIS

从 20 世纪 70 年代中期至今，是信息系统处理的高级阶段。当时计算机的主机容量更大、运算速度更快。性能价格比高、单机价格便宜的小型机以及目前流行的微型机的出现，使绝大多数企业都有可能使用计算机来进行企业管理。磁盘的容量有很大发展，并出现了性能更完善的数据库管理信息系统，这样有条件使企业管理的大量的、共享的数据得到有效的管理与使用。上述物质基础为开发完善的管理信息系统创造了条件。同时在管理科学上开发了一大批为管理服务的预测、决策模型，又为管理信息系统的发展提供了模型与方法。在上述的技术与管理条件下，才有可能开发有效地为各级领导层作管理决策服务的管理信息系统。

当时，计算机已普遍地应用于各种业务管理，如库存控制、生产计划、会计核算、物资采购、人事管理等，企业内的数据库中已积累了大量的数据资料，其发展方向必然是向着数据的综合利用和高度共享的方向发展，即在企业管理中全面地应用计算机，建立管理信息系统。这时企业的主要数据都存储在数据库中，供各级管理人员使用，这些数据的处理则按业务职能集成起来，形成各个职能子系统，如生产管理子系统、销售管理子系统、财务会计子系统、人事管理子系统等。每一子系统都有一个相应的集中数据库，在大型企业中，还开始建立多级的计算机网络系统，即多机－多用户网络系统，从而在更大的范围内实现计算机资源和数据资源的共享。决策模型在管理信息系统中得到较普遍地应用，但通常只是作为程序的一部分，而没有成为管理信息系统的一个独立集成部分。系统除了完成各自指定的辅助管理职能外，还向中层和高层管理部门提供定期报表，用以辅助决策。

当前，管理信息系统研究的另一个重要方向是柔性制造系统。它是管理过程和生产过程的自动化，即将计算机辅助管理同辅助设计（CAD）、辅助制造（CAM）相结合共同发展的结果。柔性制造系统在产品的设计和制造过程中，几乎可以不用图纸。微机控制的这种系统很适合于多品种小批量生产，有人正在设想建造完全单件生产的柔性自动线，以适应现代人不同的消费需要。怎样把生产过程自动化和管理自动化结合起来，将是计算机在企业管理中应用的重要研究方向。由于这类课题要解决的是企业内部的决策问题，也即程序性决策，因而这一系统的研究在概念上说来仍是属于管理信息系统 MIS 的水平。

3. 决策支持系统 DSS 与经理信息系统 EIS

决策支持系统（Decision Support System，DSS）产生于 20 世纪 70 年代初，其产生源于管理信息系统应用中存在的问题。由于应用过程中缺乏对企业组织机构和不同层次管理人员决策行为的深入研究，忽视了人在管理决策过程中不可替代的作用。因而在辅助企业高层管理决策工作中，面对一些复杂的决策问题，人们对管理信息系统的应用模式和有关的理论问题进行了深入研究，提出了决策支持系统的概念。

决策支持系统是把数据处理与经济管理数学模型的优化计算结合起来，具有管理、辅助决策和预测功能的管理信息系统。决策支持系统面向组织中的高层管理人员，以解决半结构化问题为主；强调决策过程中人的作用，系统对人的决策只起辅助和支持的作用；更重要的是决策过程的支持以应用模型为主，系统模型反映了决策制定原则和机理。在结构上，决策支持系统由数据库、模型库、方法库和相关部分组成。

经理信息系统（Executive Information System，EIS）是 20 世纪 80 年代中期出现的，针对高层管理者需求的信息系统解决方案。最基本也是最重要的功能是为高层管理者提供企业内、外部关键的信息。EIS 在欧美等发达国家的研究与开发已有较大发展，有不少学者都给 EIS 下过定义。从本质上看，EIS 实际上是一个满足组织高层管理者的使用要求和管理决策信息需求的计算机信息系统。

关于 DSS 和 EIS 将在下一节进一步介绍。

2.7.2 广义与狭义管理信息系统

随着人们对管理信息系统的认识逐步加深，其定义也同样发展和成熟。大体可从广义和狭义两个方面叙述。在前面给出的 MIS 定义中，管理信息系统是广义的概念，它在企业决策层、管理层和运行层上支持管理活动。在运行层上有市场信息系统、人力资源信息系统、财务信息系统等。管理层上有管理信息系统和决策信息系统等。狭义的管理信息系统专指 MIS 发展的第二阶段，是一个可以提供面向管理报告的信息系统。这些报告一般按照预先设定的计划产生，并按照安排的格式显示。例如库存报告、销售报告、财务报告、工资分析、销售预测等，可以显示详细信息、汇总信息和异常信息。

2.7.3 管理信息系统发展趋势

概括的说，MIS 向着高层次和普及性两个主要方向发展。具体的说，它主要体现为自动化、集成化、智能化及开放化。

（1）自动化。最典型的是办公自动化系统（OAS）的出现及应用，它将多媒体技术应用于处理办公事务、群体协作与决策等过程，进行文字处理、数字处理以及图形、图像和声音处理等，进而形成知识管理系统。

（2）集成化。经过几十年的发展之后，MIS 正逐步走向集成化。原先开发的系统要集成，新开发的系统要从集成的角度去设计。最有代表性的是计算机集成制造系统（CIMS）。它是一种现代化的 MIS，通过综合计算机辅助设计（CAD）、计算机辅助制造（CAM）和网络技术而发展起来的，特别是在机械加工制造企业中，CIMS 将市场预测、产品设计、加工制造、经营管理等环节构成一个有机整体，从而实现企业加工生产和经营管理过程的自动化与集成化。企业资源规划（ERP）系统是其优秀代表。

（3）智能化。MIS 逐步完善向支持一个组织机构中各个层次的管理活动发展，同时，企业的半结构化问题和非结构化问题的辅助决策需求不断增多。因此，运用运筹学、计量经济学、应用统计学、系统模拟、人工智能技术，特别是运用知识库系统技术、模式识别和自然语言理解技术，正成为 MIS 的发展方向。其中决策支持专家系统和物联网管理系统就是很好的代表。

物联网（The Internet of Things，IOT）是以互联网为基础的泛在网络，联网的对象从专门的计算设备拓展到了所有的常规物品，如铁路、桥梁、车辆、电视机、路灯、包装箱及各种物质实体。借助这种技术，所有的物品能够在因特网中被"认出来"，其运动、状态、位置等信息也可自动进入计算机系统。它推动了企业计算技术应用发展，人们的社会活动由此进入了一个新的时代，进入了更加精细和智能化的管理阶段。

（4）开放化。信息资源共享要求网络化的环境及开放式的系统。因此，MIS 必须保证在开放式的网络化环境中不被孤立，即系统既能利用别的系统的资源，且自己的资源又能被别的系统利用。基于 Internet/Intranet 的电子数据交换和电子邮件等，能进一步扩大组织与外界的信息共享与交换。

因特网和现代信息技术应用催生了很多新兴的企业，并从发达国家迅速渗透到发展中国家。像 1995 年创建的亚马逊公司（amazon.com）和 eBay 公司（eBay.com），1999 年创立的阿里巴巴公司（alibaba.com）等，迅速成为世界知名的网络企业。通过因特网门户和电子商务，传统企业也先后将自己的办公室、商店、支付和客户服务活动搬到了因特网上，逐渐转变为电子化的企业。网络化应用涉及的不仅仅是企业，政府组织和事业型机构也利用因特网积极从事电子政务活动，全方位地向社会提供规范化的服务和透明化的管理活动。如图 2-11 所示的是山东省政府门户网站页面。

图 2-11　山东省政府门户网站页面（2012 年）

2.8　现代组织中的管理信息系统

企业及其他社会组织中都有各种不同的管理信息系统，分别具有特定的功能或服务目标。这些信息系统为组织的高效运行打下了基础，为组织赢得生存竞争提供支持，也推动了新的组织管理方式的出现。同时管理信息系统本身也随着组织需求的发展而不断演进。

2.8.1　业务处理系统

1. 业务处理系统定义

业务处理系统（Transaction Process System，TPS）又被称为事务处理系统，它的主要服务对象位于企业的操作和执行层面。TPS 主要处理企业的日常业务，实现基本业务处理环节的自动化和规模化。TPS 是与人们日常工作和生活接触最多的系统。比如商业银行的柜台储蓄业务处理系统、中间业务处理系统、邮局的快件处理系统、同城速递系统、医院的挂号系统、交通管理机构的违法处理系统、超市的收付款系统、铁路的售票系统、学校的课程注册系统等，这些都是 TPS。

2. 业务处理系统的功能

TPS 的主要功能是支持组织基层或前端业务机构的具体管理事务。这些日常事务的覆盖面宽，有大量的输入输出及精细化操作。

TPS 需要有效地完成相关业务数据的采集、入库、运算处理、查询生成等流程。业务信息的处理内容和任务流程千差万别，相应的 TPS 也种类繁多。有的 TPS 相对简单，有的 TPS 高度复杂。以订票系统为例，不同订票业务的环境、特点和需求不同，相应的 TPS 也有明显差别。有些订票业务局限性强，资源有限，只由代理机构授权办理；信息系统只覆盖有限授权终端，支持专职人员操作。另外一些订票业务资源充足，希望面向公众发售取得发行市场，信息系统会支持网络购票、电话购票、移动终端购票等多种平台，实现多级代理或由购票者自主操作。有些订票业务的周期性不强，业务结构相对简单，信息流量平缓，无明显的高峰期。另外一些订票业务的需求跌宕起伏，资源紧缺和充盈交替出现，系统需要同时应对业务高峰期的压力和低谷时的冷清。还有一些订票业务有较高的便捷性、防伪性或安全性要求等。

3. 业务处理系统的作用

TPS 的主要作用如下：

（1）可根据所处理事务的要求和特点，提供高度自动化的处理流程。

（2）高效率地完成结构化数据的捕获、生成、存储和传递过程。

（3）有效的数据编辑能力，可保证业务数据的正确性、完整性和时效性。

（4）可迅速有效地处理大量业务数据的输入输出，支持大量用户同时操作和查询。

（5）具备系统可靠性和安全防护能力，保证业务处理流程和相关数据的安全性。

近年来国内外对 TPS 的故障有各种报道，如售票系统瘫痪、录取通知书错发、医院收费系统停滞、ATM 机故障等。可以看出，TPS 是非常重要的基础系统，一旦出现故障，会直接引发企业业务运作紊乱，或导致相关业务的中断，甚至会波及与之相关的其他组织。

4. 业务处理系统的构成

订单系统是比较典型的 TPS，其工作流程如图 2-12 所示。

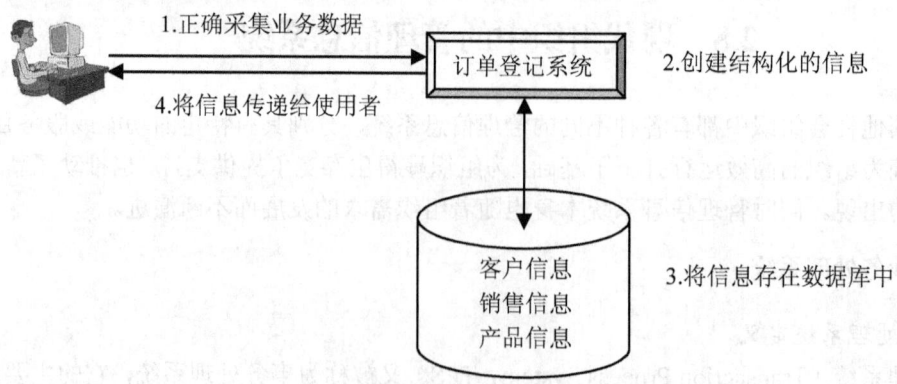

图 2-12 简单的 TPS：订单处理系统

（1）用户登录后可以看到订单产品的特征、价格和规格等，输入订单数据。

（2）系统对用户输入数据进行处理，审核其有效性，生成标准化的订单数据。

（3）系统将订单数据存入数据库。

（4）系统告知用户订单的状态等信息，便于用户及时确认或修改等。

这样一个订货 TPS 需要多个层面的应用支持。一是输入界面层，用来与用户交互，方便编辑数据、送货方式等。二是业务处理层，要合理安排业务流程。比如订单如何确认、是否允许撤销订单、反馈信息包括什么等。三是数据存储层，涉及用户操作权限、数据规范性和传递安全性方面的设计。比如是否接受信用卡付账，如何审核等。

从这个例子可以看出，TPS 必须能够正确地捕获业务数据，并更新数据库，处理和生成各种类型的有效信息。任何一个完整的业务处理周期都包括五项基本活动：数据输入、业务处理、数据库维护、生成文档和报告、查询处理。因此，TPS 的基本结构可以用图 2-13 表示。

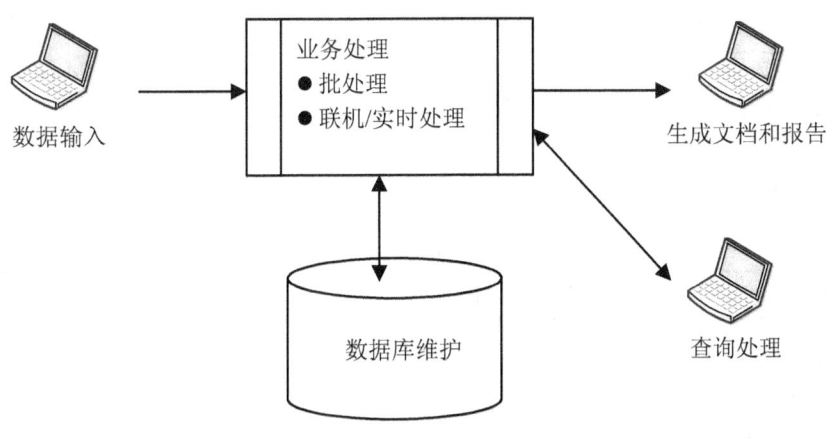

图 2-13　TPS 的基本结构

5. 联机事务处理系统

联机事务处理系统（On-Line Transaction Processing，OLTP）是一种对系统可用性要求很高的 TPS。比如面向全国或全球客户提供航空订票服务、信用卡服务的系统。这类系统的主要特点如下：

（1）OLTP 是实时性系统。

（2）大量客户可远程接入系统，提交服务申请（事务），系统能够正确处理多客户申请的并发操作。

（3）系统会快速地捕获数据并立即做出响应，完成该项事务的处理。

（4）系统及时保存和更新数据库文件后，立即向客户返回信息。

（5）OLTP 能够保证系统业务处理和响应的时间符合用户需要，并保证操作流程的顺畅。

比如网上预定机票的系统就是 OLTP 系统。客户可远程登录订票网站，选择好起飞时间、航班号，并将个人信息等一并确认提交；数据马上被传到航空公司，订票系统立即查找并确认相关数据，将该客户的预定数据存到数据库中，更新该客户的订票记录，完成航班空座数的调整等处理，并将预定成功的信息返给客户。整个过程只需数秒即可完成。用户还可以随时在个人计算机上查询订票结果和航班状态等实时信息。

2.8.2 决策支持系统

1. 决策支持系统的概念和作用

（1）什么是决策支持系统

1971年，美国麻省理工学院的安东尼·戈里（Anthony Gorry）和斯科特·莫顿（Scott Morton）等人提出决策支持系统（Decision Support System，DSS）的概念，即用来描述为组织中高层管理者服务的、以数据分析为特点的、具有高度灵活性的信息系统。

因为中高层管理者面对的问题灵活多样，比如该如何争取订货、供应商如何选择、价格策略是否修改、哪个渠道比较好等。这些问题的结构化程度较低，很难像 MIS 那样用自动的处理流程生成规范化的输出。例如，供货商的选择就需要考虑多种影响因素，多方面收集信息，不能简单地从现有数据库中找到可用数据，更无法用特定公式去推算结果。这些问题需要用新的信息系统来支持。简单地说，DSS 是为管理者的决策过程提供交互式信息支持的计算机信息系统。DSS 利用分析模型、专门的数据库、决策者自己的洞察力和判断力以及基于计算技术的交互式建模过程，来支持半结构化的企业管理决策过程。

（2）决策支持系统的作用

DSS 和 MIS 的主要区别见表 2-2。

表 2-2 MIS 和 DSS 的区别

	管理信息系统（MIS）	决策支持系统（DSS）
提供的决策支持	提供关于组织绩效的信息	提供信息和决策支持技术来分析特定的问题和机会
信息形式和频度	周期性报表、例外事务报告、按需提供的推式报表和响应信息	交互式查询和应答
信息格式	预先制定的固定格式	特定的、灵活的和自适应的格式
信息处理方法	为提取和操纵企业数据提供信息	为企业数据进行分析和建模提供信息

DSS 能为决策者提供决策所需要的数据、信息和背景材料，有效地帮助管理者发展问题，选择决策目标，构建分析模型，提供备选方案；并能够对各种方案进行比较、评价和优选，为决策者的正确决策提供帮助。

例如，销售经理收到了 MIS 生成的常规销售报表，他可以利用 DSS 进一步分析这些数据。他可以对不同产品线、不同地区或人员的销售情况进行具体观察，与往年数据进行对比，观察某项销售促进活动的效果，看相关的促销费用和销售人员津贴等对销售的增长有没有作用，更为深入地了解销售活动的实施效果，以便决定如何改进以后的销售策略。

（3）联机分析处理

基于因特网和数据库的 DSS 推动了联机分析处理应用（OLAP）的发展。如图 2-14 所示，借助专用的服务器、多维数据库和 OLAP 软件，管理者能够从多个不同的视角操纵和观察大量数据，分析数据之间的复杂关系，并从中发现趋势、因果关系和有用的信息。OLAP 以实时方式提供查询需求，并执行在线任务，系统快速响应并返回查询结果，有力地支持了管理者的分析过程。

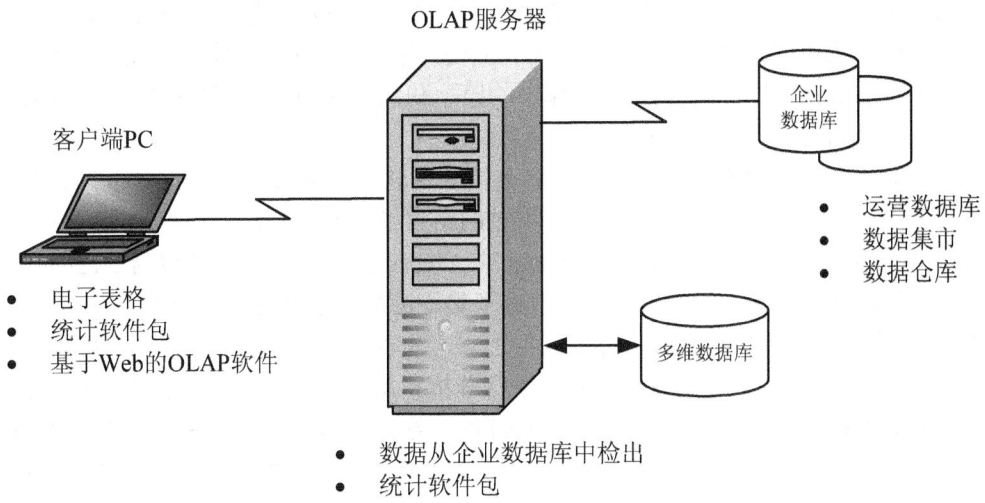

图 2-14　OLAP 系统示意图

2．决策支持系统的构成

DSS 的构成非常灵活，它针对某方面的决策问题提供有针对性的支持。一般来说有如下几点。

（1）DSS 是以数据管理、模型管理和知识管理三部分为基础，加上人机会话界面构成的（见图 2-15）。

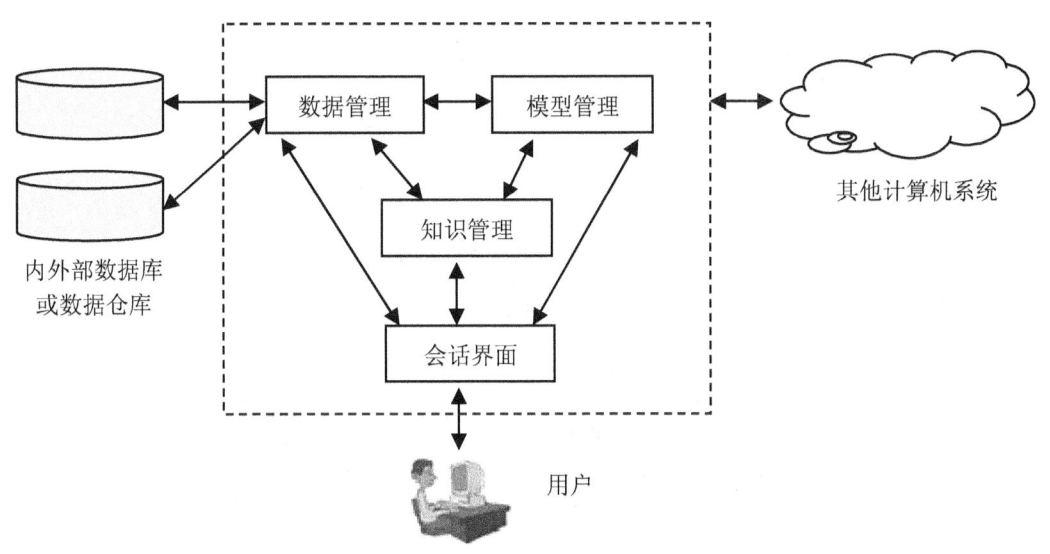

图 2-15　决策支持系统

（2）数据管理功能可从企业数据库和数据仓库中提取和复制资源到 DSS。
（3）模型管理功能可保存和管理 DSS 运算方法和模型。
（4）对模型的选择和使用等需要有专门的知识管理能力。
（5）会话界面是用户与 DSS 之间沟通的接口。

借助 DSS，用户只需使用平时熟悉的语言和工作方式就可以与信息系统对话，而不必非要具备计算机专业知识。DSS 界面操作简单且方便，用户比较容易选择自己想用的分析模型，得到自己想看的数据，DSS 会调用模型库中的模型和知识库中的知识帮助用户分析数据，并将结果信息回送到人机界面展示给用户。

许多智能化的桌面软件（如制表软件和数据分析软件）融合了便捷查询和智能化分析功能，也是最为普遍的 DSS 工具。比如前面讲过的销售经理的例子，该销售经理可以将后台销售数据库中的相关数据提取到 Microsoft Excel 或 Access 数据库中，然后根据自己的想法，在桌面上对这些数据进行选择排序，或制作数据子集，进行多角度的观察分析。

Excel 是进行数据分析最常用的办公软件之一。许多的数据库和应用程序都可以直接将数据文件另存为 Excel 格式，直接采用 Excel 进行分析。用户还可以从自己熟悉的 Excel 程序中直接引入外部数据进行分析，此时可利用 Excel 的向导功能帮助实现相关数据的连接。操作过程比较简单，首先在"数据"选项卡中单击"自其他来源"工具按钮的"来自数据连接向导"选项，如图 2-16 所示。

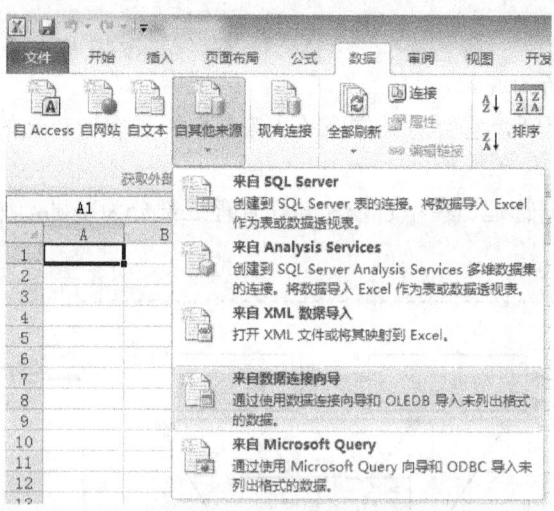

图 2-16 Excel 选择页面

系统将打开"数据连接向导"窗口，如图 2-17 所示。

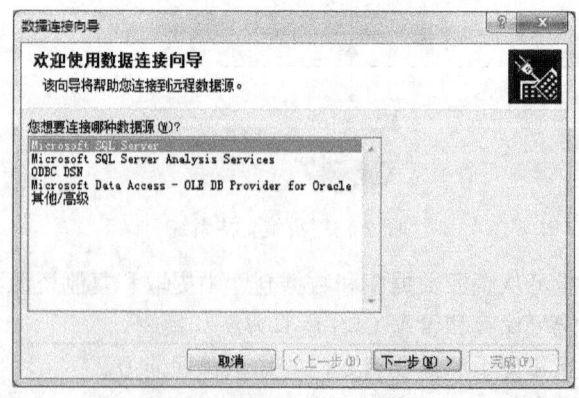

图 2-17 数据连接向导窗口

按照向导的要求可逐步完成外部数据的连接和导入。

3. 决策支持系统的发展

（1）商业智能

从技术上看，DSS 实际是对计算机智能系统的开发。早期的 DSS 以中高层支持为主，大都需要建立小型的、专门的数据库作为分析资源。随着万维网、企业内部网、数据仓库和数据挖掘等技术的发展，DSS 的资源基础和应用方式更加多样化，出现了智能化查询和服务支持系统。这种普及化的应用被称为商业智能，它的特点如下。

①因特网成为重要的信息来源；

②网络搜索工具或知识发现过程常被用来支持用户决策，任何人都可方便地使用人机交互流程，或者数据建模来评价和分析决策方案；

③计算机智能开发技术的进步，使得基层业务人员甚至用户也可使用决策支持信息或决策支持工具，DSS 从原来只服务高层转向了更宽领域，延伸到了企业中的所有用户。

例如，销售部通过数据挖掘发现购买了大瓶饮料的顾客会同时购买纸杯，智能化的收银系统就会利用这个信息，让收银员去提醒那些买了大瓶饮料却没有买纸杯的用户去购买纸杯。这种商业智能的应用在网络销售中很常见。

（2）经理信息系统

经理信息系统（Executive Information System，EIS）是为组织的最高层管理者（高级经理或董事会成员）定制的决策支持系统。

一些大型组织的业务流程高度复杂，各种业务信息系统为数众多，信息流量很大。企业的高管无法准确把握企业的运行状态，进行及时决策，而 EIS 相当于"管理驾驶舱"，能够帮助他们驾驭企业。EIS 的特点如下：

①EIS 聚焦于高管所关注的关键性指标，能及时提供这些关键指标的状态信息，便于他们了解和检测企业的运营状况；

②EIS 具有定制能力，可以根据每个高层主管的状态和环境，对相关信息来源进行集成、筛选和过滤，满足高层主管的要求；

③EIS 的使用异常简便，适合主管操作，能帮助他们迅速沟通和处理问题；

④EIS 的信息提供方式非常灵活，界面清晰、友好，支持用户对数据进行深度查询，具备"数据下钻"的能力。

图 2-18 所示为某 EIS 的界面示例，图形展示为 EIS 最常用的界面。

（3）专家系统

专家系统（Expert System，ES）是一种模拟专家决策能力的计算机系统，其特点如下：

①ES 具有咨询功能，可以回答用户提出的特定领域的问题；

②ES 具有学习功能，在教授和训练下，能不断增添或修改用户已经拥有的知识；

③ES 具有教育功能，能够解决决策分析过程并回答询问，向用户提供专门领域的知识。

因此，专家系统可以用来对某个领域的特定问题提供专家水平的决策支持。人力资源培训和学习领域的一些效果自我检测系统，农业领域用来诊断动植物疾病的计算机程序，它们都是专家系统的示例。

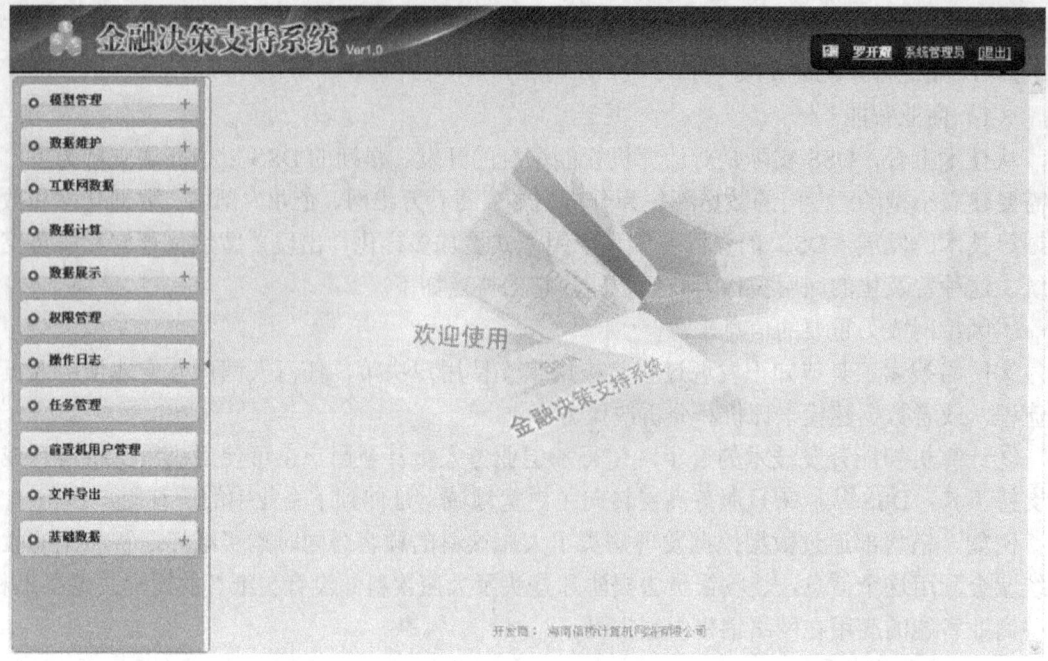

(a) 金融决策支持系统首页

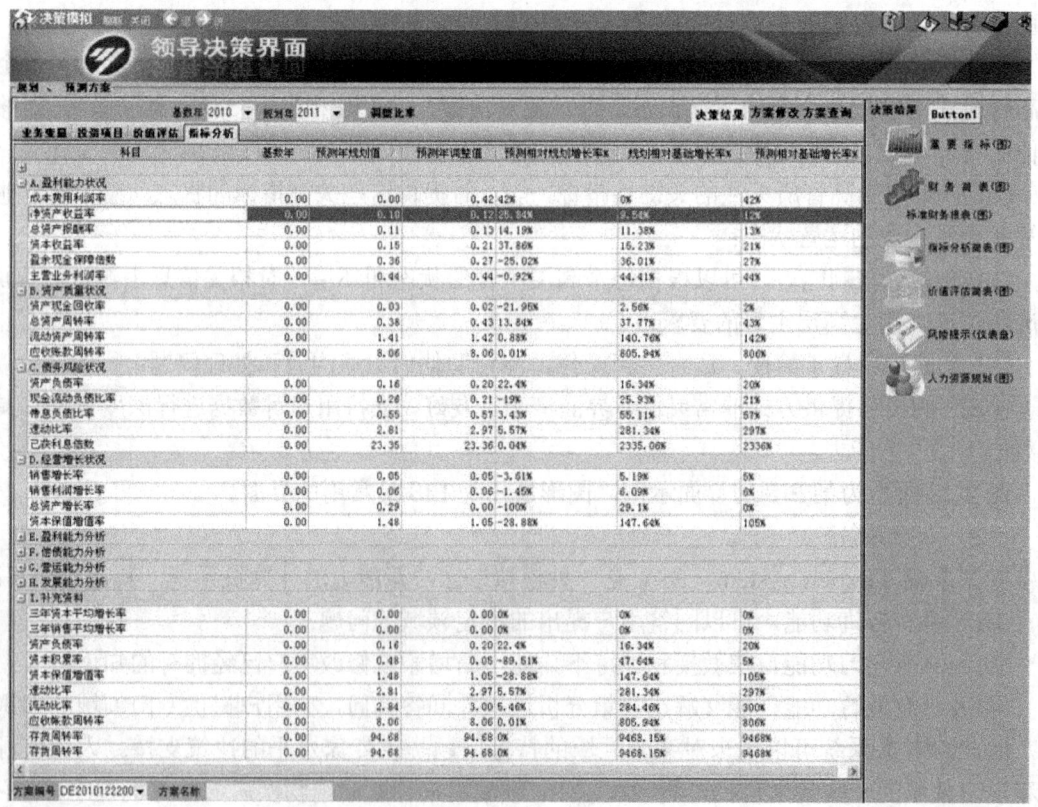

(b) 领导决策界面

图 2-18 EIS 界面示例

（4）群决策支持系统

群决策支持系统（Group Decision Support System，GDSS）是一种基于计算机的群体合作支持系统。

这类系统支持一组决策者同时参与决策会话，从而得到一个较为理想的决策结果。比如以局域网的形式支持多人参加会议，通过一个自动化的过程来收集、记录、交换会议意见，并实时显示反映意见，交换发言权。备有大屏幕显示设备的决策室，可显示各种决策方案、效用值及统计分析数据，便于所有会议参加者并行交流共同讨论。将广域网与电视会议结合在一起的远程电视决策会议系统，可以方便远程交流互动。GDSS 的形式多样，不拘一格。其主要作用如下：

①用来充分发挥时效优势，充分有效地传递信息。
②抑制群体合作过程中的各种消极行为。
③有效保存必要的记录信息，改进群体决策过程的效率和质量。
④提升决策群体的满意度。

2.8.3 基于流程整合的集成化管理信息系统

纽约大学的肯尼思·劳顿（Kenneth C.Laudon）教授从企业过程角度进行分类，提出了流程信息系统的概念。他指出，当今企业面临的主要挑战之一是如何把各种系统的数据集成到一起形成跨越企业的信息流。通过信息流和业务流的良好协调，使企业像一台精密的机器一样顺畅运转。这就要求有功能强大的信息系统整合不同职能部门和组织内部机构的信息，并协调企业与供应商和合作伙伴的关系。

流程信息系统主要包括整合组织内部流程的 ERP 系统，整合企业上、下游流程的 SCM 系统和组织内跨部门整合流程的 CRM 系统。

1. 企业资源规划系统

（1）ERP 发展历程

企业资源规划（Enterprise Resource Planning，ERP）系统经过了三代演进，成为覆盖企业中各个业务领域的企业级系统。目前 ERP 还在不断发展的过程中，向更多的资源管理延伸。

第一代是物料需求计划（MRP）系统，它从整个流程合理性出发，对主生产计划、物料清单（BOM）、库存需求和未完订单等多个领域的数据做出比照，计算得出物料需求数据，并用来修改物料订单，改进企业的订货策略。第二代是 20 世纪 80 年代的制造资源规划（MRPⅡ）系统，它将统一管理的对象从物料扩展到了人力、设备、时间、资金等更多要素，用软件集成了生产、销售、采购、财务会计、成本管理等功能，实现了生产资源的全面性管理，用来支持企业按需生产的运营模式。第三代是企业资源规划（ERP）系统，它在 MRPⅡ 的基础上又集成了市场、财务和成本控制功能，再次提高了企业内部运作、流通和财务流程的效率，改善了企业内各个部门管理工作的协调性。

（2）ERP 思想

ERP 首先是一种管理思想，然后才是一种管理信息系统。其核心管理思想是实现对内部价值链的有效管理，主要体现在以下三个方面：

①实现对整个企业内部资源进行管理。ERP 系统要从企业整体层面管理内部资源，包括人、财、物和产、供、销等各个方面，解决各部门系统分割状态下导致的效率低下问题。

②实现精益生产、同步工程和敏捷制造。在 ERP 系统下，企业把客户、销售代理商、供应商、协作单位纳入生产体系，同他们建立起利益共享的合作伙伴关系，进而组成一个企业的供应链，消除生产中的浪费现象，消除一切非增值环节，从而使企业兼顾了大批量生产的经济性和多品种生产的灵活性；ERP 系统可把目前大多按阶段进行的跨部门（包括供应商和协作单位）的工作尽可能进行同步作业，实现同步工程。同步工程的目标是提高质量、降低成本、缩短产品开发周期；敏捷制造是指制造企业采用现代通讯手段，通过快速配置各种资源（包括技术、管理和人），以有效和协调的方式响应用户需求，实现制造的敏捷性。

③实现事先计划与事中控制。ERP 系统中的计划体系主要包括：主生产计划、物流需求计划、能力计划、采购计划、销售执行计划、利润计划、财务预算和人力资源计划等。ERP 系统通过定义事务处理相关的会计核算科目与核算方式，在事务处理发生的同时自动生成会计核算分录，保证了资金流与物流的同步记录和数据的一致性。从而实现了根据财务资金现状，可以追溯资金的来龙去脉，并进一步追溯所发生的相关业务活动，便于实现事中控制和实时做出决策。

（3）ERP 的功能与结构

ERP 用一个整合的系统协调企业的关键业务过程，使业务信息在销售、生产、财务、人力资源等多个部门间无缝流动，实现企业内部信息的高度共享和及时传递，有效控制企业中各个业务环节的衔接过程，消减低效流程，增强管理的有序性和透明化。企业的内部业务流程结构如图 2-19 所示。

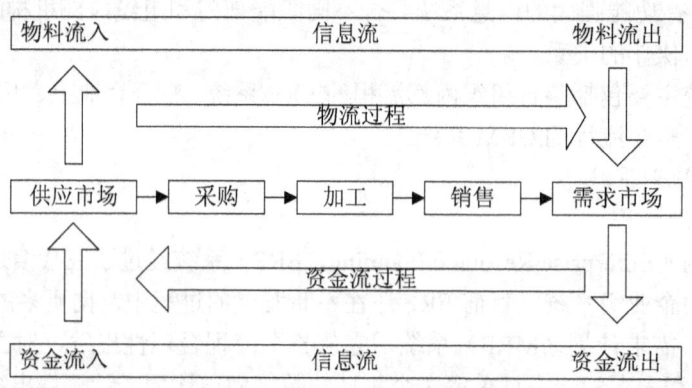

图 2-19　企业内部业务流程示意图

图 2-20 是一个 ERP 系统功能结构示意图，可以看出销售、采购、生产、财务、设备和人力资源的管理都整合到了一起。

（4）ERP 软件

由于企业 ERP 系统具有复杂性，因此软件开发企业推出了很多的软件产品，帮助企业开发 ERP 系统，这些软件被称为 ERP 软件。ERP 软件具有模块化的结构，可以有选择地购买某些功能模块。与桌面软件等产品不同，ERP 软件并不是最终产品。企业购买了 ERP 软件后还需要根据自己企业的应用情况进行开发和实施，才能获得最终可用的 ERP 应用系统。

好的 ERP 软件实现了底层设计的高度集成化，为企业开发出稳定性强、安全性好和标准化程度高的 ERP 系统提供了必要的技术性保证，可有效地缩短 ERP 系统的开发时间。但是企业要得到自己需要的、可用性高的 ERP 系统，还需要在管理基础、流程改进和开发实施方面付出必要的努力。

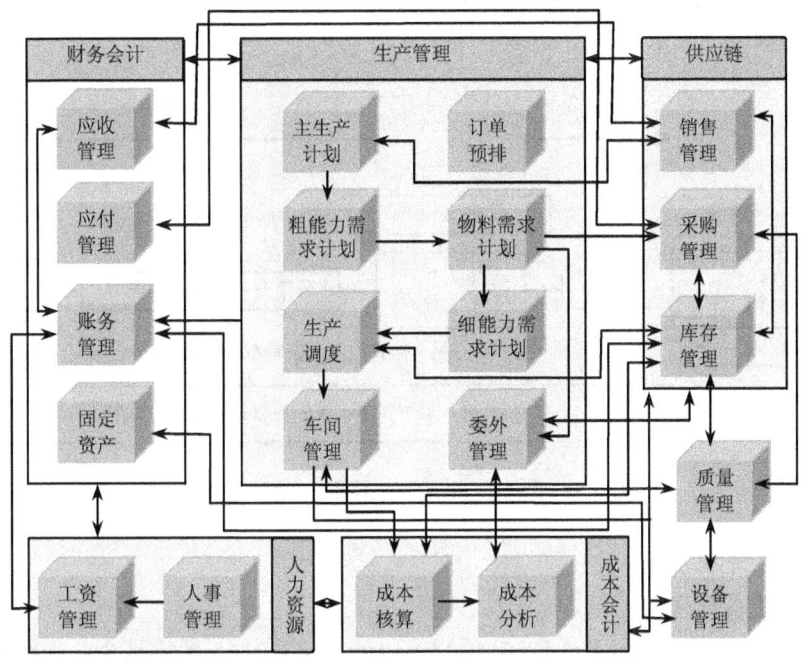

图 2-20　ERP 的基本功能结构

2．供应链管理系统

（1）供应链管理的定义

供应链管理（Supply Chain Management，SCM）系统是一种组织间信息系统（IOS），可跨越组织边界传递信息。SCM 的主要作用是帮助企业管理和供应商的关系，使规划、货源组织、生产过程、产品流通和服务最优化。

（2）供应链管理的作用

SCM 的应用覆盖了供应商、采购商、分销商和物流公司等，对整个产品物流的采购、生产、库存和送货过程进行统一的规划、调度和控制，实现了这些组织之间的业务协调。通过供应链合作伙伴的密切合作与信息共享，可以有效抑制信息失真所引起的"牛鞭效应"。这种效应的特点是信息沿供应链逐级传递时，会像一根甩起的牛鞭那样逐级放大，不真实的需求传递到末端会发生很大的变异，引发非正常的波动起伏。

（3）供应链管理的特点

在供应链管理中，信息技术起着决定性的作用。供应链管理涉及企业经营管理的众多环节，每个环节会涉及整个链条上的不同组织和机构，使得供应链管理需要处理的信息量大、信息来源多、信息内容更新快。信息系统对供应链的支持表现在如下方面：

①它可以决定生产、存储和运送的具体产品和精确时间；
②快速传递订单，跟踪订单状态；
③监视库存水平，核对库存状态，减少库存和运输成本；
④对产品的形成过程、物流流向、运输过程进行追踪；

⑤根据顾客的需求安排生产，快速追踪产品设计的变化；

⑥减少工作中的人为错误，提高 SCM 整体的运行方案。

图 2-21 是供应链关系示意图。

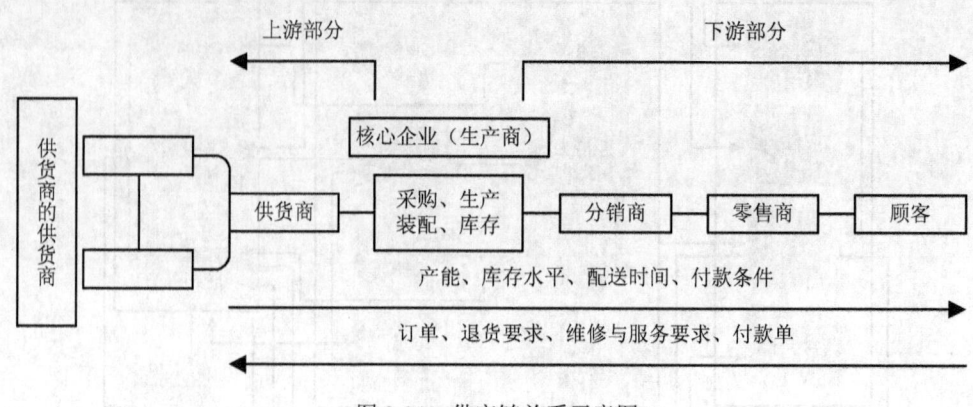

图 2-21　供应链关系示意图

3. 客户关系管理系统

（1）客户关系管理定义

客户关系管理（Customer Relationship Management，CRM）系统是企业中跨部门整合的信息系统。它以外部资源——客户为中心而建立，旨在提高企业对客户的关注程度，改善企业与客户之间的关系。

（2）客户关系管理特点

CRM 与企业中市场营销、销售、服务与技术支持等面向客户的部门联系最为密切，使原本由多个部门各自负责的诸多客户服务流程实现了集成化和自动化。CRM 是整合型系统，采用基于 Web 的软件工具和集成数据库，可搜索、追踪和分析每一个客户的信息，知道客户需要什么，并能够利用多种通信渠道（如电话、电子邮件、网络等），以协调一致的态度和风格与客户交流。

（3）客户关系管理系统类型

CRM 系统有不同类型，有的侧重改善运营管理，有的侧重客户分析，有的侧重沟通和自助支持。CRM 主要的构成如图 2-22 所示。

其中各模块的作用如下：

①沟通和账户管理模块通过集中的客户数据库存储了不同客户接触点的相关信息，供所有部门访问和使用；

②销售模块可以提供数据资源，提醒销售人员开展相应的服务；

③营销和订单模块可以收集客户的反应数据，分析客户或潜在客户的价值；

④客户服务与支持模块提供给数据库的实时访问能力，如呼叫中心，可将客户服务转给适宜的服务支持人员；

⑤客户留住及忠诚计划模块帮助企业识别和分析客户价值，给他们以回报，设法实现客户价值最大化。

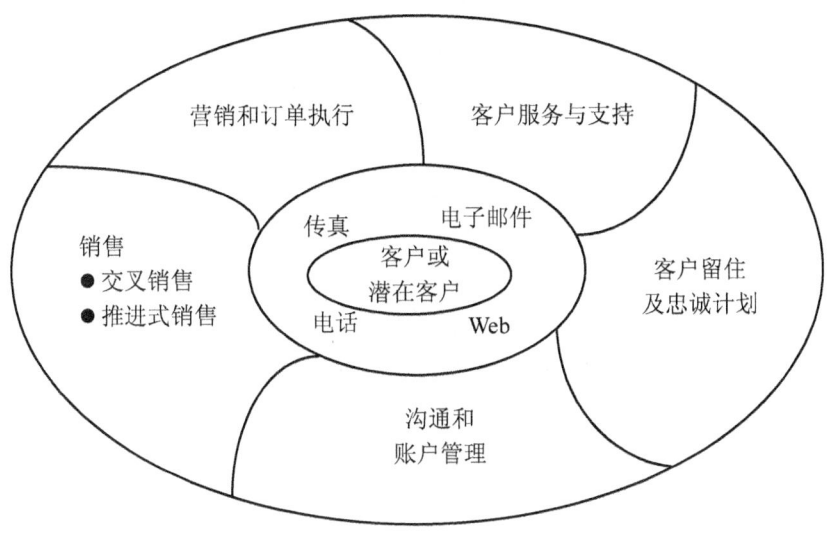

图 2-22 CRM 的主要应用模块

（4）客户关系管理系统作用

CRM 对于吸引和维护客户，提供更加快速和周到的服务，改善企业与客户的关系，实现企业利润的优化，均会起到一定的促进作用。以 CRM 支持下的轿车销售服务企业为例，客户购车之后，相关信息就可集中存储并为其他部门访问；客户会定期收到售后服务部门发布的保养提示信息，或收到保险代理机构提供的续保信息等；车辆维修后也会受到客户服务部的追踪访问，以保证维修服务的质量；同时，也会收到来自营销部门的内饰产品促销信息，或者驾车进行户外活动的信息。

2.9 管理信息系统与其他学科技术的关系

管理信息系统是一门综合管理科学、信息科学、系统科学、行为科学、计算机科学、数学和通信技术的新兴学科。随着这些学科的飞速发展，管理信息系统博采多学科之长，如市场学、运筹学、经济学、行为科学、系统论、信息论、控制论、决策科学、软件工程、通信技术、数据库技术、网络技术等，逐渐形成了具有自身特点的、多学科融合和交叉的一门学科体系。

管理信息系统学科的形成依赖于管理科学和信息技术科学的发展，其三要素即系统观点、数学方法和计算机技术是管理现代化的标志，如图 2-23 所示。

系统观点即把研究对象作为整体而不是局部来考虑，着眼于整体的优化；数学方法就是用定量技术来研究对象，采用各种数学模型和运行模型分析系统；计算机技术则是建立模型、分析模型、实现优化的工具。

管理信息系统与当今飞速发展的电子信息技术密切相关。从广义上来说，任何企业不论是否使用计算机，都要进行信息的收集、加工和使用。只有计算机在企业中实际应用，管理信息系统才能显现其功效；只有现代计算机硬件、软件、网络和通信技术的高度发展，管理信息系统才能受到越来越广泛的重视。

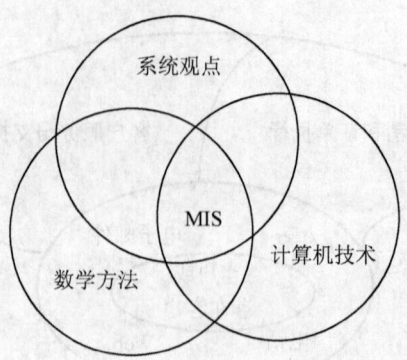

图 2-23　管理信息系统学科的三要素

一、单项选择题

1．任何系统的存在都要有三个必要条件：目标、功能和（　　）。
    A．组织　　　　　　B．信息　　　　　　C．机构　　　　　　D．交往
2．（　　）是通过计划、组织、领导和控制等环节来协调人力、物力和财力资源，以期更好达成组织目标的过程。
    A．组织　　　　　　B．管理　　　　　　C．机构　　　　　　D．人员
3．管理的对象是组织所拥有的各种规模（　　）。
    A．人力　　　　　　B．物资　　　　　　C．资金　　　　　　D．资源
4．管理信息系统的英文缩写（　　）。
    A．MIS　　　　　　B．DSS　　　　　　C．IBM　　　　　　D．ERP
5．在管理信息系统发展变化、形成生产力的过程中，（　　）起到了至关重要的作用。
    A．人力资源　　　　B．企业领导　　　　C．信息技术　　　　D．管理
6．移动商务（M-Commerce）指利用（　　）、PDA、掌上电脑等无线终端设备，借助移动通信平台开展的电子商务业务。
    A．服务器　　　　　B．键盘　　　　　　C．因特网　　　　　D．智能手机
7．销售者是企业而采购者是个人，也称作网络零售。这种电子商务类型是（　　）。
    A．C2B　　　　　　B．B2C　　　　　　C．C2C　　　　　　D．B2B
8．销售订单的输入、工资单处理等都属于管理信息系统的（　　）功能。
    A．数据处理　　　　B．预测　　　　　　C．计划　　　　　　D．控制
9．炼油厂和自动厂装配线可以利用敏感元件收集数据，经过计算机系统处理后，依据这些信息对生产过程加以调整，这属于管理信息系统的（　　）功能。
    A．数据处理　　　　B．预测　　　　　　C．计划　　　　　　D．控制
10．运用运筹学的方法和技术，合理配置企业的各项资源，为企业科学决策提供最佳的决策依据。这属于管理信息系统的（　　）功能。
    A．数据处理　　　　B．预测　　　　　　C．计划　　　　　　D．辅助决策

11．下面不是计算机硬件系统的设备是（　　）。
　　A．主机　　　　　B．磁盘系统　　　　C．光驱　　　　　　D．录音机
12．下面不属于计算机软件系统的是（　　）。
　　A．操作系统　　　B．编译软件　　　　C．工作规范　　　　D．数据库管理系统
13．从概念上来看，管理信息系统由四大部件组成，即信息源、信息处理器、信息接收者和（　　）。
　　A．信息技术　　　B．信息存储　　　　C．信息传递　　　　D．信息管理者
14．按照企业的层次结构，也可以将企业的管理信息系统分为四个不同的层次：业务处理层系统、（　　）系统、管理决策层系统及战略规划层系统。
　　A．财务层　　　　B．生产层　　　　　C．知识管理层　　　D．信息管理层
15．管理信息系统（　　）结构是指系统中的硬件、软件、数据等信息资源在空间位置上安排情况。
　　A．横向　　　　　B．空间分布　　　　C．纵向　　　　　　D．网络系统
16．（　　）结构，主要是利用了不断成熟的WWW浏览器技术，结合浏览器的多种Script语言和ActiveX技术，用通用浏览器就实现了原来需要复杂专用软件才能实现的强大功能，并节约了开发成本。
　　A．B/S　　　　　B．C/S　　　　　　C．纵向　　　　　　D．主机
17．近半个世纪以来，信息系统的发展经历了单机到网络，由电子数据处理到管理信息系统，再到决策支持系统，由数据处理到智能处理的过程，且呈（　　）的关系。
　　A．相互交叉　　　B．相互利用　　　　C．相互发展　　　　D．相互制约
18．物联网管理系统是管理信息系统（　　）发展趋势的很好代表。
　　A．自动化　　　　B．开放化　　　　　C．智能化　　　　　D．集成化
19．业务处理系统（　　）又被称为事务处理系统，它的主要服务对象位于企业的操作和执行层面。
　　A．DSS　　　　　B．TPS　　　　　　C．MIS　　　　　　D．Excel
20．（　　）利用分析模型、专门的数据库、决策者自己的洞察力和判断力以及基于计算技术的交互式建模过程，来支持半结构化的企业管理决策过程。
　　A．DSS　　　　　B．TPS　　　　　　C．MIS　　　　　　D．Excel
21．当今企业面临的主要挑战之一是如何把各种系统的数据集成到一起形成跨越企业的（　　）。通过信息流和业务流的良好协调，使企业像一台精密的机器一样顺畅运转。
　　A．信息流　　　　B．数据流　　　　　C．资金流　　　　　D．业务流
22．下列哪个不属于ERP管理思想（　　）。
　　A．对整个企业内部资源进行管理　　　B．精益生产、同步工程和敏捷制造
　　C．基于计算机的群体合作　　　　　　D．事先计划与事中控制
23．（　　）系统是一种组织间信息系统（IOS），可跨越组织边界传递信息。
　　A．企业资源规划　　　　　　　　　　B．供应链管理
　　C．财务管理　　　　　　　　　　　　D．客户管理
24．（　　）系统是企业中跨部门整合的信息系统。它以外部资源——客户为中心而建立。
　　A．企业资源规划　　　　　　　　　　B．供应链管理
　　C．财务管理　　　　　　　　　　　　D．客户关系管理
25．下列哪个因素不属于管理信息系统学科的三要素（　　）。
　　A．系统观点　　　B．数学方法　　　　C．计算机技术　　　D．管理学原理

二、填空题

1. 系统的主要特点有，系统的层次性、目的性、_____。
2. 管理采用的是计划、_____、控制、_____和领导这五项基本活动。
3. 管理的主体为_____。
4. 我们将管理分为三个层次：高层管理、中层管理和_____。
5. 在因特网等相关技术的支持下，产品、服务及信息的买卖交易和支付过程可以通过电子化和数字化方式实现，这种商品运营方式被称为_____。
6. 三网融合是指电信网、_____及广播电视网的应用融合。
7. 借助微博、社交网络等新型传播途径，通过互动和用户自己提供的内容来辅助购买或销售商品。这种电子商务类型叫_____。
8. 由管理信息系统的定义，可以看出管理信息系统具有如下的特点：_____、综合性、_____、现代管理方法和手段相结合的系统、多学科交叉的边缘科学。
9. 支持不同管理层次的管理信息系统的功能有：_____、预测功能、控制功能、计划功能和_____。
10. 管理信息系统的实体组成包括七大部分，计算机硬件系统、计算机软件系统、_____、_____、非计算机系统的信息收集处理设备、规章制度、_____。
11. _____是帮助高层管理人员决策处理战略性议题及企业长期的发展趋势，其面对的问题是在复杂多变的公司内部和外部环境中思考组织未来的运作方向。
12. 按管理职能划分，管理信息系统基本由下列核心子系统构成：_____、制造与生产子系统、财务与会计子系统、_____。
13. 管理信息系统空间分布结构现今主要采用分布式网络下的两种结构模式：_____（客户机/服务器体系）和_____（浏览器/Web服务器体系）。
14. 信息系统发展历程大致经历了三个阶段：_____、管理信息系统MIS、_____。
15. _____实际上是一个满足组织高层管理者的使用要求和管理决策信息需求的计算机信息系统。
16. _____专指MIS发展的第二阶段，是一个可以提供面向管理报告的信息系统。
17. 企业资源规划（ERP）系统是管理信息系统走向_____的优秀代表。
18. MIS必须保证在开放式的_____环境中不被孤立，即系统既能利用别的系统的资源，且自己的资源又能被别的系统利用。
19. 一个订货TPS需要多个层面的应用支持。一是_____，用来与用户交互。二是_____，要合理安排业务流程。三是_____，涉及用户操作权限、数据规范性和传递安全性方面的设计。
20. DSS是以_____、模型管理和_____三部分为基础，加上人机会话界面构成的。
21. 决策支持系统的应用方式向多样化发展，出现了_____、经理信息系统、专家系统、_____等多种专门应用。
22. 流程信息系统主要包括整合组织内部流程的_____，整合企业上、下游流程的SCM系统和组织内跨部门整合流程的_____。
23. 企业资源规划（ERP）系统经过了三代演进，第一代是_____、_____，第二代是_____、第三代是企业资源规划系统。
24. ERP用一个整合的系统协调企业的_____，使业务信息在销售、生产、财务、人力资源等多个部门间无缝流动，实现企业内部信息的高度共享和及时传递，有效控制企业中各个业务环节的衔接过程，消减低效流程,增强管理的有序性和透明化。

25. SCM 的主要作用是帮助企业管理与_____的关系,使规划、货源组织、生产过程、产品流通和服务最优化。

26. CRM 系统有不同类型,有的侧重改善_____,有的侧重_____,有的侧重沟通和自助支持。

三、简述题

1. 什么是系统?
2. 管理的基本职能是什么?
3. 什么是管理信息系统,它有什么特点?
4. 简述管理信息系统的实体组成。
5. 试描述一个你所知道的现实中的管理信息系统。
6. 简述管理信息系统的结构。
7. 什么是 C/S 结构和 B/S 结构?各有什么特点?
8. 简述管理信息系统的三大发展阶段及发展趋势。
9. 归纳 TPS 的作用。
10. 试述 OLTP 和 OLAP 的概念和主要区别。
11. 为什么 DSS 中的会话界面很重要?
12. EIS 的特点是什么?
13. 什么是物联网?
14. 结合实际,谈谈 GDSS 为什么要抑制消极行为?
15. 简述 ERP 的管理思想。
16. 试述 ERP 系统功能结构。
17. 什么是供应链管理?
18. 什么是客户关系管理?

四、实训题

管理信息系统状况调查。整理各行业使用管理信息系统的情况,分析管理信息系统在各行业的作用。具体调查要求:

(1)利用 Internet 查询管理信息系统的相关知识,并注明出处及查找关键词;

(2)现今的管理信息系统概念;当前管理信息系统发展状况,达到了什么水平;

(3)开发建设管理信息系统都使用了什么计算机技术(举例说明);

(4)分析管理信息系统在行业中的作用,具有哪些功能(可自行从 ERP、SCM、CRM 中选择一个系统进行分析);

(5)列举几个国内外著名的管理信息系统软件厂商,他们主要产品的功能和特点。

第 3 章　建设管理信息系统方法概述

本章重点介绍两种典型的系统开发方法：结构化生命周期法和快速原型法；同时给出其他系统开发方法简介和比较；最后阐明可供采用的系统开发方式特点。力图使读者对管理信息系统建设方法有一个清晰的总括认识，理性理解本教材要求初学者掌握重点内容的理由，为能动地学习整个教材内容打好基础。

通过本章学习，读者应该：
- 理解结构化生命周期法的方法本质，并掌握基本实现思路。
- 理解快速原型法的方法本质，并掌握基本实现思路。
- 了解其他系统建设方法特性及相互间的比较。
- 理解系统开发方式的特点，掌握选择原则。

MIS 的建设开发是一个比较复杂的系统工程，它涉及到计算机技术、系统理论、管理技术、组织结构以及工程化方法等方面的问题。这些年来人们对管理信息系统的研究比较广泛，提出了许多管理信息系统开发方法。本章将讨论目前较普遍使用的开发方式和方法。

3.1　结构化生命周期法

3.1.1　管理信息系统的生命周期

任何事物、任何系统工程都有其孕育、诞生、成长、成熟、衰亡，直至被淘汰的过程，即生命周期。MIS 也不例外，其生命周期包括规划阶段、开发阶段和运行维护阶段。规划阶段是根据组织的整体目标和发展战略，确定管理信息系统的发展战略。开发阶段是建设并建成一个系统。系统建成后便投入使用，在使用过程中不断衰变又不断维护（为了延长其使用时间），直到被新的系统所取代，这一 MIS 的生命周期便告结束。而新系统也将经历同样的生命周期。

MIS 开发阶段又分为系统分析、系统设计、系统实施三个阶段。所以 MIS 的生命周期共划分为系统规划、系统分析、系统设计、系统实施和系统运行与维护五个阶段，如图 3-1 所示。这样划分 MIS 的生命周期是为了对每一个阶段的目的、任务、采用技术、参加人员、阶段性成果、与前后阶段的联系等作深入具体的研究，以便更好地实施开发工程，开发出一个更好的系统，以及更好地运用系统以取得更好的效益。

由于图 3-1 的形状如同一个多级瀑布，故此模型理论上称为瀑布模型。

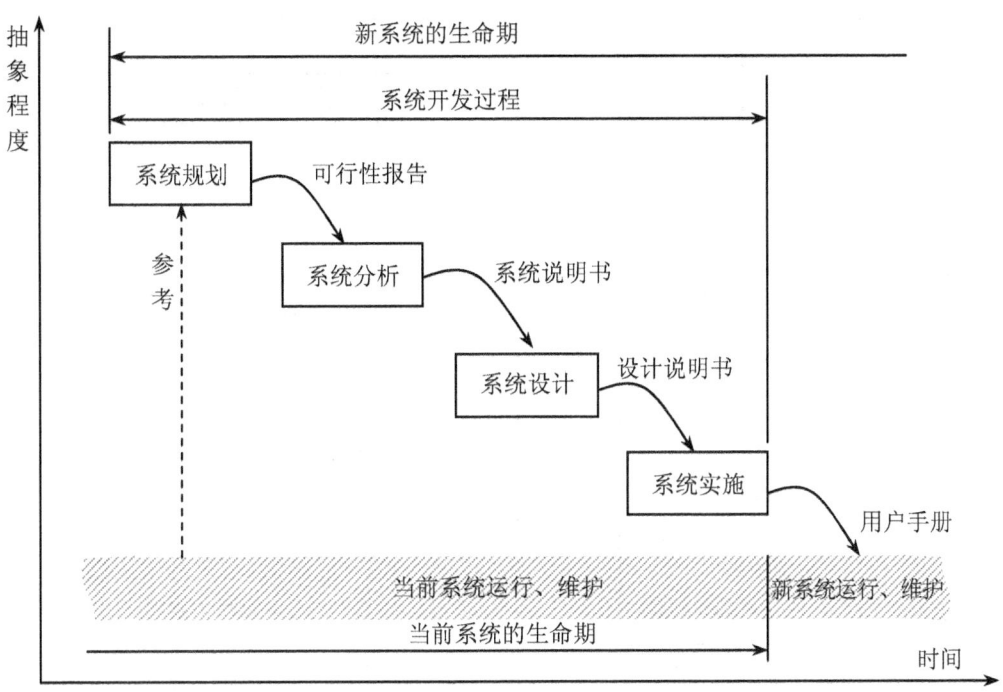

图 3-1 MIS 生命周期模型

如图 3-2 所示，MIS 生命周期各阶段的主要活动如下：

1. 系统规划阶段

这是管理信息系统的起始阶段。以计算机为主要手段的管理信息系统是其所在组织的管理系统的组成部分，它的新建、改建或扩建服从于组织的整体目标和管理决策活动的需要。所以这一阶段的主要任务是：根据组织的整体目标和发展战略确定管理信息系统的发展战略，明确组织总的信息需求，制定管理信息系统建设总计划。

2. 系统分析阶段

系统分析阶段与系统设计阶段的目的都是做新系统设计。在一般的机械工程或建筑工程中并没有系统分析这个阶段。由于 MIS 自身的复杂性，要把设计阶段又划分为逻辑设计阶段和物理设计阶段，并称逻辑设计阶段为系统分析，物理设计阶段为系统设计。

应注意，分析阶段的工作是从做系统可行性分析开始，即可行性研究论证。若结论可行，则进一步作出系统逻辑设计。该阶段活动可以分成如下几步完成：

（1）项目提出

事实上，每个用户单位都有一个管理信息系统，不过有的是手工的，有的是人机的，有的效率低，有的效率高。当用户不满足信息管理现状，便会提出开发新的 MIS 的要求。

新系统开发的组织、协调、管理都是在系统开发组的领导下进行的。在用户提出开发新系统的要求后就应组建开发组。开发组应当由系统开发的专业技术人员、用户单位的业务人员和领导组成。开发组的组成人员不是一成不变的，应根据开发工程的进展，在不同阶段调整开发组人员成分及数量。

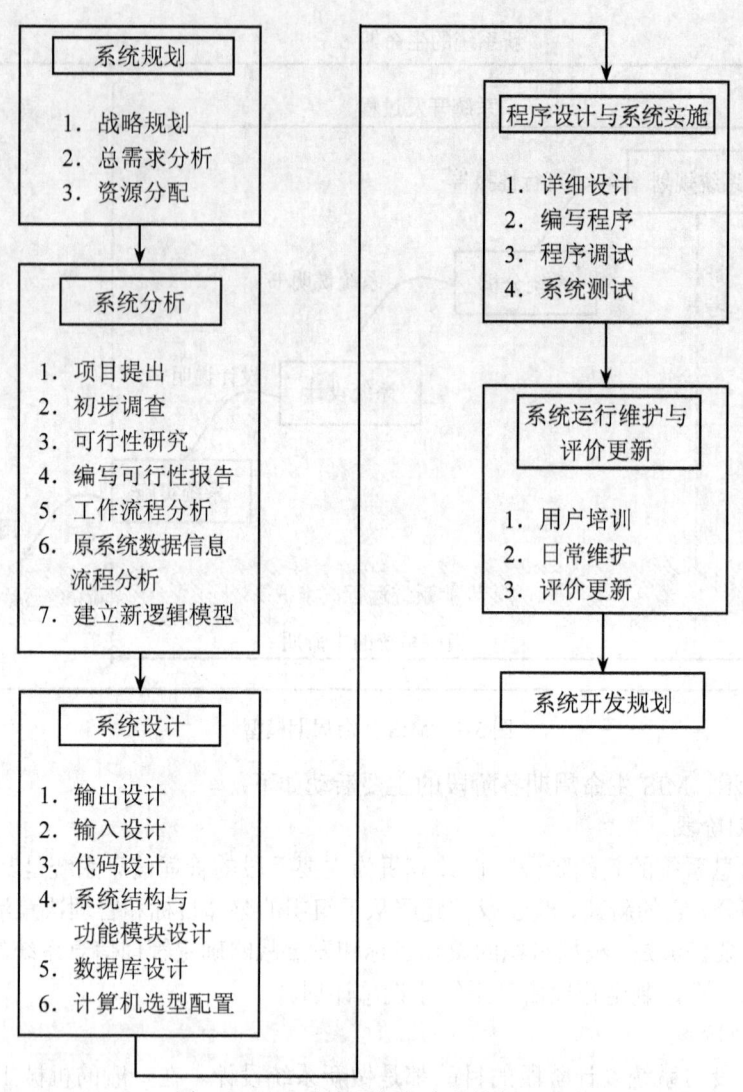

图 3-2 MIS 生命周期各阶段的主要活动

（2）初步调查

开发组对用户单位做初步调查。初步调查的目的在于论证企业开发 MIS 的可能性与必要性。应对整个组织（企业）的概况、组织的目标、组织的边界、组织的环境、组织的资源、组织中各类人员对开发新系统的反应或态度等问题进行认真调查。

（3）可行性分析

综合初步调查的资料，从企业现有自身条件和环境条件出发，分析实现用户要求的可能性与必要性。分析要实事求是，结论要有定性的或定量的论据。

（4）编写可行性分析报告

在分析论证的基础上编写可行性分析报告，并提交给企业或企业的主管部门。如果开发组认为开发新系统是可行的，应当在可行性分析报告中提出几种开发方案、进度计划、资金投入计划等供审批机关参考。

当可行性分析报告被批准后，便进行系统逻辑设计，即建立新系统的逻辑模型。

（5）详细调查

与系统规划阶段的初步调查不同，此次调查的目的在于设计新系统。因为新系统要建立在现实组织中，要在原信息系统的基础上建设，没有对企业，特别是企业中现存信息系统的详细调查、深入了解，新系统将无从设计或设计不良。详细调查的内容应当比初步调查更广泛、更深入细致。详细调查的任务相当艰巨，其指导思想应当是抓宏观、抓信息流，要搞清系统中所有的信息流输入、处理、存储与输出。

（6）还原原信息系统的逻辑模型

在对原信息系统的信息流有了全面、深入的了解之后，用数据流图描述原信息系统，即得到原信息系统的逻辑模型。这对于系统开发来说是一个倒推的工作，因为我们要从现实存在的信息系统（原系统）还原出它的模型。

（7）建立新系统的逻辑模型

建立新系统的逻辑模型是系统分析阶段的核心任务。然而新系统的逻辑模型不是凭空想象出来的，建立它，通常可以通过以下两种途径：

1）先得到原系统的逻辑模型，改进原系统的逻辑模型得到新系统的逻辑模型。

2）从新系统的功能目标出发，通过对系统基本模型的分解而得到新系统的逻辑模型。

系统分析员使用一系列图表工具，如数据流图、数据词典等表达工具构造出独立于物理设备的新系统的逻辑模型，并与文字说明一起组成新系统逻辑设计文档，称为系统分析说明书。它是系统分析阶段的阶段性成果，也是新系统物理设计的依据。

3. 系统设计阶段

系统设计阶段的任务是依据系统分析说明书进行新系统的物理设计，提出一个由一系列物理设备构成的新系统设计方案，并把这一方案表达出来。通常，又将系统设计阶段分为总体设计和详细设计两个阶段。

总体设计阶段的主要任务是：系统空间布局设计、系统模块结构的设计，系统软硬件结构设计。

详细设计阶段的主要任务是：数据库设计和数据文件的设计、编码设计、输入/输出设计、模块逻辑设计等。

所有这些设计的图表、说明等构成新系统的系统物理设计文档，称为系统设计说明书。它是新系统的物理模型，是系统实施的根据，是系统设计阶段的阶段性成果。

4. 系统实施阶段

物理设计完成后，即可进入系统实施阶段。实施阶段是根据系统的物理设计来构造一个物理的新系统。主要任务是：购置计算机硬件、系统软件，并安装调试；程序设计、程序及程序系统的调试；系统试运行；操作人员培训、编写操作说明等文字资料等。

新系统经一段时间的试运行，要评价系统开发的质量。不过 MIS 生命周期的每一个阶段结束后，都应该进行阶段性评价，如果发现问题应及时改正，如果是属于前面阶段的问题，亦应返回前面相应阶段做出修正。系统开发是一个不断前进、又不断反复的过程。

5. 系统运行与维护阶段

经评价认可的系统可以正式交付使用，新系统便进入了长期的运行、维护阶段，被更新的系统所取代。这一阶段的主要活动是：

(1) 系统转换，新系统正式代替原系统。
(2) 新系统正式运行，并逐日提交运行记录。
(3) 系统维护及对维护的评价，并提交每次的维护报告及维护评价报告。
(4) 用户培训。增强用户对系统的认识和使用信心，提高系统应用效果。

3.1.2 结构化系统开发的基本思想

管理信息系统是 20 世纪 60 年代中、后期才开始崛起的新领域，近年来发展十分迅速，人们对这类系统的建设缺乏历史经验，发展初期在建设方面呈现较为混乱的状态。系统生命周期概念在管理信息系统建设中的应用，使这类复杂系统的建设开始"有章可循"，因而早期出现的生命周期法为管理信息系统建设方法的科学化打下了一个良好的基础。但是早期的方法在实际应用中仍然出现不少问题，常常造成所建系统用户不满意、不能完全实现预定的目标与功能、使用效果差、维护工作量大、维护费用高等后果。图 3-3 表示系统生命周期各阶段中的费用变化情况，图 3-4 说明系统建设费用犹如一座冰山，维护阶段的大量耗费往往事先难以预计。而基于系统生命周期的结构化方法（structured approach）的出现为解决这些问题提供了新的途径。

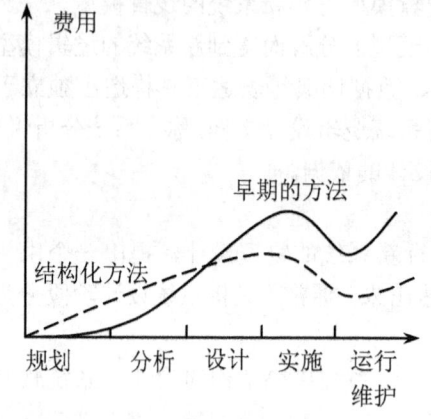

图 3-3 系统开发各阶段的费用变化

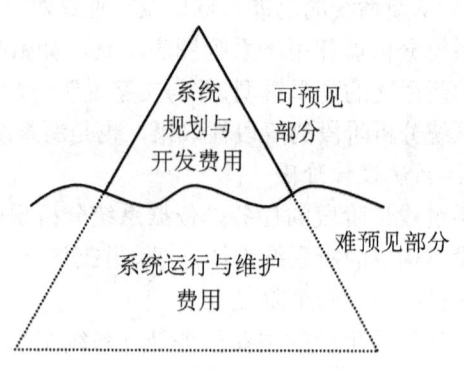

图 3-4 冰山式系统开发费用分布

1. 结构化方法的基本思路

"结构化"一词在系统建设中的含义是用一组规范的步骤、准则和工具来进行某项工作。运用结构化的思想进行以计算机为基础的管理信息系统的建设工作，首先是 20 世纪 60 年代发展起来的结构化程序设计（Structured Programming，SP）。到了 70 年代，约当（E. Your-don）、康斯坦丁（L. L. Constantine）和德马可（T. Demarco）等人提出了结构化分析（Structured Analysis，SA）和结构化设计（Structured Design，SD）方法。截至 80 年代，已提出的各类结构化方法不下 30 余种。这些方法虽各有产生的背景和特色，但它们的基本思路和主要特点是相同的。

结构化方法的基本思路如图 3-5 所示。这类方法都是把整个系统开发过程分成若干阶段，每个阶段进行若干活动，每项活动应用一系列标准、规范、方法和技术，完成一个或多个任务，形成符合给定规范的产品（成果）。

2. 结构化方法的主要原则

(1) 用户参与的原则

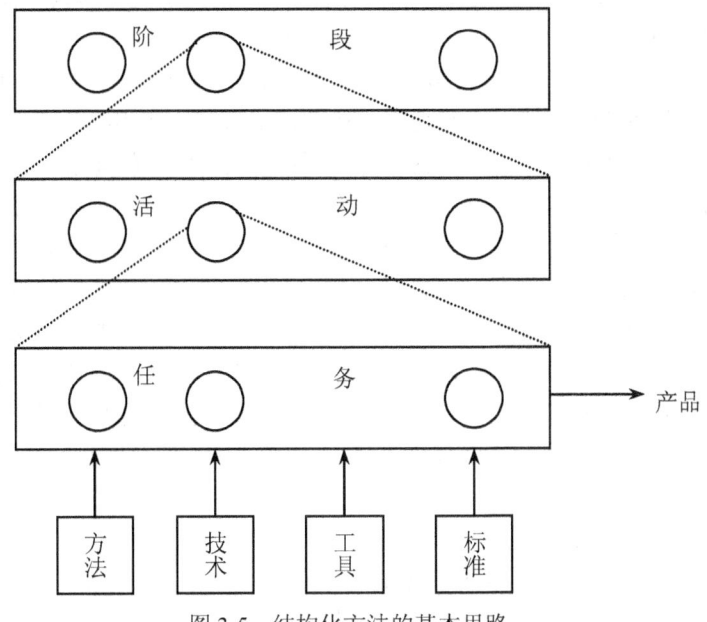

图 3-5　结构化方法的基本思路

管理信息系统的用户是各级各类管理者。满足他们在管理活动中的信息需求，是管理信息系统建设的直接目的。由于系统本身和系统建设工作的复杂性，用户的需求不容易一次表达清楚。随着建设进程的推移和工作的深入，用户需求的表达和系统建设的专业人员对用户需求的理解才能逐步明确、深化和细化。而且，管理信息系统是人—机系统，在实现各种功能时，人与计算机的合理分工和相互密切配合至关重要，这就需要用户对系统的功能、结构和运行规律有较深入的了解，专业人员也必须充分考虑用户的特点和使用方面的习惯与要求，以协调人—机关系。管理信息系统的建设不同于一般工程项目的开发，不能简单地采用"交钥匙"的办法进行承包。用户必须作为管理信息系统主要建设者的一部分在系统建设的各个阶段直接参与工作。用户与建设工作脱节，常常是系统建设工作失败的重要原因之一。

MIS 的建设关系到一个组织的信息处理能力和管理决策的水平，是涉及该组织的全局、与近期和长远发展密切相关的战略问题。组织的主要领导必须十分重视、亲自领导和直接参与这一工作，特别是要由用户的高层领导主持制定管理信息系统规划和建设计划，协调和其他部门之间的关系，调配所需资源，审核系统建设的阶段成果。国内外经验表明，各级管理人员、特别是主要决策者的参与和重视，是管理信息系统建设成功的重要条件。

（2）"先逻辑，后物理"的原则

为了建立系统建设的科学秩序，保证建设工作的质量与效率，结构化方法严格按照系统生命周期划分工作阶段，每个工作阶段的活动内容、工作任务、所用方法、工具、准则，都有明确的规定，每个工作阶段主要成果（产品）也有具体要求。结构化方法的总框架如图 3-5 所示。结构化方法总结了以往管理信息系统建设成功和失败的经验，强调在进行技术设计和实施（即涉及计算机技术和资源的具体分配）之前，要进行充分的调查、分析、论证，进行逻辑方案的探索，弄清系统要为用户解决哪些问题，即解决系统"做什么"的问题。考虑到人们中间的习惯势力，要尽量避免过早地进入物理设计阶段，也就是说，在进行系统开发时，要充分地进行系统分析,解决"做什么"问题,然后再进入系统设计阶段,解决"怎样做"问题。

(3)"自顶向下"的原则

在系统分析、系统设计与系统实施各阶段,结构化方法强调在工作中贯彻执行"自顶向下"的原则,先把握系统的总体目标和功能,然后逐级分解,逐步细化。系统测试也从总体功能开始,先检查有关总体的问题,然后逐级向下测试。这一原则使建设者在系统建设整个过程中始终把握全局,致力于总体目标与功能的实现,把以下各级作为实现总体目标和总体功能的保证,这有利于各部分的合理分工、协调与正确配置。这样建立的系统,结构合理,总体与各部分容易协调一致,总体目标和总体功能的实现有保证。"自顶向下"的原则在应用时并不完全排斥"自底向上"的原则。如在系统规划阶段进行"自顶向下"的组织信息需求分析后,将整个拟建系统分成若干开发项目,分期分批进行系统开发,先实现某些子系统,再逐步实现总的目标和功能。这就是"自底向上"逐步实现的系统建设方法。但在具体开发某个子系统时,仍需应用"自顶向下"的原则。在结构化方法中,"自顶向下"原则是主导原则,"自底向上"是辅助原则。

(4)工作成果描述标准化原则

结构化方法强调各阶段工作成果描述的标准化。每一工作阶段的成果,必须用明确的文字和标准化的图形、图表,完整、准确地进行描述,这不仅作为一个阶段工作完成的标志和管理决策的依据,并且作为系统建设必需的文件进行交流和积累存档,有的文件还是下一阶段工作的主要依据。工作成果描述的标准化,可以防止由于描述的随意性造成建设者之间的误解而贻误工作,便于工作交流和各阶段的交接,便于今后对系统进行检查、修改与扩充。结构化方法重视用标准化图形来表达工作成果。图形表达工具使工作成果一目了然、直观、明确、清晰,避免了许多繁琐的文字,可读性、可修改性好,不容易产生歧义与误解。在描述工作成果时,结构化方法强调与用户对话的重要性,要求描述工具尽可能简单、明了、易记好用,以便有效地和用户进行交流。

3.1.3 结构化生命周期法

在 MIS 生命周期的基础上,应用结构化方法,使管理信息系统的建设逐渐形成一套比较严格的标准、规范、方法与技术,系统建设的组织管理与实施有章可循,成功率和有效率大幅提高。这个综合性方法就是结构化生命周期法。

1. 结构化生命周期法要点

所谓结构化生命周期法就是把管理信息系统开发的全过程按其生存周期分成若干阶段,每个阶段有相对独立的任务,然后逐步完成各个阶段的任务。在每一阶段的开始与结束都规定了严格的标准。前一个阶段的结束标准就是后一阶段开始的标准,而每个阶段任务相对独立而且比较简单,便于不同人员分工协作,从而降低了整个软件工程开发的困难程度。在软件生命周期的每个阶段都采用科学管理和良好的技术方法,而且在每个阶段结束之前都从技术与管理两个角度进行严格审查,合格之后才开始下一阶段工作。这就使得软件开发全过程以一种有条不紊的方式进行,保证了软件质量,提高了软件的可维护性。这样不仅可以大大提高软件开发的成功率,软件开发的生产率也会明显地提高。其工作流程如图 3-6 所示。具体地讲,结构化生命周期法强调以下几个方面。

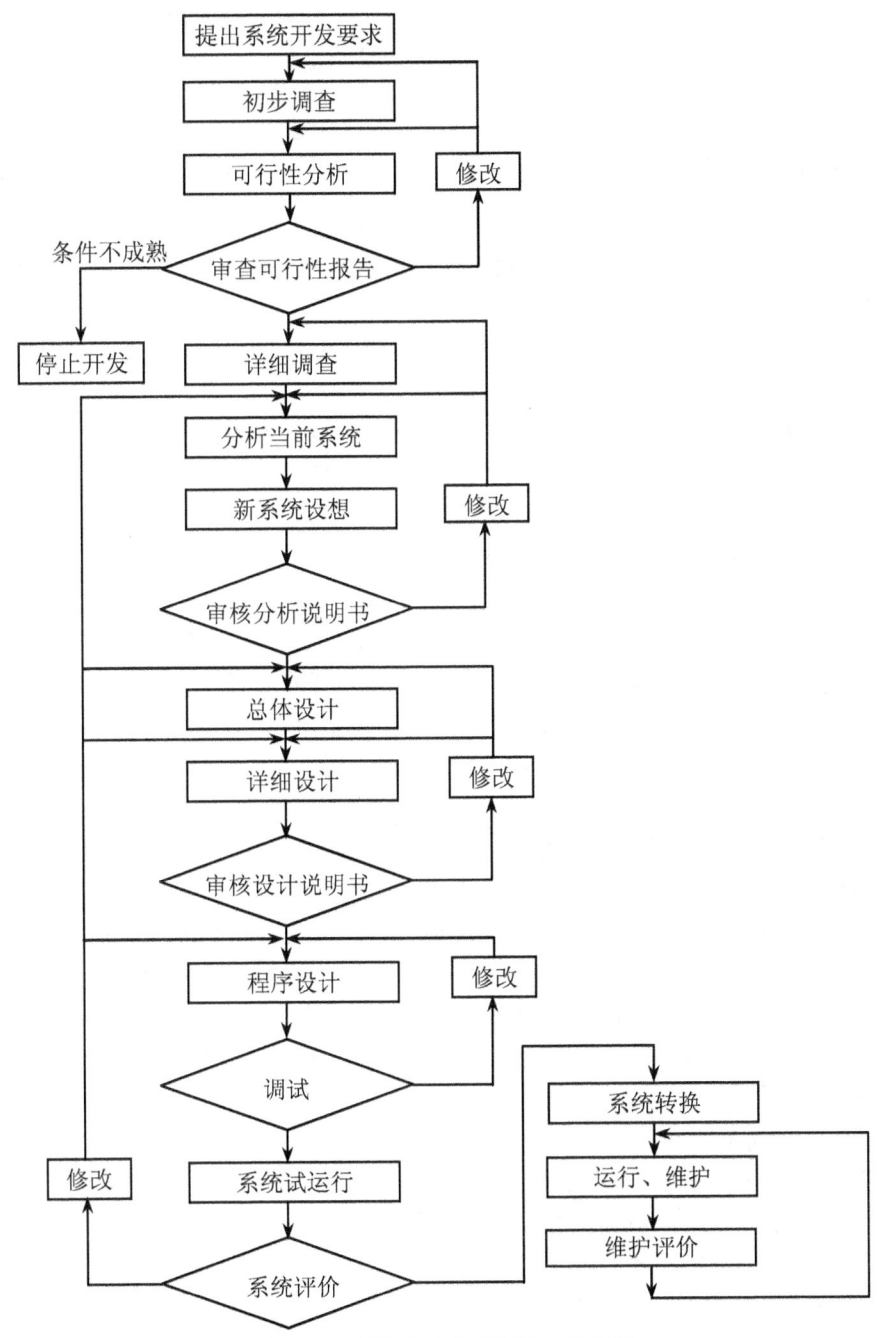

图 3-6 结构化生命周期法工作流程

（1）开发阶段性

生命周期法把整个系统开发过程分成一系列严格定义顺序的紧密相关的阶段，这些阶段及其顺序一般是：系统定义（包括系统调查、可行性分析、系统需求分析），系统开发（包括系统设计、软件编码、系统测试），系统维护。

它的主要特点是：

① 每一个阶段是由一个定性或定量的确认工作告终，以减少该阶段可能存在的不确定因素；
② 只有前一阶段性产品完成之后才能开始下一阶段工作。
其优点在于：
① 结构清晰，简单明了；
② 在一些阶段可以使用成熟的系统分析及设计方法，如结构化系统分析设计方法；
③ 通过每一阶段的确认评价，大大减少了不确定因素；
④ 通过每一阶段生成的相应文档资料，使得软件开发人员及用户易于使用维护。

（2）用户评价

与其他软件工程或信息系统不同，管理信息系统生命周期法要求在系统开发的每个阶段都有用户评价。

由差错潜伏期与发现期分析知道，软件生命周期中越早潜入的错误发现越晚。系统分析时引入的错误往往要到运行时才发现，其修正的代价是相当昂贵的。这种错误是由于对用户系统分析不充分，理解不透彻，或表达的二义性造成的。所以管理信息系统特别强调在每个阶段结束前都要有用户评价或验收，以减少这种错误的发生。

（3）文档管理

为了便于管理信息系统的开发与管理，生命周期法把文档资料作为每个阶段的产品之一，而且加以标准化，作为每个阶段结束的重要标准。它保证了在系统开发结束时有一个完整准确的软件配置交付使用。文档资料是通讯的工具，它清楚地说明了到这个时候为止关于该项工程已经知道或做了什么，同时确定了下一步的工作基础。文档资料也起着备忘录的作用，如果文档不完整或与上一阶段的文档不相衔接则一定在工作上有不完整的地方。文档资料另一重要作用是有利于与用户交流，检查错误，用户评价。文档资料也是系统维护的依据。

（4）结构化的系统分析与设计技术

在完成生命周期每个阶段任务时应该采用适合该阶段任务特点的系统化的技术方法。在系统分析与系统设计阶段应该采用结构化系统分析与设计方法。生命周期中的系统分析与系统设计方法虽然是多种多样的，但是最常用的还是结构化系统分析和设计方法。它要求对系统功能进行自顶向下的分解，模块化，以满足系统可理解性、适应性、可分离性及整体性要求，使系统层次清晰，易于理解、调试和排错。

2. 结构化生命周期法存在的问题

（1）阶段回溯不可避免——延长系统开发的时间。由于要求不同类型的用户能与管理信息系统交互，使需求分析变得更加困难。因此常常需要做阶段回溯，对系统分析需求规格说明作修改或补充，同时也会引起此后阶段的补充修改。例如系统设计报告也要补充修改。系统开发周期过长将导致系统运行时间变短。

（2）用户热情没有自始至终调动——不能从根本上解决让用户参加系统开发的问题。系统维护就十分困难。最重要的原因是无论是系统调查、系统分析还是系统设计给用户看到的只是一个"虚"的系统而不是"实"的系统，他们面对着一个想象的系统去进行评价，他们仍不容易了解计算机具体能为他们做些什么。这就很难想象他们能做出"真正的"评价，往往等到系统试运行以后他们才具体知道计算机实现的管理信息系统功能，才能认真仔细地评价，不幸的是为时太晚。

（3）文档资料缺乏实用价值，特别是早期的系统规格说明——专业知识的缺乏使得用户难以评价那些卷帙浩繁的文档，文档资料没有起到应有的作用，反而延长了开发时间。

3.2 快速原型法

3.2.1 什么是快速原型法

正因为经典的结构化生命周期法在复杂的管理信息系统中将会遇到很多棘手问题，稍有不慎甚至导致系统开发失败。快速原型法就是针对结构化生命周期法的问题提出的一种新的系统开发方法。它的主要思想是：首先建立一个能反映用户主要需求的原型，让用户实际看见新系统的概貌，以便判断哪些功能是符合要求的，哪些是需要改进的，然后将原型反复改进，最终建立完全符合用户要求的新系统。

快速原型法突出一个"快"字，采用结构化生命周期法作系统分析时要反复和用户讨论，这种讨论费时费力，而且终究是"纸上谈兵"，原型法则是"真枪实弹"，能够使用户立刻与想象中的目标系统做出比较。开发人员向用户提供一个"样品"，用户迅速向开发人员做出反馈，这就是原型法的优越性。

图 3-7 是一个屏幕格式的原型开发过程的简单示例。系统开发人员首先与用户一起定义用户需求，并开发出一个基本原型，该原型主要考虑怎样才能全面反映用户的需求，然后双方再一起共同评价这个原型，并决定该原型是否满足用户要求或者需进一步修改。

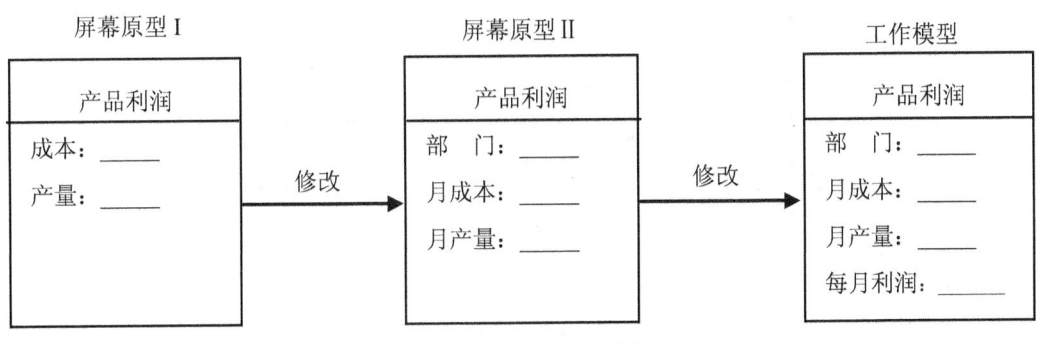

图 3-7 原型开发示例

在该例中，屏幕 I 是首次定义的基本原型，但用户对此并不满意，因为它过于简化，不能提供完整的定义和有用的数据，因此按照用户要求对屏幕 I 经过修改产生屏幕 II，并据此建立一个工作模型，对此，双方都达到了满意，原型建立工作到此结束。

快速原型法从一个能满足用户基本需求的原型系统开始，允许用户在开发过程中不断提出更好的要求，并不断地完善系统。原型系统的建立过程如图 3-8 所示。

3.2.2 快速原型法与生命周期法互补应用

快速原型法用于 MIS 开发有两种情况，一是仅代替生命周期法的某一个或几个阶段，二是承担工程的全部任务。由于原型的特点，该方法每次反复都要花费人力、物力，成本比较高，所以实际运用中，人们多采用将结构化生命周期法与原型法结合的办法，利用原型的优势，在系统生命周期的某个阶段或部分功能的实现上应用。

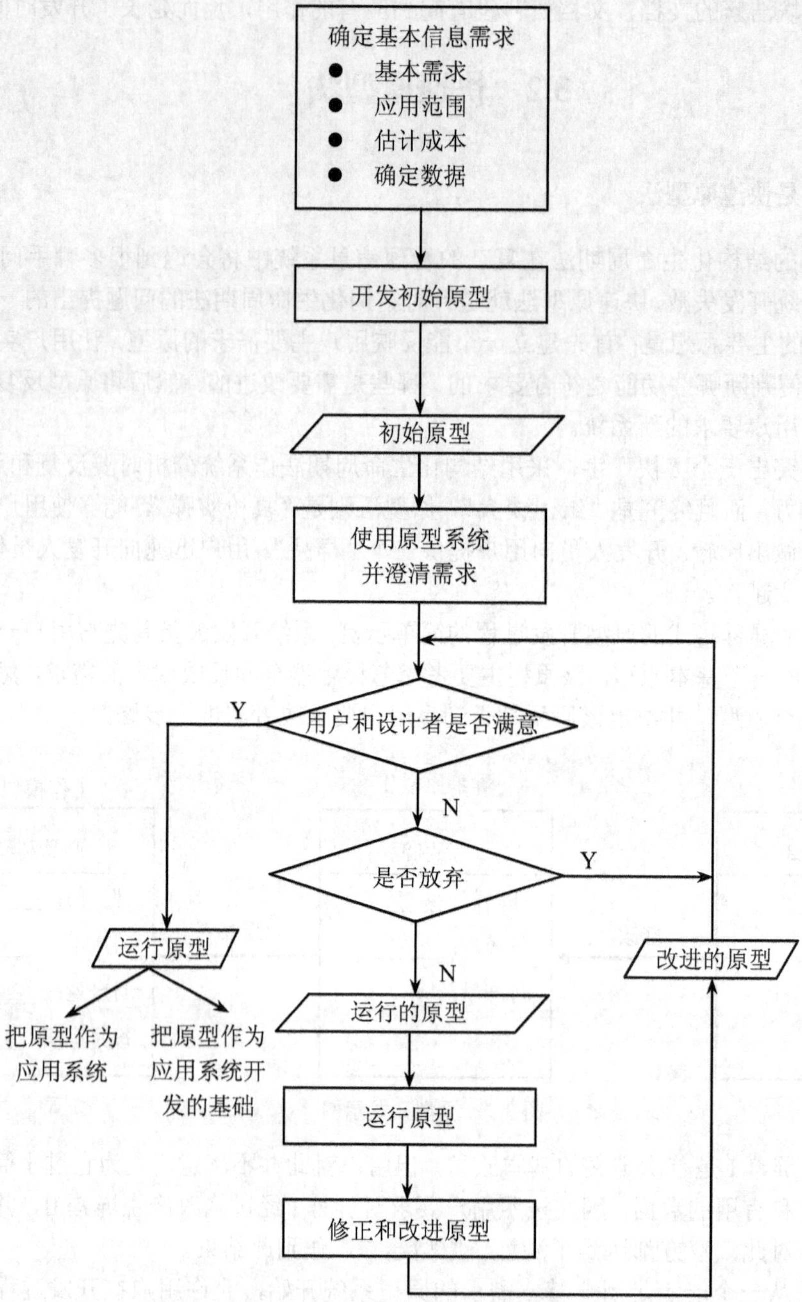

图 3-8 原型法开发过程

实践证明，在系统分析阶段有必要建立原型系统，以进一步确认、修改对系统的需求描述。原型技术应用在系统分析阶段是恰当实用的。图 3-9 给出了系统分析阶段使用原型法的工作流程。由图中可见，原型法生命周期的入口端是可行性分析，出口端是系统设计。

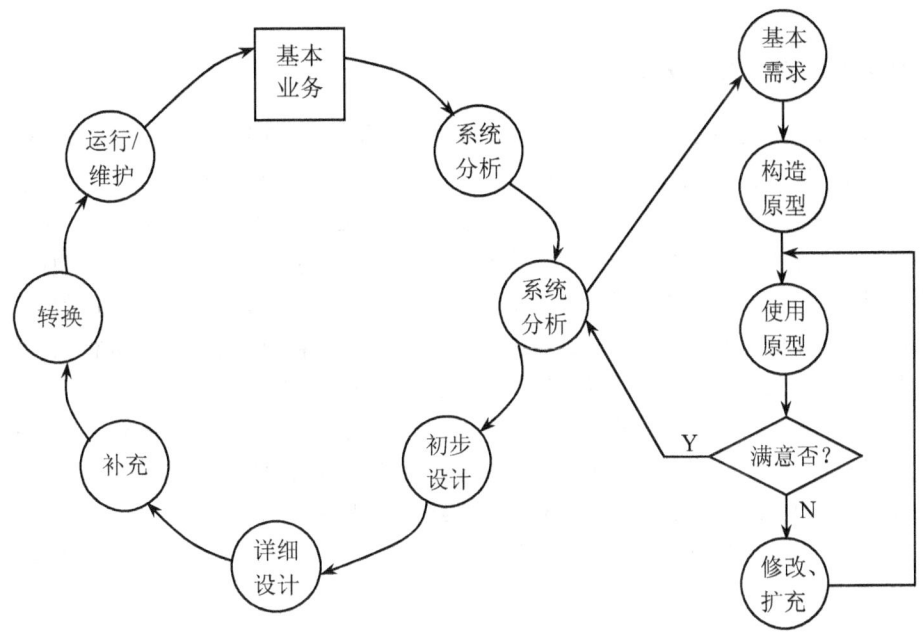

图 3-9 系统分析阶段的原型化生命周期

3.3 其他方法及各方法比较

3.3.1 计算机辅助软件工程

计算机辅助软件工程（Computer Aided Software Engineering，CASE）也是近几年才发展起来的一门技术。其目标在于使整个软件生命周期各阶段开发过程自动化，就像第 4 代语言使软件系统编程自动化一样。CASE 技术是系统开发工具与方法的结合，它的目标是实现一种较完善的技术，为系统开发人员提供一组优化的、集成的且能大量节省人力的系统开发工具，它着眼于系统分析和设计以及程序实现和维护等各个环节的自动化，并使之成为一个整体。CASE 是基于现在的软件工程方法来进行的。使用 CASE 工具有以下优点：

- 显著提高系统分析、设计人员生产率。
- 能够培训和指导用户应用软件工程方法开发系统。
- 使用交互式图形技术支持结构化系统分析/设计，用户容易理解。
- 由于 CASE 工具自动化程度高能自动生成程序代码，使开发者把系统开发重点移到系统分析/设计上，能控制系统开发的质量与实现。
- CASE 工具的信息库、软件库、数据字典的可重用技术，使得系统的定义与描述可以从非冗余的数据字典、软件库中产生，并具备系统分析/设计一致性与完整性检验。

应该指出的是，CASE 只是工具，可辅助人们进行管理信息系统开发，而不能代替人们工作。使用 CASE 工具之前必须对系统需求有清晰定义，同时也要保证系统的开发必须在有计划的管理、控制与组织之下进行，此外还要对用户进行培训，了解软件工程理论，学会使用

CASE 工具。

3.3.2 面向对象的系统建设方法

面向对象（Object-Oriented，OO）的系统建设方法是近年来兴起的一种方法，OO 方法与原型方法有某种相同之处，同是属于自底向上思想体系的开发方法。传统的结构化系统建设方法在分析问题时，往往只注重问题的某一方面。功能分解方法通常被刻画为从"做什么"到"怎样做"，而 OO 法则是从"用什么做"到"要做什么"，前者强调从系统外部功能去模拟现实世界，后者则强调从系统内部结构去模拟现实世界。其基本思想是：对问题领域进行自然分割，以更接近人类通常思维的方式建立问题领域的模型，以便于对客观的信息实体进行结构模拟和行为模拟，从而使设计出的系统尽可能直接地表现问题求解的过程。

该方法的核心概念是对象。对象是指系统所涉及的问题领域中出现的客观事物的抽象。结构化方法以功能分解为基础，系统的功能在系统内外环境急剧变化时很不稳定。而问题领域中的对象是系统中最稳定的部分，基于对象的分类结构和组装结构，并利用服务、消息、继承等机制建立的系统，有较强的应变能力，应用软件可重用性好，特别适合于复杂、大型系统的开发和处理多媒体数据。

3.3.3 现有方法评价

由前面的分析可以看出，MIS 建设方法体系中的三大类方法的出现实际上是互补的，而且都和 MIS 特性密切相关，这些方法的最终目的都是为了使得建设好的系统能满足其特性的要求。那么这些方法之间有何关系，它们与 MIS 的特性又有何联系呢？下面分别进行阐述。

（1）当系统建设者能做出准确、完整、严格的需求分析时，传统的结构化生命周期方法是一类有效、成熟的方法，然而需求本身具有模糊性，这种模糊性本身就否定了需求的严格明确性。这种方法把一个充满回溯的开发过程加以线性化并硬性割裂，夸大了系统目的的明确性，而忽视了系统的动态开放性。

（2）由于结构化生命周期采用功能分解、瀑布模型的方法，在完成了功能需求定义后，系统分析员就算完成了任务，交给后续人员去工作，后续人员以完成功能为主要目标，往往使得各功能模块之间联系复杂，且最终实现模型与人工系统模型在结构上有很大差别，不利于理解和维护。之所以出现这一问题，是由于对 MIS 的层次嵌套性认识不足，这样，系统开发周期就比较长，开发效率很低，按目前国内开发效率统计，开发一个企业完整的信息系统常常需要两年多时间，然而，经验表明，一个系统的开发时间如果超过半年，其应用效果就要打折扣了。

（3）对于需求具有模糊性的问题引出了快速原型化方法，当获得一组基本的需求后，原型化方法快速予以"实现"（即原型 Prototype），随着用户和开发人员通过原型对系统理解的加深而不断地对这些需求进行细化补充，需求是在不断与应用人员沟通的发展过程中动态地定义的，这种方法能适应企业的工作方式。然而，用软件空间的进程对应实体，造成一致性的困难；而且，原型化方法的原型是局部的，这样就难以符合 MIS 的整体特性；同时，由于实际工作中沟通的困难性及用户需求快速生成工具的缺乏，使得系统建设计划较难得到执行，因而也很难满足 MIS 的时效性要求；此外，对于基础管理不够完善的企业，系统建设容易走上机械地模拟原来手工系统的轨道，这样就不能体现 MIS 改进企业管理的特性。

（4）针对开发时效性问题引入了 OO 方法，它以对象为基础，利用特定的软件工具直接完成从对象客观的描述到软件结构之间的转换，这是 OO 方法最主要的特点和成就，它使系统的重用性好。典型的语言有 Ada、Smalltalk、C++等，现在研究的重点是采用何种方法来使用这些语言，即如何从现行系统中抽象出可重用的对象来。60 年代的 Simular 语言和 70 年代的 Smalltalk 语言都有学术价值，但还未达到实用的阶段，其根本原因是客观世界的对象五花八门，难于抽象；而且纯面向对象的模型不能满足软件系统的要求，实际上有许多模块是一些函数型模块、进程模块、Shell 脚本、数据编码处理等，难以统一成对象，这样实用性就较差；同时，这种方法也需要一定的软件工具基础支持才可以应用；另外在大型的 MIS 建设中如果不经自顶向下地整体划分，而是一开始就自底向上地采用 OO 方法开发系统，同样也会造成 MIS 整体结构差的结果。

（5）针对时效性和软件支持问题，也可引入 CASE 方法，应用 CASE 方法的关键是 CASE 工具，CASE 工具使原型化方法和 OO 方法能付诸于实现，然而，目前 CASE 还是一个发展中的概念，"未能成为当初指望的包治百病的灵药"，虽然有一些 CASE 产品已经出现，如 DEC 公司的集成化 CASE（Digital Cohesion CASE）和 Oracle 公司的 CASE（Oracle CASE & Method）等，但还没有一个统一的格式，而且适用面有限，能够全面支持整个 MIS 开发全过程的 CASE 的研制需要较大的投资和较长的时间。20 世纪 90 年代的 CASE 产品仍以专用的工具和目标适中的系统为主，那种通用的集成化环境仍难以实用，更难以商品化。

结论：综上所述，虽然有诸多缺陷，但只有结构化生命周期开发方法是实用并较全面支持整个系统开发过程的方法。其他的几种方法尽管有很多优点，或不很成熟或只能作为结构化系统开发方法在局部开发环节的补充，暂时都还不能替代其在管理信息系统开发过程中的主导地位，尤其是在占目前系统开发工作量最大的系统调查和系统分析这两个重要环节。由于本书作为管理信息系统建设的基础入门教材，应让初学者建立起系统规范的建设思想，掌握基本方法，所以本书着重讨论结构化生命周期法的原理及应用。但强烈鼓励读者在获得了本书的基本思想后用自己熟知的开发工具，结合其他方法大胆进行实践，以达到学以致用的目的。

3.4 管理信息系统的开发方式

为提高系统开发的技术经济效果，当前应用软件的生产也正在向专业化方向发展，出现了专门从事软件开发的公司与研究单位。企业可以将系统开发的任务委托或部份委托给专业组织去完成。同时，计算机生产厂家和软件开发公司还不断推出各种企业管理应用软件包，供企业选择使用，因此，系统开发可以采用多种方式。目前，我国企业系统开发的方式主要有以下四种，其主要特点比较如表 3-1 所示。

表 3-1 系统开发的方式

系统开发方式	对本企业开发能力的要求	系统维护的难易	开发费用（或购置费用）		说明
			用于企业内部	用于企业外部	
自行开发	非常需要	容易	大	小	开发时间较长，但可得到适合本单位的满意系统，并培养了自己的系统开发人员

续表

系统开发方式	对本企业开发能力的要求	系统维护的难易	开发费用（或购置费用）		说明
			用于企业内部	用于企业外部	
委托开发	不太需要	相当困难	小	大	最省事、开发费用最多，必须配备精通业务的人员参加，并经常进行检查、监督和协调
合作开发	需要	比较容易	中等	中等	较理想的方式。但必须注意搞好双方关系，大家都建立在真诚合作的基础上
购（租）用软件包	不太需要	困难	小	小	要有鉴别软件包功能与适应条件的能力，即使完全适合本单位的情况，仍需编制一定的接口软件

（1）由本企业自行开发。这种开发方式需要有出色的领导和自己的开发队伍，包括系统分析师、程序设计员、计算机技术人员和有经验的管理人员等各类人员。自行开发的主要优点是：可锻炼本企业计算机开发应用的队伍；当企业管理业务有变化或发展时，可以及时对系统进行变更、改进和扩充。其主要缺点是：系统开发周期一般较长；难于摆脱长期以来形成的、本企业习惯的管理方式的影响，不易开发出一个高水平的管理信息系统。

（2）委托软件开发公司或科研单位进行开发。对企业来说这是在几种开发方式中最省事的一种。由于整个开发工作委托给外单位，故选择好具有开发经验，又熟悉本系统业务的委托单位，并正确地将企业对新的管理信息系统的需求传达给委托单位，就成为开发是否成功的关键。因此，企业应当事前在调查研究的基础上，向委托开发的单位提出系统开发任务书，明确新系统的目标、范围和总的功能需求。在开发过程中，企业应派出精通管理业务的人员参与开发方案的研究、监督控制工作的进展，以保证工作的质量。这种开发方式的优点是：开发周期较短，企业不必组织本企业的开发队伍；如果选择好的开发单位，企业能密切配合整顿管理工作，使之符合现代信息处理的要求，则可开发出水平较高的系统。其缺点是：当企业管理发生变化或扩展时，系统维护工作困难。

（3）企业与科研单位合作开发。由表 3-1 中可见，这种开发方式对条件的需求介于（1）、（2）两种方式之间。其主要优点是：在合作开发中，可发挥科研单位技术力量强，本企业人员对管理业务熟悉的优势，共同开发出既具有较高水平又适用性强的系统；有利于企业计算机应用队伍的培养与提高。

（4）购买（租用）软件包。由于国内外已开发出许多不同类型的、具有一定通用性的软件包，可供企业选择，作为建立本企业管理信息系统的基础。同时软件系统开发人员的工资很高，使得合作开发、委托开发成本都很高。因此购买软件包是最省力、最经济的开发方式，对于自身不具备系统开发能力的中、小型企业尤为适用。但同时它也具有系统实施费用高、系统维护困难的缺点。

当今，商品化软件应用范围正在日益扩大，将成为系统建立的主要方式。

习题三

一、单项选择题

1. 任何事物、任何系统工程都有其孕育、诞生、成长、成熟、衰亡，直至被淘汰的过程，即（　　）。
   A. 生命周期　　　　B. 时间周期　　　　C. 循环周期　　　　D. 交往周期

2. 资源分配是 MIS（　　）阶段的主要活动。
   A. 系统开发　　　　B. 系统规划　　　　C. 系统实施　　　　D. 系统设计

3. 建立新逻辑模型是 MIS（　　）阶段的主要活动。
   A. 系统开发　　　　B. 系统分析　　　　C. 系统实施　　　　D. 系统设计

4. 系统测试是 MIS（　　）阶段的主要活动。
   A. 系统开发　　　　B. 系统分析　　　　C. 系统实施　　　　D. 系统设计

5. 系统建设费用犹如一座（　　），维护阶段的大量耗费往往事先难以预计。
   A. 建筑物　　　　　B. 运动场　　　　　C. 冰山　　　　　　D. 房子

6. 在进行系统开发时，要充分地进行系统分析，解决"做什么"问题，然后再进入系统设计阶段，解决"怎样做"问题。这符合结构化方法的（　　）原则。
   A. 用户参与　　　　　　　　　　　　　B. "先逻辑，后物理"
   C. "自顶向下"　　　　　　　　　　　　D. 工作成果描述标准化

7. 下面哪个因素属于结构化生命周期法存在的问题（　　）。
   A. 不适合大型管理信息系统开发　　　　B. 方法不严谨
   C. 不允许用户参与　　　　　　　　　　D. 系统开发周期较长

8. 快速原型法用于 MIS 开发有两种情况，一是仅代替（　　）的某一个或几个阶段，二是承担工程的全部任务。
   A. 生命周期法　　　B. CASE 法　　　　C. 面向对象法　　　D. 结构法

9. 面向对象方法的核心概念是（　　）。
   A. 对象　　　　　　B. 方法　　　　　　C. 属性　　　　　　D. 继承

10. 经验表明，一个系统的开发时间如果超过（　　），其应用效果就要打折扣了。
    A. 三个月　　　　　B. 两年　　　　　　C. 一年　　　　　　D. 半年

11. （　　）开发方法是实用并较全面支持整个系统开发过程的方法。
    A. 原型　　　　　　B. 结构化生命周期　C. CASE 法　　　　D. 自顶向下法

12. 当今，（　　）应用范围正在日益扩大，将成为系统建立的主要方式。
    A. 合作开发　　　　B. 自主开发　　　　C. CASE 法　　　　D. 商品化软件

二、填空题

1. MIS 生命周期包括_____、开发阶段和_____。
2. MIS 开发阶段又分为_____、_____、_____三个阶段。
3. MIS 生命周期模型的形状如同一个多级_____，故此模型理论上称为_____。
4. 系统分析阶段主要活动有：项目提出、_____、_____、编写可行性报告、_____、原系统数据信息流程分析、_____。

5．系统设计阶段主要活动有：输出设计、输入设计、_____、系统结构与功能模块设计、_____、计算机选型配置。

6．结构化方法就是把整个系统开发过程分成若干_____，每个阶段进行若干_____，每项活动应用一系列标准、_____、_____和技术，完成一个或多个_____，形成符合给定规范的产品。

7．_____就是把管理信息系统开发的全过程按其生存周期分成若干阶段，每个阶段有相对独立的任务，然后逐步完成各个阶段的任务。

8．_____的主要思想是：首先建立一个能反映用户主要需求的原型，让用户实际看见新系统的概貌，以便判断哪些功能是符合要求的，哪些是需要改进的，然后将原型反复改进，最终建立完全符合用户要求的新系统。

9．_____是系统开发工具与方法的结合，它的目标是为了实现一种较完善的技术，为系统开发人员提供一组优化的、集成的且能大量节省人力的系统开发工具。

10．对象是指系统所涉及的问题领域中出现的客观事物的_____。

11．系统开发方式有_____、合作开发、_____、购（租）用软件包四种。

三、简述题

1．简述管理信息系统的生命周期。
2．结构化方法的基本思想是什么？
3．什么是结构化生命周期法？
4．什么是快速原型法？
5．简述系统分析阶段使用原型法的工作流程。
6．试述本教材为什么选择结构化生命周期法作为重点讲述内容。
7．管理信息系统的开发方式有哪些？

第4章 管理信息系统规划与分析

本章首先阐述系统规划在管理信息系统建设中的地位,以及系统规划目标、内容等;然后讲解了系统分析的基本概念;最后详细介绍可行性研究,给出可行性分析报告实例。

通过本章学习,读者应该:
- 理解系统规划目标、任务、工作内容等概念。
- 理解系统分析目标、特点、主要活动等概念。
- 掌握可行性研究的内容和步骤要点。
- 掌握可行性研究报告的书写格式,并能对简单系统进行可行性分析。

4.1 系统规划

凡事预则立,不预则废。科学的规划对于任何需要经过较长时间努力才能实现的事情都是非常重要的。

规划,一般是指对较长时期的活动进行总体的、全面的计划。管理信息系统建设的第一步是做好规划。规划的好坏对系统建设的成败有着至关重要的影响。凡是认真做规划的企业其系统建设的效果往往比不做规划或不认真做规划的企业的效果好得多。有的企业管理人员甚至得出如此结论:系统规划阶段所投入的时间和精力越多,将来设计和实现时效果越好、花的时间越少,而且困难和波折也越少。由此可见规划的重要性。这里的系统规划是指整个企业管理信息系统的全面规划,也可称为整体规划,亦即就如何用信息技术来支持企业实现其目标进行全面规划。下面讨论的一些原则和方法也适用于对某些应用系统进行的规划。

系统规划是管理信息系统(MIS)生命周期的第一个阶段,是 MIS 的概念形成时期,这一阶段的主要目标,就是制定出 MIS 的长期发展方案,决定 MIS 在整个生命周期内的发展方向、规模和发展进程。主要任务是:

(1)制定 MIS 的发展战略。
(2)确定组织的主要信息需求,形成 MIS 的总体结构方案;安排项目开发计划。
(3)制定系统建设的资源分配计划。

上述三项任务也规定了 MIS 规划工作进程的三个主要阶段,各阶段的主要内容如下:

(1)MIS 战略规划

这一阶段的关键是要使 MIS 的战略与整个组织的战略和目标协调一致。要进行的工作有:
① 评价组织的目标和战略;
② 根据组织的目标和战略确定 MIS 的使命,对 MIS 的建设或更新提出报告;
③ 对目前 MIS 的功能、应用环境和应用现状进行评价;

④ 制定建设 MIS 的政策、目标和战略。

（2）组织的信息需求分析

① 确定目前和规划中的组织在决策支持和事务处理方面的信息需求，以便为整个组织或其他主要部门提出管理信息系统的总体结构方案；

② 制定主发展计划，即根据发展战略和系统总体结构，确定系统和应用项目的开发次序和时间安排。

（3）资源分配

制定为实现主开发计划而需要的硬、软件资源、数据通讯设备、人员、技术、服务、资金等计划，提出整个系统的建设的概算。

4.2 系统分析概述

4.2.1 系统分析的目标和主要活动

1. 系统分析的目标

在管理信息系统的生命周期中，紧接系统规划阶段的是系统开发。系统开发阶段的目标是根据系统规划所确定的系统总体结构方案和项目开发计划，按拟定的项目开发出可以运行的实际系统。这是系统建设工作中任务最为繁重、耗费资源最多的一个阶段，这个阶段又可划分为系统分析、系统设计、系统实施三个小阶段，构成系统开发生命周期的三个主要阶段。

系统分析工作是信息系统生存期中重要的一步，也是决定性的一步。只有通过系统分析才能把软件功能和性能的总体概念描述为具体的信息系统软件的需求规格说明，从而奠定系统开发的基础。系统需求分析工作也是一个不断认识和逐步细化的过程。该过程将信息系统所确定的软件功能范围逐步细化到可详细定义的程度，并找到可行的解决方法。信息系统开发的实践表明，需求分析并不是一件轻而易举的事情。软件危机发生的原因之一就是忽视了需求分析这一重要的步骤。往往是软件开发人员未能全面地、准确地理解需求，或是未能恰当地表达这些需求，以致把需求分析阶段的问题遗留到开发工作的后续阶段，最终酿成不良后果。

完成系统需求分析任务不仅仅只依靠软件开发人员，用户也起着至关重要的作用。用户必须对系统功能和性能提出初步要求，并澄清一些模糊概念。而系统分析人员则要认真了解用户的要求，细致地进行调查分析，把用户"做什么"的要求最终转换成一个完全的、精细的系统逻辑模型并写出系统需求规格说明，准确地表达用户的要求。

所以系统分析阶段的目标，就是按系统规划所定的某个开发项目范围内明确系统开发的目标和用户的信息需求，提出系统的逻辑方案。系统分析在整个系统开发过程中，是要解决"做什么"的问题，把要解决哪些问题、满足用户哪些具体的信息需求调查、分析清楚，从逻辑上，或者说从信息处理的功能需求上提出系统的方案，即逻辑模型，为下一阶段进行物理方案（即计算机和通信系统方案）设计、解决"怎么做"提供依据。

2. 系统分析的主要活动

系统分析阶段的主要活动有：系统初步调查、可行性研究、系统详细调查、新系统逻辑方案的提出。每项活动的目标、关键问题、主要成果（产品）以及涉及到的管理决策问题扼要列于表 4-1。表中所示的各活动的主要成果（产品）都是系统建设的重要文件，特别是可行性研究报告和系统说明书更为重要。可行性研究报告是系统开发任务是否下达的决策依据。系统说明书是整个系统分析阶段的工作总结，是系统分析人员和用户交流的主要手段，是系统建设领导部门决定是否进入系统设计的主要依据，是系统设计阶段工作的重要依据。表中所示管理决策是指系统建设的管理机构（如系统开发领导小组、用户的领导机构或信息管理部门）在系统开发过程中为保证系统开发的质量与进度而进行的计划、指挥、控制、审核、监督等管理决策活动。

（注：系统分析阶段各项活动的详细内容及实例在之后章节中介绍，请注意。）

表 4-1 系统分析阶段的主要活动

活动名称	目标	关键问题	主要成果（产品）	管理决策
初步调查	明确系统开发的目标和规模	是否开发新系统？若开发，提出新系统的目标、规模、主要功能的初步设想，粗估系统开发所需资源	系统开发建议书	是否同意系统开发建议书？若同意，安排可行性研究工作
可行性研究	进一步明确系统的目标、规模与功能，提出系统开发的初步方案与计划	系统开发的技术可行性研究、经济可行性研究、营运可行性研究，系统开发初步方案与开发计划的制定	可行性研究报告，系统开发（设计）任务书（含计划）	审定可行性研究报告，若同意，下达系统开发（设计）任务书（或签协议、订合同）
现行系统详细调查	详细调查现行系统的工作过程，建立现行系统的逻辑模型，发现现行系统存在的主要问题	现行系统的结构、功能和数据流的详细分析，具体问题的认定	现行系统的调查报告	（审查现行系统的调查报告）
新系统逻辑方案的提出	明确用户信息需求，提出新系统的逻辑方案	用户需求分析，新系统逻辑模型的建立	系统说明书或需求分析报告	审查系统说明书，若批准，进入系统设计阶段

4.2.2 系统分析工作的特点

现代信息系统开发，对管理信息处理的系统性、综合性的要求高，使得系统分析成了管理信息系统开发中最繁重的任务之一。系统规模越大，系统分析工作就越复杂。在系统需求分析中，由于用户必须检查系统分析说明书的准确性和完整性，而系统设计员则根据系统分析说明书来进行新系统的设计。用户往往只具备经营管理、业务等方面的知识，而系统设计员/程序员往往只具备计算机方面的知识，二者之间存在着一条明显的鸿沟。所以，必须由系统分析员架起连接系统用户与系统开发人员（系统设计员/程序员）之间的桥梁。如前所述，系统分析是一项复杂的工作，必须充分认识其特点，采用科学的方法，才能完成这一阶段的各项任务。系统分析工作具有以下特点：

（1）系统分析工作人员需要有较高的综合知识水平

系统分析是围绕管理问题展开的，但要涉及到现代信息技术的应用。系统分析员既要和各级各类管理人员打交道，又要了解相关技术（如计算机硬软件技术、数据管理技术、计算机网络和数据通信技术等）的应用与发展情况。由于系统分析工作的主要任务是明确问题、确定目标、了解用户的信息需求，故完成这类任务可能遇到的困难、需要解决的问题以及工作量、甚至工作进程都难以预先估计，工作不确定性大。现代社会组织，尤其是企业的管理环境复杂多变，现代信息技术日新月异，是系统分析工作面临的主要挑战之一，特别是政策体制和权利分配的变化对信息需求和系统方案有很大影响。因而在工作中必须对发展与变革进行科学预测与深入分析，努力提高系统的应变能力。

（2）系统分析工作主要面向组织管理问题，方式与手段主要是人际交往

系统分析是要明确管理信息系统在支持管理决策方面要解决什么问题，因而必须对管理系统进行描述。由于管理系统是以人为主体的系统，人的思想与行为，如决策过程、信息需求的描述是系统分析的主要困难之一。必须综合运用定性、定量分析方法和有关知识与经验，对组织行为和管理决策过程进行科学分析，对各级各类管理人员的信息需求进行深入了解。因而在系统分析工作中，大量的工作是和各级各类管理人员进行联系与交流，这是明确问题、获取信息需求的主要方式。

系统分析工作涉及的用户主要有：
① 用户单位的主要领导成员；
② 使用管理信息系统的各职能部门的负责人；
③ 用户单位信息管理的高层负责人，如主管信息工作的副总经理、信息中心主任等；
④ 负责运行、维护管理信息系统的管理人员、技术人员和操作人员。

上述人员往往具有不同的专业背景、利益与风格，系统分析人员与他们的交流和协调以及他们之间的交流和协调常常由此造成困难与冲突。系统分析人员必须善于和各类人员建立相互理解与信任的关系，善解人意，并且努力促进人与人之间的相互理解、交流与协调。这是系统分析工作发现问题、解决问题的主要途径。

（3）使用结构化系统分析方法

系统分析分解成四项主要活动（初步调查、可行性研究、现行系统详细调查、新系统逻辑方案的提出），每项活动完成若干任务，应用一系列工具，做出符合标准与规范的产品（见表4-1）。主要使用的工具有：
① 数据流图（Data Flow Diagram，DFD）
② 数据词典（Data Dictionary，DD）
③ 结构化语言
④ 决策树
⑤ 决策表

采用结构化系统分析工具建立的系统逻辑模型一般具备以下特点：
① 表达方式规范，表达的内容确切，无二义；
② 形式简洁，易理解，便于和非专业用户交流；
③ 便于查询、检索、易维护；
④ 便于计算机辅助建模。

（4）系统分析工作的主要成果（产品）是文档资料

系统开发建议书、可行性研究报告、现行系统调查报告、系统说明书等，是系统分析的主要成果。这些文档资料，是最终方案决策的依据，是下一步工作的基础，也是系统分析人员

和用户交流与相互理解的手段。这些文档编写的质量对系统开发工作有着重要的影响。系统分析人员不但对情况要有详细的了解、对问题要有深刻的理解,而且要掌握有关文件编写的规范与标准,并且有较强的文字表达能力、耐心与毅力,才能编写出内容详实准确、文字精炼、结构清晰、符合规范的目标文件。

(5) 系统分析工作应确定系统边界,适可而止

在管理信息系统建设中,由于用户单位各部门各类人员的信息需求和目标的多样性,有些目标和需求不一致,甚至相互冲突,例如工业企业中,生产部门常常希望销售部门尽早提供比较准确的市场对产品的需求信息,以便对产品的制造做出合理的安排,而销售部门则希望生产部门跟踪市场的变化而及时调整生产计划。而且,管理信息系统的建设是长期任务,不是一次项目开发所能全部完成的。因此在一次系统开发中,系统分析工作实现的目标是有限的。不可能把现有系统中所有问题都提出来,更不可能都去解决。因而一次系统开发只能满足用户的部分信息需求,做到各有关用户人员大体满意,其他问题需留待后续的系统开发项目解决。所以,在系统分析中,既要明确本次系统开发项目要集中力量解决哪些问题,即"做什么",又要清醒认识这次开发哪些问题暂不去解决,即"不做什么",明确系统开发任务的边界。管理系统各部分之间联系密切,如果系统开发的边界不明确则可能造成系统开发任务在开发过程中不断扩张,而使主要任务难以完成。

4.3 可行性研究

4.3.1 系统的初步调查

信息系统建设规划完成后,并不能马上进行分析与设计的实质性项目开发工作,因为实践证明,这样做可能会造成在花费了大量人力和物力之后才发现系统不能实现或没有实际意义。因此系统开发的首要任务就是进行可行性研究。而系统初步调查是可行性研究的基础。

初步调查以可行性分析为目的,为可行性分析提供定性的和定量的根据。在调查的深度与广度上要恰当把握。过浅、过窄可能导致产生错误的结论,过深、过细会造成无谓的浪费,因为新系统开发与否尚未定论。

1. 初步调查的主要内容

初步调查由一些有经验的系统开发人员组成,一般用 1 到 2 周时间。调查的内容包括:

(1) 企业概况。企业的发展简史、目前规模、经营效果、业务范围、管理水平、企业的总目标和总任务。

(2) 企业领导和管理人员的信息意识,信息意识强弱决定了新系统的成败。

(3) 企业的组织机构和人员分工。调查企业的组织机构、领导关系、人员分工和配备情况,从中不但可以了解现有系统的构成、业务分工,还可以了解到人力资源,发现组织和人事制度的不合理成分。

(4) 现行信息系统运行情况。现行的信息管理系统(人工的或人机的)运行状况。诸如系统的结构、功能、效率、可靠性、问题等。

(5) 新系统开发的条件。包括计算机设备情况,计算机应用人员情况;资金来源;原始数据的完整性和精确度;管理基础等。

（6）问题和薄弱环节。企业期待 MIS 解决的问题，问题的重要性及解决这些问题的可能性。

2. 系统初步调查的要领

（1）初步调查要注意宏观上的内容，如组织概况等，不要一下子陷入具体细节之中去。

（2）注意对组织周围环境情况的调查，如同行业企业的情况、上级的态度、政策法规、企业产品的前景等。

（3）多定量、少定性，收集具体数据。比如企业近三年的利润是 xx 万元，以便在做可行性分析时用数据说话。

4.3.2 可行性研究的任务

可行性研究阶段的主要任务是在系统初步调查的基础上，对新系统是否能够实现和值得实现等问题做出判断，避免在花费了大量的人力和物力之后才发现系统不能实现或新系统投入使用后没有任何实际意义而引起的浪费。对新系统可行性的研究，要求用最小的代价在尽量短的时间内确定系统是否可行。

在系统初步调查的基础上，分析现行系统及新系统与现行系统之间的差别，构思新系统的初步方案。对新系统初步方案的可行性的考察从以下几个方面进行：

（1）技术可行性：对要求的功能、性能以及限制条件进行分析，以确定使用现有的技术能否实现这个系统。要考虑能否得到所需要的软件和硬件资源，能否组织一个熟练的开发队伍，现有的开发技术是否达到开发系统所要求的水平，以及开发风险有多大。

（2）经济可行性：新系统的经济效益能否超过其开发成本？为此应对新系统进行成本效益分析，也就是要进行两项估计：费用估计和收益估计。

费用估计是一项相当复杂的工作，因为要考虑的因素很多，而且有很多因素并不是确定的，只能凭经验进行估计。通常主要从以下几方面进行费用估计：

① 硬件设备的费用，包括计算机、网络设备、输入输出设备及其他相关的配套设施，如机房设施等；

② 软件费用，包括需要购买的软件（如系统软件和软件包等）、软件开发费用以及人员培训费等；

③ 消耗品费用，如打印纸以及维护其他设备而使用的零配件等的费用；

④ 维护费用，大多数系统在运行过程中都要做一些修改，例如设计过程中没有全面了解企业的需求或企业本身的需求有所改变，也可能系统中存在测试过程中没有发现的错误。

收益估计是指估计新系统建立后会带来什么收益（有时收益同样也是难以估计的）。对有些系统不能仅考虑其经济效益，还应该综合考虑其社会效益，要把社会效益带来的经济效益计算在内。

（3）社会（法律）可行性：分析新系统是否符合当前社会生产管理经营体制要求，考虑系统开发是否可能导致违法。例如是否涉及知识产权、生产安全或其他与国家法律相违背的问题。

（4）组织机构及操作方式上的可行性：建立计算机信息管理系统后，往往需要对现行的组织机构进行适当的调整，例如增设某些部门或精简某些部门，改变机构员工工作方式等。在这种情况下，有关部门和管理人员能否积极配合就可能成为系统成败的关键。

新系统的初步方案设想主要包括如下几个方面：

（1）确定新系统覆盖的业务范围。考虑新系统的逻辑模型中哪些部分适合采用计算机系统来完成，哪些部分不适合或在当前的限制条件下暂时不适合采用计算机系统来完成。

（2）新系统的开发规模。包括有可能采用的计算机系统和网络系统，所覆盖的面积和业务主要有哪些，所需要的人力（包括系统开发人员、计算机软硬件技术人员、管理专业人员、基础数据统计人员等）和财力、可借用的设备（主要指原信息系统中的网络或计算机设备）以及子系统/模块等各有哪些。

（3）新系统拟解决的主要问题。这个问题一般是根据用户要求和初步分析之后得出的。例如在制造企业的生产管理子系统中，生产过程监控和生产计划的滚动式调整、生产计划与物料需求计划的衔接、生产计划与生产作业计划的制定等，主要是要解决这些管理控制环节中的处理模型问题、处理进度问题或处理速度问题等。这里所提出的问题一般都只是表面上的，问题真正的确定和解决应该在信息调查和系统分析以后。

（4）新系统预计的投入和产出比。新系统开发预计的投入和预期的效益是系统立项能否通过的关键一环。新系统的投入包括人力资源（开发人员、管理人员、软硬件技术人员、数据统计人员以及操作人员等）的投入、设备资源（已有的和新增的设备）的投入、财力资源（需要的总资金）的投入等。新系统的效益，主要包括拟解决哪些问题，可完成原系统想做而又不可能做的事情，整个系统的工作质量（如成本、精度、速度、范围以及分析的深度和广度等）将会有哪些提高，而这些工作质量的提高又会为组织的管理工作提供哪些间接的经济效益。

4.3.3 可行性分析报告内容与格式

1. 引言
1.1 编写目的【阐明编写本可行性分析报告的目的，指出读者对象。】
1.2 项目背景【应包括：a. 所建议开发信息系统的名称；b. 本系统的任务提出者、开发者、用户及实现软件的单位；c. 本系统与其他系统的关系。】
1.3 定义【列出本文档中用到的专门术语的定义和缩写词的原文。】
1.4 参考资料【列出有关资料的作者、标题、编号、发表日期、出版单位或资料来源。】
2. 可行性研究的前提
2.1 要求【列出并说明建议开发系统的基本要求。】
2.2 目标【可包括：人力与设备费用的节省、处理速度的提高、控制精度或生产能力的提高、管理信息服务的改进等。】
2.3 条件、假定和限制【可包括：建议开发软件运行的最短寿命、经费来源和使用限制、法律和政策方面的限制、硬件、软件、运行环境和开发环境的条件和限制、可利用的信息和资源等。】
2.4 可行性研究方法
2.5 评价尺度
3. 对现有系统的分析
3.1 处理流程和数据流程
3.2 工作负荷
3.3 费用支出【如人力、设备、空间、支持性服务、材料等项开支。】
3.4 人员【列出所需人员的专业技术类别和数量。】

3.5　设备

3.6　局限性【说明现有系统存在的问题以及为什么需要开发新的系统。】

4．所建议技术可行性分析

4.1　对系统的简要描述

4.2　处理流程和数据流程

4.3　与现有系统比较的优越性

4.4　采用建议系统可能带来的影响【包括：对设备的影响、对现有软件的影响、对用户的影响、对系统运行的影响、对开发环境的影响、对运行环境的影响、对经费支出的影响等。】

4.5　技术可行性评价【包括：a．利用现有技术，功能目标能否达到；c．开发人员数量和质量能否满足要求；c．在规定的期限内，开发能否完成。】

5．所建议系统经济可行性分析

5.1　支出【包括：基建投资、其他一次性支出、经常性支出。】

5.2　效益【包括：一次性收益、经常性收益、不可定量收益。】

5.3　收益/投资比

5.4　投资回收周期

5.5　敏感性分析

6．社会因素可行性分析

6.1　法律因素【如：合同责任、侵犯专利权、侵犯版权等问题的分析。】

6.2　用户使用可行性【如：用户单位的行政管理、工作制度、人员素质等能否满足要求。】

7．其他可供选择的方案

8．结论意见【结论意见可能是：a．可着手组织开发；b．需待若干条件（如资金、人力、设备等）具备后才能开发；c．需对开发目标进行某些修改；d．不能进行或不必进行（如技术不成熟，经济上不合算等）；e．其他。】

4.3.4　可行性研究初步实例

下面我们通过一高职学院教学管理信息系统可行性研究实例，再来认识一下可行性研究的相关内容知识。

1．现行系统的调查分析

（1）基本情况

某职业学院是一所省重点高等职业技术学院，建立于 20 世纪 80 年代初。初期是机械行业的培训基地。经过十几年的不懈努力，现已发展成为跨理工、经济两大学科，集全日制、业余学制为一体的综合性高等职业大学。学院现有各类学生近 4000 名，教职工 200 余名，其中专职教师 100 人，高级职称占 30%。

随着国家教育体制改革不断深化，该校在 1998 年被正式纳入政府教育组织序列后，各项组织管理工作都在逐步走向正规化、制度化和标准化。尤其是 1999 年 6 月份召开了全国教育工作会议，教育界面临极大发展机遇。该校也在不断地扩大招生规模中迅速发展壮大起来。经市政府批准，新的占地 1000 亩校园区已在近郊兴建，预计一年后可以正式招生开课，到时学院将达到接受 10 000 名学生同时在校学习的办学规模，为升级为本科高职院校作好准备。

（2）当前学院组织管理状况

学校实行院长负责制。在大专教学、中专教学、财务行政等方面分别由分管副院长专门管理，向院长负责。设计算机、机电、经济三大教学系，教务处、学生科、夜大、招生办公室、院长办公室五大管理职能部门。学校组织机构如图 4-1 所示。正常的教学管理步骤是：招生办公室根据录取学生的志愿和具体情况，将学生分至各专业；学生科负责全院学生的学籍档案管理，并依据各专业学生人数，综合各种情况分出班级，委派班主任，按专业将学生交至各系；各教学系执行教学计划，组织师资教学；教务处负责教学计划安排、成绩管理、考务管理及教材管理；学生在校的政治表现、学习、生活等各项工作由学生科、学生会具体管理；院长办公室负责协调各部门关系，上传下达信息，保证教学工作顺利进行。该校综合管理功能结构如图 4-2 所示。从上所述不难看出，招生中生源质量的高低，教学老师的能力与责任心，以及各管理职能部门的高效工作与否，直接影响到教学质量的好坏和学院的声誉。

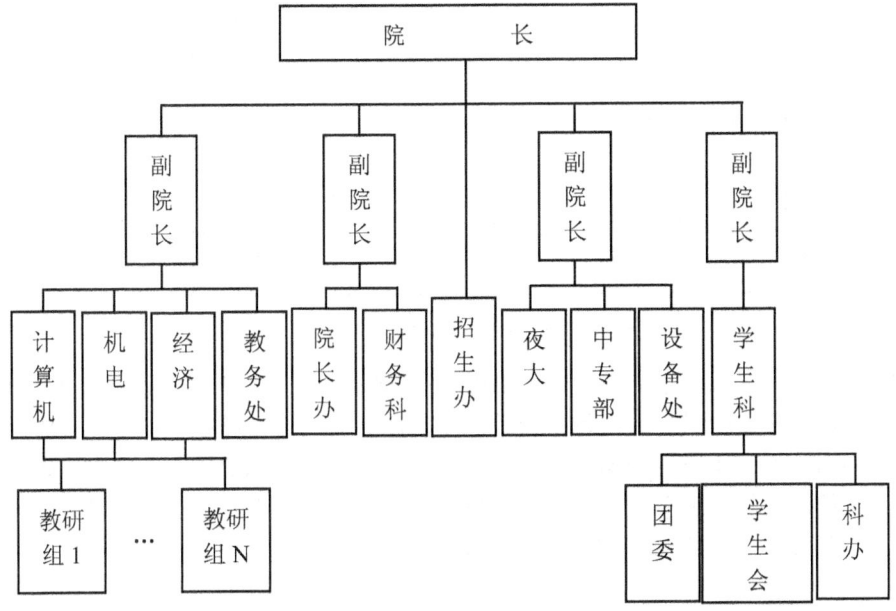

图 4-1　学院组织机构图

（3）学院战略发展规划

该校规划：在未来五年中，不断地提高生源质量，提高教师队伍水平，不断地扩大办学规模，充分利用难得的发展机遇，使学校成为国内知名院校。但同时伴随着各项教育改革政策的落实，教育界的竞争凸现，并有愈演愈烈之势。为使自己在竞争中立于不败之地，保证战略目标的实现，校领导深刻认识到进一步提高教学管理水平的必要性。他们迫切希望建立管理信息系统，使学校管理工作规范化、制度化、程序化，促进学校管理的基础工作，提高信息处理的速度和准确性，及时、准确地把握学校内外部环境的各种信息。

（4）目前存在的不足和问题

校决策者要想随时控制教学质量，必须要有高效的信息处理手段和快捷的信息传输渠道。但该校目前进行信息管理的主要方式基本上是文本、表格等纸介质的手工处理（虽然很多表格均是用计算机打印出来的，但这也只是将手工处理后的数据录入计算机，用文字处理软件画表打印的。仍属于手工处理范畴）。比如，对于招生办公室的招生管理、学生科的学生学籍管理等多是以笔、计数器为工具进行，这些工作信息处理量大，容易出错，且管理方式因人而异，缺乏系统、规范的信息管理手段。

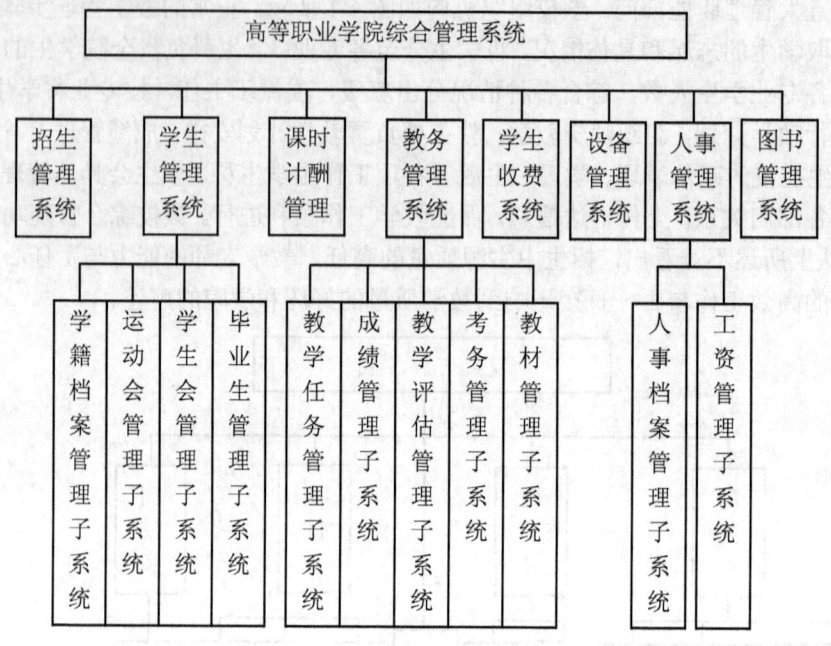

图 4-2　职业学院综合管理功能

通过调查，发现该校现行管理工作存在的主要问题是：第一，业务管理工作缺乏规范性，随意性大；第二，业务管理职能部门各自为政，数据资料被职能人员独自使用，造成具体工作对个别人员的过分依赖，十分影响教学工作；第三，部门之间信息交流少，信息渠道不畅，工作不易协调；第四，数据处理手工操作，工作量大，出错率高。第五，校领导对整个学校的各类管理信息掌握不及时、不准确，影响决策质量。

2．拟开发新系统的方案

依据各种因素，经过通盘考虑权衡利弊，决定首先建立一个相对简明但实用的教学管理信息系统，新系统的建设方案主要有以下几个方面：

（1）新系统的目标。按照管理信息系统的原理和方法，采用成熟的计算机网络和信息技术手段，支持校教学管理工作的全过程，加强教学活动中的各种信息资源的管理和应用，提高学校管理的现代化水平；实现与 Internet 连接，了解外界信息，加强教学与学术的交流合作。在为学校教学科研活动提供全面信息服务的基础上，提供教学管理决策支持功能，为学校的不断发展在信息管理方面进行技术准备。

（2）新系统覆盖范围。涉及学生科的学生学籍档案管理，教务处的教学任务管理、成绩管理、教学评估管理和考试考务管理。系统信息流动的相关部门有：学生科、教务处、招生办、校长办公室和各系部。

（3）新系统结构布局框架。基于校园网络的教学信息系统是以相关各部门管理系统为基础，数据共享地存在网络服务器中，除了满足部门内部人员的使用之外，还可以通过网络传输及工作站为其他部门甚至全校教职工、学生提供信息服务（详细性能设计参见第 6 章"系统设计"的相关内容）。

（4）新系统开发方式方法。采用委托外单位开发为主，本单位人员配合并参与开发全过程的方式，以消化吸收并掌握技术，为今后负责系统的管理和操作运行打下基础。开发过程可采用如下几步：

第一步：开发者在用户的配合下展开全面的系统调查和系统分析；
第二步：开发者进行系统分析和系统实现（编程）工作；
第三步：开发者进行系统调试，并逐步培训各岗位的技术与操作人员；
第四步：将系统和所有开发文档移交给用户，由用户自行管理系统的运行。

开发方法采用自顶向下的方法，先调查、分析，理顺所有的管理环节，然后再根据实际情况制定并实现新系统方案。

（5）新系统拟投入人力、物力和预期进度

① 拟投入人力有：系统分析开发人员 2 名，学院计算机系 2 名专业教师参与开发全过程工作，调试阶段有 4~5 名岗位操作员参加。

② 系统软硬件配置：

建设 1000M 高速以太网。网络交换机（Switch）采用 Cisco 的功能交换机，传输介质采用 AT&T 五类双绞线，网络服务器作为系统功能实现和数据共享的中心，应具有较高的性能和可靠性，因此选择高档品牌专用服务器：联想/浪潮 Xeon E5 服务器 1 台，内存 8G，并通过两个 1000G 高速硬盘的双工技术提高系统数据的可靠性。

网络工作站选用酷睿 i7 第三代系列处理器以上普通微型计算机若干台（配置在各职能办公室），工作站与网络连接的网络适配器采用 100/10M 速率可调网卡。网络上配置三台打印机：点阵式打印机两台、激光打印机一台。对网络服务器和各工作站配置净化电源及 UPS 不间断电源以应付电源的各种变化和故障，保证系统功能可靠性。

网络服务器上运行 Windows 2003 Server 网络操作系统；工作站上运行 Windows XP/Windows 7 中文操作系统；数据库服务器软件采用 SQL Server 2008 大型数据库。

软件开发环境采用微软的 Visual Studio 开发平台之 VB.NET 中文版开发工具。这种工具可视化程度高，数据库连接和操作方便，编程快捷。更重要的是用户方对该工具非常熟悉，便于今后系统维护。

③ 预期开发进度：开发时间为半年，其中调查需求 1 个月，系统分析与设计 1 个月，编程 1 个月，调试和试运行 3 个月。

（6）开发费用预算（该内容超出本书范围，略）

可行性研究涉及到系统初步开发计划的制定，需要对开发工作量做出初步估计。可以使用软件工程学中的成本估算方法，如 COCOMO 模型。本书对此不作详细介绍。

3. 新系统可行性分析

（1）系统运行环境可行性分析。学院领导重视，管理层普遍支持，校教职员工同样也表现了对管理信息系统的迫切需求。他们希望通过教学管理信息系统的使用，促进教学管理工作的规范化、制度化，提高管理人员素质和工作效率。

当然，部分领导对计算机管理信息系统存在过高的期望，错误地认为新系统建立后，什么事情都可以解决。这需要系统分析人员多与主要领导交流，帮助他们客观地看待管理信息系统，建立正确的系统目标。

显然，用户能够积极参与系统开发，这是系统开发的前提和基础。

（2）技术可行性分析。学院教学管理历史数据齐全，并且数据格式统一，内容正确，可以保证新系统数据的规范和全面。

① 有一定的计算机应用基础，学院大部分教职工具有本科以上学历，对计算机技术有一定的了解，有一定的计算机操作能力。实施新系统后的人员培训工作相对容易。学院有专职计算机教师十几名，他们可以胜任新系统的软硬件维护工作。

② 根据学院的管理工作实际情况，采用 SQL Server 2008 大型数据库，数据库应用程序采用微软的 VB.NET 中文版开发工具开发是完全可行的。各职能办公室之间采用共享数据的方式可以方便地实现数据信息的传递。

③ 硬件设备的可行性。由于学院近几年发展很快，所以硬件设备配置较高，各办公室均有当今市场的流行机型，可作为网络工作站连接到 Windows 服务器上。再增加高性能网络服务器一台和一些网络连接设备即可构建分布式网络计算模式的硬件平台，满足教学管理信息系统运行需要。

（3）经济可行性分析。学院已经做出了保证校信息系统建设资金供给的决定，这从根本上解决了开发资金的来源问题。整个系统的建设方略是开发一个，就用好一个，见效一个，可极大限度地控制资金的浪费，并达到开发费用符合预算结果的目的。

新系统的开发成功其意义是深远的，首先，它是学院第一个计算机管理信息系统，为后续其他系统的建设做了榜样，积累了经验；其次，它的运行使用会直接影响到各管理环节工作的规范化，并带来工作效率的提高；第三，它是学院进入管理现代化的标志，代表着学院的素质和声誉，极大提高学院的档次。所以它的社会效益是显而易见的，并会在此基础上为学院带来可观的收入。

习题四

一、单项选择题

1. （　　）一般是指对较长时期的活动进行总体的、全面的计划。
   A. 规划　　　　B. 打算　　　　C. 规定　　　　D. 策略

2. 下面不属于系统规划阶段主要任务的是（　　）。
   A. 制定 MIS 的发展战略
   B. 制定系统建设的资源分配计划
   C. 确定组织的主要信息需求，形成 MIS 的总体结构方案
   D. 系统开发可行性研究

3. 只有通过（　　）才能把软件功能和性能的总体概念描述为具体的信息系统软件的需求规格说明，从而奠定系统开发的基础。
   A. 系统规划　　B. 系统分析　　C. 系统设计　　D. 系统实施

4. 系统需求分析不仅仅只依靠软件开发人员，（　　）也起着至关重要的作用。
   A. 技术　　　　B. 设备　　　　C. 规定　　　　D. 用户

5. 系统分析在整个系统开发过程中，是要解决系统（　　）的问题。
   A. "谁做"　　　B. "在哪做"　　C. "做什么"　　D. "怎么做"

6. 系统详细调查活动的主要成果是（　　）。
   A．现行系统的调查报告　　　　　　B．可行性研究报告
   C．系统说明书　　　　　　　　　　D．系统开发建议书
7. 系统分析工作主要面向组织管理问题，方式与手段主要是（　　）。
   A．交朋友　　　B．领导技巧　　　C．人际交往　　　D．书面表达
8. 不是结构化工具的是（　　）。
   A．数据流图　　B．数据词典　　　C．业务流程图　　D．决策树
9. 系统分析工作的主要成果（产品）是（　　）。
   A．文档资料　　B．数据词典　　　C．文字　　　　　D．程序
10. 在系统初步调查的基础上，分析现行系统及新系统与现行系统之间的差别，构思新系统的（　　）。
    A．文档资料　　B．初步方案　　　C．开发计划　　　D．投资额度
11. 对机构员工工作方式、管理人员能否积极配合系统开发等情况的分析属于（　　）分析。
    A．技术可行性　　　　　　　　　　B．经济可行性
    C．社会（法律）可行性　　　　　　D．组织机构及操作方式上的可行性
12. 书中给出的可行性研究实例中，新系统建设的初步方案选择的数据库服务器产品是（　　）。
    A．SQL Server 2008 大型数据库　　　B．SQL Server 2005 大型数据库
    C．Oracle 数据库 11g　　　　　　　D．IBM DB2 数据库

二、填空题

1. ＿＿＿＿＿＿＿阶段所投入的时间和精力越多，将来设计和实现时效果越好、花的时间越少，而且困难和波折也越少。
2. 系统规划是管理信息系统生命周期的第一个阶段，该阶段主要目标是制定出＿＿＿＿＿＿＿，决定 MIS 在整个生命周期内的发展方向、规模和发展进程。
3. 系统规划阶段的资源分配就是制定为实现主开发计划而需要的硬、软件资源、数据通讯设备、＿＿＿＿＿＿＿等计划，提出整个系统的建设的概算。
4. ＿＿＿＿＿＿＿工作是一个不断认识和逐步细化的过程。该过程将信息系统所确定的软件功能范围逐步细化到可详细定义的程度，并找到可行的解决方法。
5. 系统分析阶段的主要活动有：＿＿＿＿＿＿＿、可行性研究、＿＿＿＿＿＿＿、新系统逻辑方案的提出。
6. 系统开发建议书是系统分析阶段＿＿＿＿＿＿＿活动的主要成果。
7. 系统分析工作人员需要有较高的＿＿＿＿＿＿＿水平。
8. 初步调查以可行性分析为目的，为可行性分析提供＿＿＿＿＿＿＿和＿＿＿＿＿＿＿根据。
9. 初步调查的主要内容有＿＿＿＿＿＿＿、企业领导和管理人员的信息意识、企业的组织机构和人员分工、＿＿＿＿＿＿＿、新系统开发的条件、问题和薄弱环节。
10. 系统初步调查的要领是注意对组织周围环境情况的调查、注意宏观上的内容调查、＿＿＿＿＿＿＿。
11. 对新系统初步方案的可行性分析从以下几个方面进行：技术可行性、经济可行性、社会（法律）可行性、＿＿＿＿＿＿＿。
12. 新系统的初步方案内容主要包括：确定新系统覆盖的业务范围、新系统的开发规模、＿＿＿＿＿＿＿、新系统预计的投入和产出比。

三、简述题

1．试述系统规划的主要目标和任务。

2．什么是管理信息系统开发中的系统分析，其主要目标和活动内容有哪些，系统分析工作的主要特点是什么？

3．初步调查的内容主要有哪些？

4．可行性研究的目的是什么？

5．可行性研究主要从哪几个方面去考察？简述其内容。

四、实训题

新系统可行性分析实训。依据教材附录给出的指导建议，选择一个小型管理信息系统，进行系统开发可行性分析，仿照书中"可行性研究初步实例"格式、内容，写出新系统开发可行性分析报告。

注意：慎重选择待开发的管理信息系统题目，它必须易于学生理解、接触和调查管理环境。同时该题目一经确定下来，就必须贯穿于其后开发各阶段的实训课程中。建议在老师的指导下选择题目。

第 5 章　系统需求分析方法

本章详细阐述了为完成系统分析阶段的任务所使用的典型结构化方法和工具；并以实例形式展示了系统分析全过程及结果，以帮助理解掌握分析工作中难点和重点；最后给出系统分析的成果——系统分析说明书的标准书写格式。

通过本章学习，读者应该：
- 理解详细调查的意义，掌握详细调查方法与内容。
- 掌握数据流图、数据词典、决策树、决策表、结构化语言等工具。
- 熟练使用所学结构化方法分析系统、描述系统。
- 掌握系统分析说明书的书写格式。

5.1　系统的详细调查

5.1.1　调查策略和方法

系统通过可行性研究并立项后，接下来的主要任务就是详细分析组织内部的整体管理状况和信息处理过程，对用户的需求进行详细的了解。所以要进行深入细致的详细调查。调查前应充分准备：制定调查策略、确定调查方法、掌握调查艺术和被调查者的心理。

1. 调查策略

（1）全面调查策略。适用于大的开发项目。当系统建设问题涉及面广、问题清晰度低时，宜从全面调查入手，以发现问题，明确主攻方向。

（2）重点突破调查策略。适用于对系统的了解有一定基础的系统分析人员，可集中于主要问题的有关方面。抓住影响发展的几个主要因素作重点调查。在主要问题明确或主攻方向明确的情况下采用这种策略。

（3）点面结合策略。面粗点细。这种策略要注意，粗的部分反映面上的一般情况，只能提供进一步研究问题时参考，不能作为解决问题的依据。如果发现问题则需做重点深入调查。

2. 调查方法

在开始详细调查之前，应对用户进行培训或印发说明材料，告诉用户详细调查的内容、目的以及有关的表格说明，加强用户与开发者之间的沟通。

另外，详细调查必须与分析整理相结合，运用归纳、推理和比较的方法对调查得到的用户需求进行分析。对相关的需求加以归纳、抽象和概括；对相互矛盾和不现实的需求加以比较分析；对估计在将来可能会提出的需求通过推理予以提出。随时反馈遇到的问题，可再次询问用户，直到问题弄清为止。

信息收集一般分四种方法：面谈、调查表、查阅文献和实地考察实践。面谈是通过与用户面对面交谈来获取有关信息的方法。关于对系统的信息需求，特别是原系统存在的问题的信息往往无文字记录或难以用文字表达，甚至由于种种原因未曾提出过。因而面谈是获得这方面信息的最好手段，特别是在了解潜在的问题时这种方法最有效；问卷式调查表，把需要调查的内容制成表格交给用户填写。这种方法的优点是：可以得到对提出的问题的较为准确细致的回答，用户可以有较宽裕的考虑时间和回答时间；查阅文献报告，即检索阅读有关的文献资料，这种方法适用于调查人员的事前准备和事后补充完善工作；实地考察与实践，是一种为弄清某种较复杂业务活动的现状而采取的方法。信息收集人员直接观察或参加现行系统的业务实践，这是缩短用户与开发人员距离，取得共同语言的最好办法。在一个系统调查工作中，到底采用哪种方法或几种方法组合，要根据实际情况而定。

5.1.2 调查内容

管理信息系统所处理的信息是渗透于整个组织之中的，详细调查的内容涉及到组织功能的多个方面，系统分析人员必须从组织中的实际情况出发逐步抽象，才能得到组织中信息活动的全貌。

（1）组织机构的调查。了解组织的机构状况。即各部门的划分及其相互关系、人员配备、业务分工、信息流和物流的关系等。组织机构状况可以通过组织机构图来反映。所谓组织机构图就是把组织分成若干部分，同时标明行政隶属关系、信息流动关系和其他关系。

（2）业务处理状况调查。为了弄清楚各部门的信息处理工作，哪些与系统建设有关，哪些无关，就必须了解组织的业务流程。系统分析人员应按照业务活动中信息流动过程，逐个调查所有环节的处理业务、处理内容、处理顺序和对处理时间的要求，弄清楚各个环节需要的信息内容、信息来源、去向、处理方法、提供信息的时间和信息形态等。有关的调查情况可以用"业务流程图"来表示（见 5.1.4 节）。

（3）现行系统的目标、主要功能和用户需求调查。只有充分了解现行系统的目标和功能以及用户需求，才能发现存在的问题，寻找解决问题的途径，也使新系统开发成为可能。

（4）信息流程调查。开发信息系统必须了解信息流程。业务流程虽然在一定程度上表达了信息的流动和存储情况，但仍含有物资、材料等内容。为了用计算机对组织的信息进行控制，必须舍去其他内容，把信息的流动、加工、存储等过程流抽象出来，得出组织中信息流的综合情况。描述这种情况的就是数据流图（见 5.2 节）。

（5）数据及功能分析。有了数据流图后，要对图中所出现的数据和信息的属性进一步分析，包括编制数据词典、数据存储情况分析及使用情况分析。同时还要对数据流图中的各个加工逻辑进行描述。可用的工具有决策树、决策表、结构化语言等（见 5.2 节）。

（6）系统运营环境分析。目前我国许多企业组织的信息系统处于停滞状态的主要原因是系统对环境的适应性而非技术问题。因此，必须对系统的应用环境进行认真地调查分析，充分考虑各种可能发生的变化，以提高系统开发的质量。

5.1.3 详细调查与初步调查的区别

（1）目的不同。初步调查的目的是明确问题和系统开发要解决的主要问题和目标，论证系统开发的必要性和可能性；

详细调查的目的是为了弄清现行系统的基本功能及信息流程，为新系统逻辑模型提供基础。

（2）内容不同。初步调查的重点是了解现行系统的概要情况及与外部的关系。包括组织的资源情况、能力情况、外部影响情况等。

详细调查的重点是对系统的内部情况进行更详细和具体的了解，从而可以提供在新系统建设时改进或更换的内容。

不重视详细调查会导致对新系统信息需求的考虑不充分，因为详细调查的主要任务在于理解现有业务问题和信息需求，新系统的建立总是以现有系统为基础的，只有弄清楚现有系统中哪些是合理的、必要的，哪些是需要改进的、增加的，才能建立合适的新系统，因此详细调查是建立新系统的前期和基础工作。如果这一阶段工作没做好，不但系统模型设计不好，后续的物理设计和实现工作都会受到极大影响，因此系统分析人员一定要做好系统的详细调查。

5.1.4 深入实际调查研究

依据上面小节阐述的原则和方法，我们对该高等职业技术学院现行教学管理系统进行了详细调查，结果描述如下：

1. 调查策略和方法

担负系统开发任务的设计人员首先与学校主要教学管理人员进行交流，并到教学一线系室参观了解情况。在掌握了学校基本情况后，选择重点突破调查策略制定详细调查计划。

（1）开座谈调查会。教学管理系统的开发得到学校各级领导和职工的重视和支持。在校长、分管副校长的主持下，系统设计人员与各业务主管部门领导进行了多次座谈，了解教学管理的主要工作流程、管理模式，教学系统的目标、功能和总需求。

（2）与相关部门工作人员面谈。深入到具体职能管理部门，从教务处主任、各系主任到具体教务管理员、教学教师代表，逐一进行详细的调查，收集信息资料，了解他们工作的细节，征询他们对信息系统的具体要求，与他们共同讨论如何通过信息系统支持他们的工作。

（3）发放调查表书面调查。针对系统分析人员关心的问题，设计了如下的调查表，见表5-1。调查表的设计原则是既要反映所调查的系统，又要便于业务管理人员填写。

表 5-1 高职学院教学管理信息系统调查表

1. 你认为教学管理质量的高低对学院的社会效益乃至经济效益有无深远影响？
   □有　　　　　□无　　　　　□一般
2. 你的工作部门？
   □教务处　　　□学生科　　　□系部　　　　□校长办　　　□夜大
3. 你的工作岗位？
   □院级领导　　□科长　　　　□教务员　　　□管理员　　　□教师
4. 你的工作紧张状况？
   □一直轻松　　□正常　　　　□一直很忙　　□长期加班　　□偶尔加班
   □学期初忙　　□学期末忙
5. 你的工作与前/后续工作如何联系？
   □会议通报　　□报表　　　　□电话　　　　□临时约定

6. 你所接触的报表，其数据是：
   □准确的　　　　　□基本准确的　　　　□时效性差　　　　□错误较多
7. 你认为学院教学管理的组织机构是：
   □合理的　　　　　□基本合理应微调　　　　　　　　　　□不合理重新调整
8. 你认为学院教学管理上存在的主要问题是：
   □管理人员素质　□领导者能力　　□硬件设施　　　　□管理制度与措施
9. 你通常采用什么手段来提高工作效率？
   _____
10. 你认为，在你的工作岗位上最当务之急要改革的是：
    □理顺前后续工作关系　　□严格规章　　□减少繁杂手续　　□提高人员素质
    □建设信息系统辅助管理
11. 针对改革你重点提出一个具体办法：
    _____
12. 你认为当前学院教学管理现状有无开发信息系统的必要？
    □非常有必要　　　　□无所谓　　　　　□没有必要
13. 你认为新的信息系统应该重点解决哪些问题？
    □管理效率　　　□管理质量　　　□理顺管理环节　　□人员素质
    □以此为契机建立新型的管理体制　　□服务意识
    □其他
14. 在你所从事的管理和决策工作中，简要说明哪些适合用计算机来处理？
    _____
15. 你认为我院教学管理信息系统建设应如何展开？
    □全面展开，加大力度提高管理水平　　□重点突破，保证开发应用质量
    □整体规划，分步实施，讲究策略
16. 如果建立计算机信息处理系统，你愿意学习操作并经常使用吗？
    □十分愿意　　　　□不用照样完成工作　　　　□无所谓

　　（4）直接参加业务实践。教学管理工作中的教学任务安排、教学评估等业务环节，实际操作较为复杂，系统分析人员实际参与了这些业务活动。

　　2. 调查结果

　　注：在可行性分析报告中已经明确指出，本次开发的教学管理信息系统包括：学籍档案管理、成绩管理、教学任务管理、考务管理、教学评估管理，所以调查结果重点详细描述这些管理工作，而对于学校工作中的其他管理，如教学仪器管理、学生日常管理等均只点到为止，不做阐述。请读者阅读时注意。

　　（1）组织机构调查

　　全校组织机构图在上一章的可行性报告中已给出。本次开发的教学管理系统主要涉及该校的教务处、学生科两个管理部门，对这两个部门的机构情况进行详细调查。主要内容包括：部门组织结构、下属岗位、岗位责任与权力、岗位人员配备、岗位规章制度等。

1）组织机构、管理职能结构图（如图 5-1 所示）。

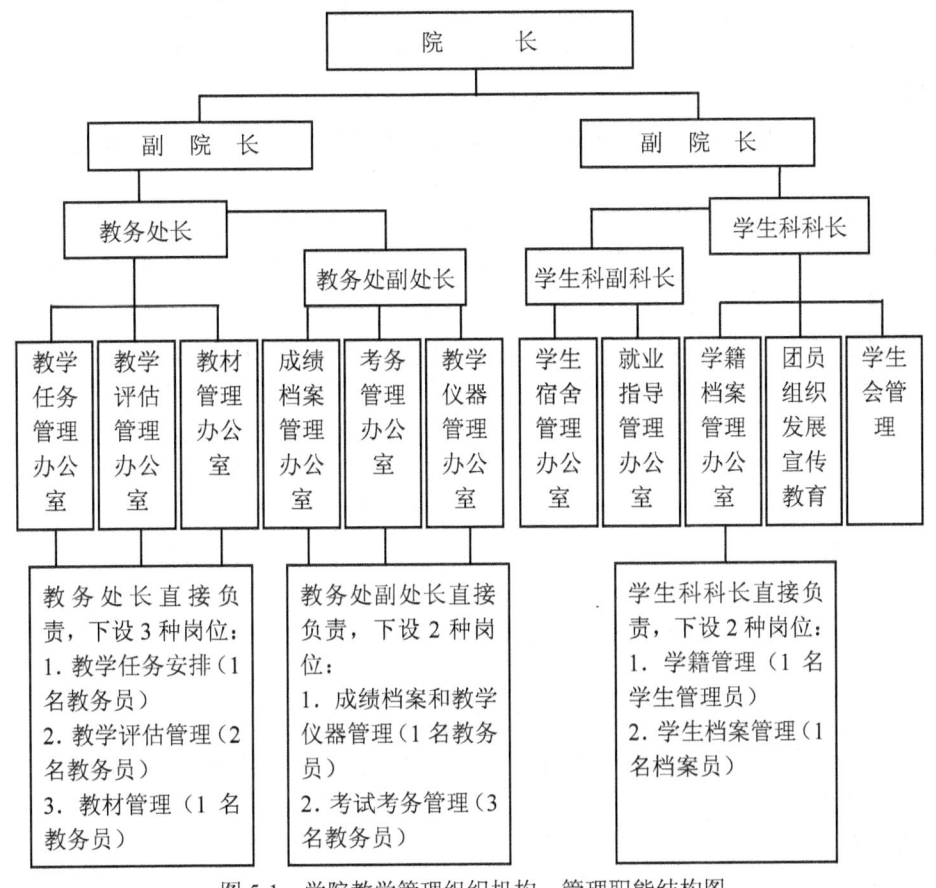

图 5-1　学院教学管理组织机构、管理职能结构图

2）教务处的管理职能

① 总则：根据教育部及省教育厅有关教学工作指导文件的精神，结合本学院的实际，提出学院专业设置和调整的意见；组织各系（部）制定和实施专业教学计划和课程大纲；拟定学院年度、学期教学工作计划；负责制定教学方面的规章制度、并督促检查各系（部）、教研室贯彻执行，重点做好教学常规管理评估工作；向学院领导汇报教学工作，提出改进教学、提高教学质量的建议；为校级决策提供准确详实的依据。

② 教学任务管理岗位职责：根据教学计划，制定学年校历并组织教学的运行；组织下达教学任务；负责教室的使用与调度，负责提出教室设施配备计划；负责组织编排课程表，负责日常课程的调度工作。

③ 教学评估管理岗位职责：负责制定专业办学水平、课程建设质量、课堂教学质量评估等教学质量评估体系，并主持实施各种教学评估工作；

组织各系（部）、教研室做好日常教学检查和期中教学检查工作，并深入实际监控理论教学、实践教学过程的各个环节（包括备课、授课、辅导、改作业、考核等）；指导各系（部）、教研室的教学工作；

协助人事处制定和实施教师的培养提高计划，做好教师定编、教师工作量核算工作，负责教师业务的考核，建立教师业务档案；

组织各系（部）、教研室做好教师开新课以及新开课的试讲工作；

组织各种教育教学研讨活动，根据学院教学和教学管理实际，组织有关教学课题研究，完成学院下达的教学研究任务，组织全院教学经验交流。

④ 成绩档案管理岗位职责：负责学生学习成绩的建档、保管工作；负责提供完整正确的毕业生成绩档案；负责日常的各种学生成绩统计、查询及分析工作。

⑤ 考试考务管理岗位职责：负责全校期末考试的组织工作；负责组织全校补考工作；负责编排考场、组织监考、巡考人员；负责试题库建设及试卷的印刷、保管保密、发放工作；负责组织计算机、英语等课程的统考、学生专升本摸底考试工作。

⑥ 教材建设管理岗位职责：负责起草学校教材建设规划，收集有关教材建设出版信息；负责制定并落实教材使用计划；组织教师编写具有高等职业技术教育特色的教材或讲义以及其他教学资料，并根据教学的需求，有计划地进行声像视听教材 CAI 课件以及试题库的建设；做好教材出版工作；负责制订校内讲义编审计划及审核工作；组织开展教材研究活动，组织优秀教材的评审和奖励工作；负责教材质量调查、评价及信息反馈工作；做好教材采购、销售和库存的管理工作。

3）学生科学籍档案管理岗位职责

① 根据学校学生学籍管理规定，负责学生休、复、转、退、停、降、留等学籍变动处理工作；

② 组织各系审核毕业生资格，负责管理毕业证书和补办学历证明工作；

③ 负责在校生统计报表、学生名册的编制，学生学籍变动情况统计工作；

④ 负责学生学籍注册及发布工作；

⑤ 协助有关部门做好新生入学的登记工作。

4）教学管理文件（鉴于篇幅有限，仅列出部分文件名）

① 职业学院学生学籍管理办法

② 职业学院学生成绩考核规定

③ 职业学院教学评估细则

④ 关于公共英语考核、计算机基础教育考试暂行规定

⑤ 关于学生毕业（生产）实习（设计）的暂行规定

⑥ 关于"十二五"期间加强教材建设与改革的意见

⑦ 职业学院考试工作细则

⑧ 职业学院试卷管理办法

⑨ 关于教学事故及处理的暂行规定

⑩ 职业学院教学例会制度

⑪ 职业学院教务管理系统数据管理规定

……

（2）业务处理流程调查

业务处理调查需要对管理业务工作（包括实物或信息数据来源；怎样处理它们；输出的信息或产品输出到何处去等）的流程进行描述，我们采用的结构化描述工具是业务流程图。也可以仅用文字来描述业务工作，但业务流程图比起用文字描述更直观、易懂、清晰。业务流程

图的符号说明如图 5-2 所示。

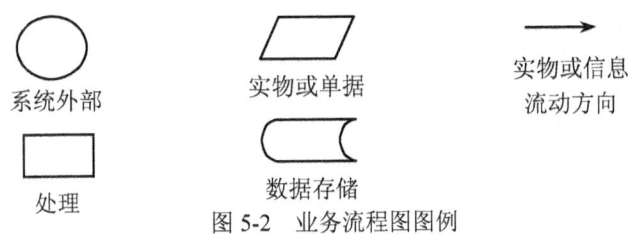

图 5-2 业务流程图图例

图 5-3 至图 5-7 分别为各种业务流程示意图。

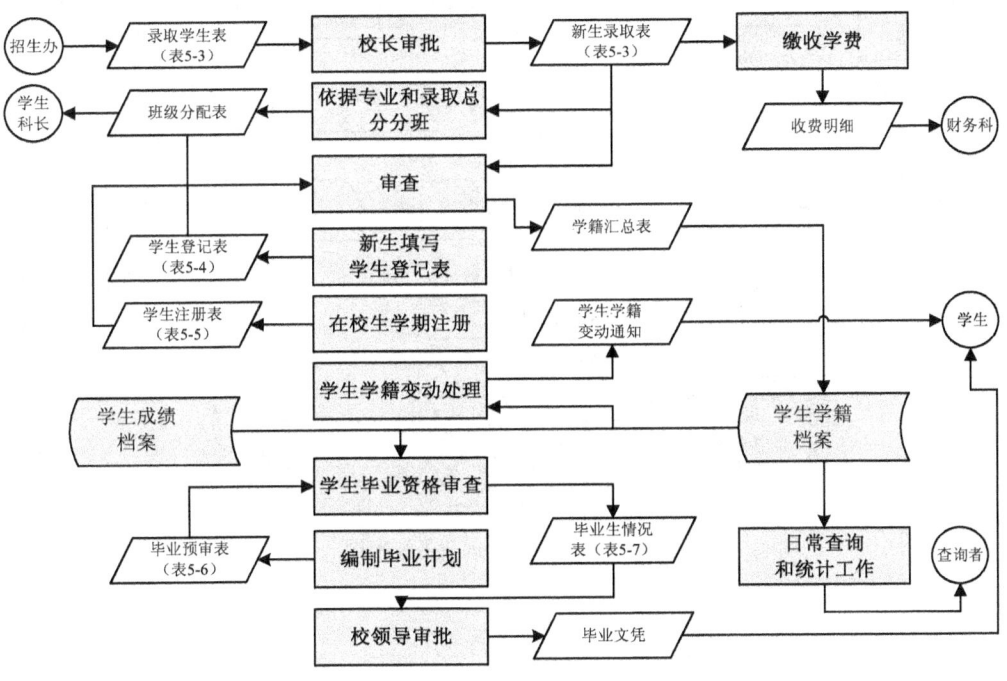

图 5-3 学籍管理业务流程图

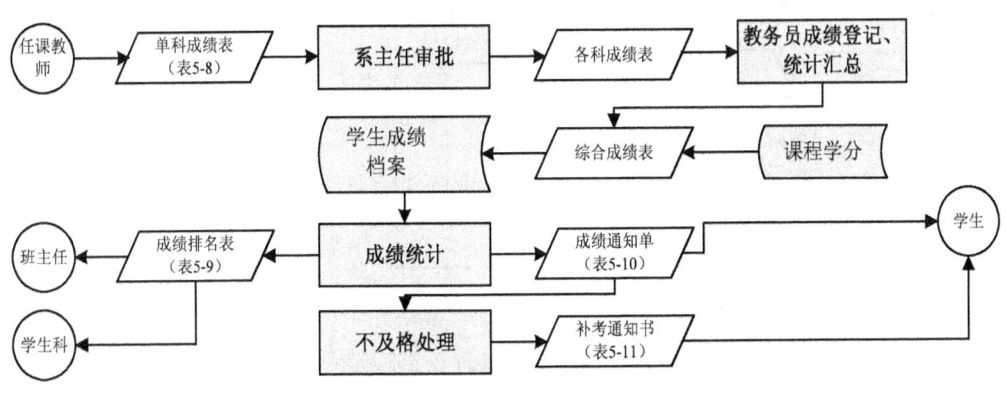

图 5-4 成绩管理业务流程图

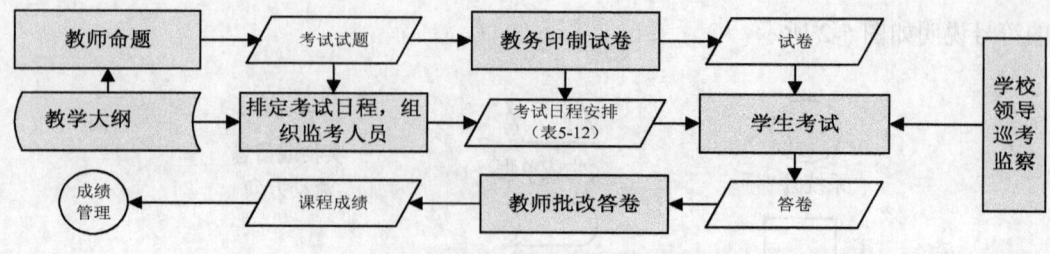

图 5-5 考试考务业务流程图

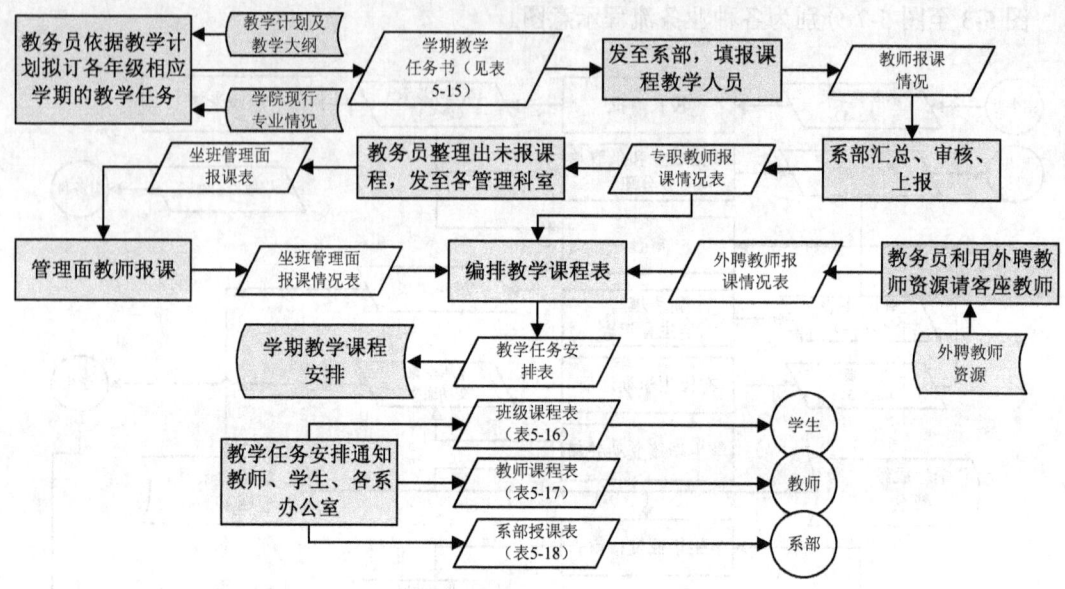

图 5-6 教学任务管理业务流程图

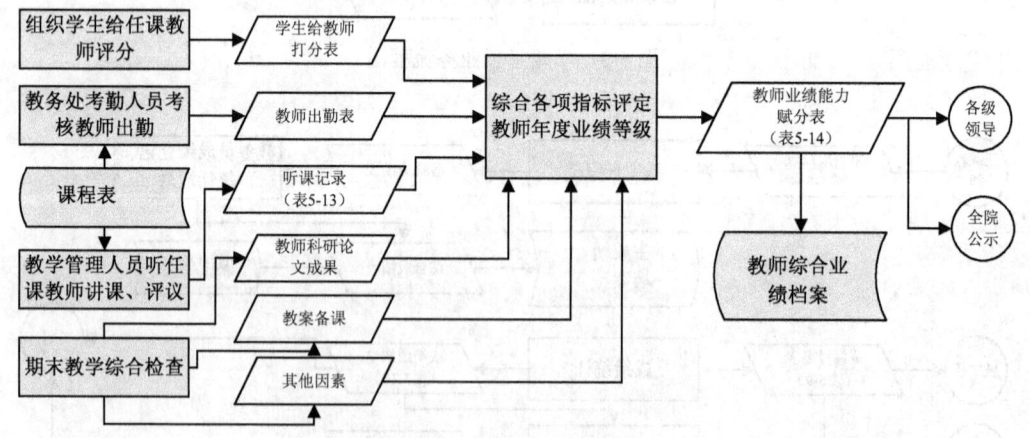

图 5-7 教学评估管理业务流程图

（3）信息数据要素调查

通过业务流程调查对各业务活动有一定的了解后，还要进一步收集和整理各管理业务活动所涉及到的数据的表现形式，如各种统计图报表、登记表、计划表、档案卡等。对这些信息载体进行逐项登记。由于篇幅有限在此我们给出收集到的教学管理业务部分主要的表格形式，并将它们逐个整理登记成册（见表 5-2）。

表 5-2 教学管理工作涉及到的数据表格

表格名称	相关部门	管理业务	处理时间	数量	使用目的
录取学生表（见表 5-3）	招生办	新生录取	30 天	5	新生录取简况
职业学院学生登记表（见表 5-4）	学生科	学籍档案	60 天	1000	存档
职业学院学生注册表（见表 5-5）	学生科	注册学籍	7 天	50	学生学期注册档案
毕业生预审表（见表 5-6）	学生科	毕业管理	15 天	50	审查毕业生资格
毕业生情况表（见表 5-7）	学生科	毕业管理	15 天	50	毕业生信息登记
单科成绩表（见表 5-8）	教务处	成绩管理	3 天	500	教师登记考试成绩
班级成绩汇总表（见表 5-9）	教务处	成绩管理	3 天	50	学生成绩排名奖励
成绩通知单（见表 5-10）	教务处	成绩管理	7 天	3000	通知学生本人
补考通知单（见表 5-11）	教务处	成绩管理	7 天	500	通知学生本人
期末考试安排表（见表 5-12）	教务处	考试考务	7 天	100	考试安排
听课记录（见表 5-13）	教务处	评估	15 天	50	教师教学表现依据
教师赋分表（见表 5-14）	教务处	评估	1 学期	20	教师德勤绩评估
学期教学任务书（见表 5-15）	教务处	教学任务	15 天	50	通知教学安排
班级课程表（见表 5-16）	教务处	教学任务	15 天	50	班级教学安排
教师课程表（见表 5-17）	教务处	教学任务	15 天	100	教师教学安排
系部教师授课汇总表（见表 5-18）	教务处	教学任务	15 天	10	系部管理

表 5-3 录取学生表

考号	姓名	专业	总分	类型

第 5 章 系统需求分析方法

表 5-4　职业学院学生登记表

专业：　　　　　班：　　　　学号：　　　　　　　　　年　月　日

姓名		性别		出生日期	年　月　日	民族	
文化程度		政治面貌		原毕业学校			
毕业时间			身份证号码				
参加工作时间			家庭联系电话			特长及爱好	
家庭详细地址					邮政编码		
入学成绩				生源地区			

家庭主要成员	称呼	姓名	年龄	政治面貌	工作单位与部门	职务	联系电话
	父						
	母						

个人简历	时间	工作或学习单位	任何职务	受过何种奖励和处分

在校情况记录	

表 5-5　职业学院学生注册表

　　　　　　　　　　　　　　　　　　　　　　　　　　　　　　年　月　日

学号	姓名	班级	学籍	第一学年		第二学年		第三学年		备注
				上学期	下学期	上学期	下学期	上学期	下学期	

表 5-6　毕业生预审表

学号	姓名	性别	出生日期	政治面貌	民族	生源地区	身份证号	学历	专业	学制	签字

表 5-7　毕业生情况表

学号	姓名	性别	出生日期	政治面貌	生源地区	身份证号	学历	毕业时间	毕业去向	接受单位

表 5-8　单科成绩表

班级：　　　　　　　　　　　　　　　　　　　教师：
科目：　　　　　　　　　　　　　　　　　　　日期：

学号	姓名	期末	总评	学号	姓名	期末	总评

表 5-9　班级成绩汇总表（样张）

班级：　　　　　　　　　　　　　　　　　　　学期：

学号	姓名	软件工程	网络原理	接口技术	数据库	专业英语	图像处理	总分	平均分	名次

表 5-10　成绩通知单（样张）

学号	姓名	软件工程	网络原理	接口技术	数据库	专业英语	图像处理	总分	平均分	名次
301	王红	91	88	90	94	优	优	553	92.1	2
学号	姓名	软件工程	网络原理	接口技术	数据库	专业英语	图像处理	总分	平均分	名次

表 5-11　补考通知单

_____同学：

　　在本学期的考试中，你有___门不及格，分别为_____，_____，……。

　　请于_____月_____日到校补考。

　　　　　　　　　　　　　　　　高等职业学院　　　　　　年　　月　　日

表 5-12　期末考试安排表

学期：

日期时间	课程	班级	考场	考试卡编号	监考人员	交卷份数	交卷签字
月　　日（xx：00—xx：00）							

表 5-13 听课记录

日期：_____   听课人：_____

主讲教师		课程		班级		评分	

内容概要：

听课评估项目：（听课者在每一项目的备选空格处选其一个画"√"）

1. 按时上下课（ ）、迟到（ ）、早退（ ）
2. 讲解正确无误（ ）、有一般性错误（ ）、有明显错误（ ）
3. 教材熟练（ ）、较熟练（ ）、生疏（ ）
4. 语言表达流畅清晰（ ）、不够流畅（ ）、不太清晰（ ）、不流畅不清晰（ ）
5. 重点突出（ ）、不够突出（ ）、不突出（ ）
6. 板书条理、规范清楚（ ）、不够条理规范缺少必要板书（ ）、板书混乱（ ）、字迹不清（ ）
7. 善于管理学生（ ）、注意管理学生（ ）、不管理学生（ ）
8. 课堂纪律好（ ）、课堂纪律较好（ ）、课堂纪律差（ ）
9. 其他（如音量等）
10. 存在的主要问题：_____

表 5-14 教师赋分表

姓名	品德（30分）	出勤（20分）	成绩（30分）	能力（20分）	总分

表 5-15 学期教学任务书（样张）

专业：计算机应用　　　　年级：xxxx级　　　　学期：xxxx-xxxx 上学期

报课教师班级 课目	软件工程	网络原理	接口技术	专业英语	大型数据库	图像处理
1班	王彤宇	刘宏	孙枫	海英	王秀红	陈晶
2班	王彤宇	刘宏	孙枫	章杰	王秀红	陈晶
3班	王彤宇	李新	孙枫	章杰	王秀红	陈晶

表 5-16 班级课程表

班级：_____　　　　教室：_____　　　　辅导员：_____

星期 节	星期一	星期二	星期三	星期四	星期五

表 5-17 教师课程表

教师：　　　　　　　　　　　　　　　　　　　　学期：

节＼星期	星期一	星期二	星期三	星期四	星期五

表 5-18 系部教师授课汇总表

系部：　　　　　　　　学期：

教师	节	星期一	星期二	星期三	星期四	星期五
	1-2 节					
	3-4 节					
	5-6 节					
	7-8 节					

（4）信息流处理逻辑调查

为了用计算机对组织的信息进行控制，必须把信息的流动、加工、存储等过程流抽象出来，得出组织中信息流的综合情况。描述这种情况的就是数据流图（DFD）。有了数据流图后，还要对数据流图中的各个环节（加工处理、数据流、数据存储等）的具体内容加以详细说明。可用的工具有决策树、决策表、结构化语言描述等。

（注：由于数据流图等描述系统逻辑模型的工具在下节介绍，故此处内容略，留待后续内容中给出，读者请注意。）

5.2 描述系统逻辑方案的工具

5.2.1 数据流图

为了建立一个满足用户需求的信息系统，系统分析人员应在深入调查、详细占有材料的基础上，集中分析管理活动中信息运动的规律和存在的问题，研究如何改善信息流的运动、满足用户管理决策活动中的信息需求。因此要对调查材料进行加工、提炼。抽出其中只反映组织中信息运动规律的部分，把用户的需求"翻译"成对信息处理功能的需求，以建立系统的逻辑模型。

数据流图（Data Flow Diagram，DFD）就是组织中信息运动的抽象，是信息逻辑系统模型的主要形式。这个模型不涉及硬件、软件、数据结构与文件组织，它与对系统的物理描述无关，只是用一种图形及与此相关的注释来表示系统的逻辑功能，即所开发的系统在信息处理方面要做什么。由于图形描述简明、清晰，不涉及到技术细节，所描述的内容是面向用户的，所以即使完全不懂信息技术的用户单位的人员也容易理解。因此数据流图是系统分析人员与用户之间进行交流的有效手段，也是系统设计（即建立所开发的系统的物理模型）的主要依据之一。

1. 数据流图的构成

（1）数据流图使用的符号

DFD 由四种基本符号组成，如图 5-8 所示。

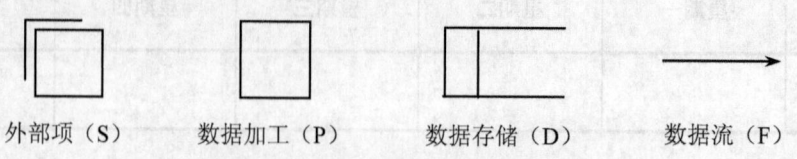

图 5-8 数据流图的基本符号

图 5-9 是一个简单的 DFD。它表示数据流"付款单"从外部项"客户"（源点）流出，经加工"账务处理"转换成数据流"明细账"，再经加工"打印账簿"转换成数据流"账簿"，最后流向外部项"会计"（终点），加工"打印账簿"在进行转换时，从数据存储"总账"中读取数据。

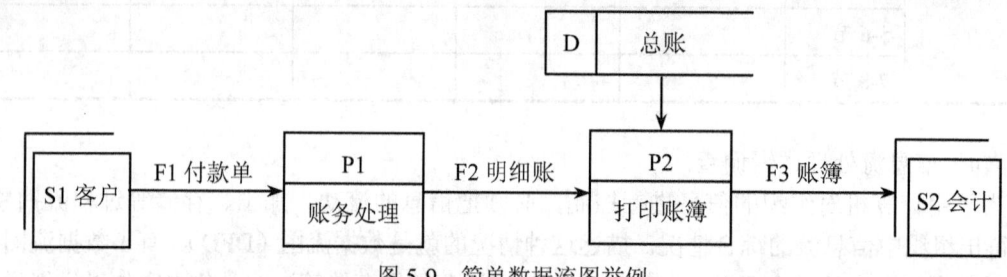

图 5-9 简单数据流图举例

（2）数据流

数据流（Data Flow）由一个或一组确定的数据组成。

图 5-9 中"付款单"中的数据流由客户名、付款事由、日期、金额等数据项组成。数据流用标名箭头表示，名即数据流名，箭头指向表示数据流的流向。现在对数据流符号说明如下：

① 数据流名应能直观地反映数据流的含义，如日常业务中的产量日报表、汇款单、录取通知书、课程表等均可直接用做数据流名，既明确又简练。

② 数据流的流向，有以下五种情况：

从加工到加工（P→P）；从源点到加工（S→P）；从加工到终点（P→S）；从加工到数据存储（P→D）；从数据存储到加工（F→P）。但不能有外部项到外部项的数据流，因为外部项间数据流不是系统内数据流，不做考虑。

其中，前三种情况应注明数据流名。后两种情况，因数据存储可以说明数据流，故可不注名。

③ 数据流可以同名，也可以有相同的数据结构，但必须有不同的数据或具有不同的含义。比如数据流"付款单"可以有合格付款单、不合格付款单，这两个数据流的数据结构可以是相同的．但所含数据不同，或者意义有区别。

④ 两个符号（加工、外部项、数据存储）之间可以有多个数据流存在，DFD 并不表明它们之间的任何关系，诸如次序、主次等。

（3）加工

加工又称处理，它表示对数据流的操作。

加工的符号分成上、下两部分，从上到下分别是标识部分和功能描述部分。

标识部分用于标注加工编号，加工编号应具有唯一性，以标识加工，以"P"开头。

功能描述部分用来写加工名。为使 DFD 清晰易读，加工名应简单，能概括地说明对数据的加工行为，其详细描述在数据词典中定义。

加工要逐层分解，以求得分解后的加工功能简单、易于理解。

基本加工：对数据的处理功能十分简单、加工逻辑清楚的加工称基本加工。例如：成绩统计、学籍审查、学籍变动通知等。

当分解得到的所有加工均已变成基本加工时，分解即行停止。

现对加工符号说明如下：

① 顶层加工名可以是系统的名字。如：学籍管理系统、成绩管理系统、财务管理系统、工资核算系统等。

② 加工名要简捷易懂，最好由动词或动宾词组组成。例如：登录成绩、编排课表、输入会计凭证等。由于未分解的加工本身具有抽象性，所以加工名必然具有抽象性。如：考试考务、财务管理等。但不可用空洞的动词命名，如：处理、转换、计算等。

（4）数据存储

数据存储表示系统中事先存贮的数据。现对数据存储符号说明如下：

① 数据存储名写在开口的长方框内，应概要地说明文件中的主要数据。

② 数据存储上一定要有数据流。如果数据流指向数据存储是写操作，离开数据存储则是读操作。有的加工要修改数据存储，则要读、写操作，用两个数据流表示。

（5）外部项

源点和终点是系统外的实体，称作外部项。它们存在于环境之中，与系统有信息交流，从源点到系统的信息叫系统的输入；从系统到终点的信息称系统的输出。一个外部项可以是人或其他系统。在 DFD 中引入源点和终点是为了便于理解系统，所以不需要详细描述它们。

2. **数据流图的绘制步骤**

（1）确定所开发的系统的外部项（外部实体），即系统的数据来源和去处。

（2）确定整个系统的输出数据流和输入数据流，把系统作为一个加工环节，画出关联图。一般应把数据来源置于图的左侧，数据去处置于图的右侧，如图 5-10（a）所示。

（3）确定系统的主要信息处理功能，按此将整个系统分解成几个加工环节（子系统）确定每个加工的输出与输入数据流以及与这些加工有关的数据存储。根据各加工环节和数据存储环节的输出和输入数据流的关系，将外部项、各加工环节以及数据存储环节用数据流连接起来，为各数据流、加工环节和数据存储环节命名、编号，这样就形成所开发系统的数据流图顶层图（总图），如图 5-10（b）所示。

（4）根据自顶向下、逐层分解的原则，对上层图中全部或部分加工环节进行分解。将需要分解的上一层图的加工环节（子系统）分解成具有明确逻辑功能的数个加工环节，按上一步骤中的做法，对上层需分解的加工环节画出分解后的数据流图草图。一般情况下，下层一张数据流图对应于其上层数据流图中的一个加工环节，在上层数据流图的加工环节分解成下层加工环节数量少时，下层一张数据流图亦可对应于上层图中一个以上的加工环节。

（5）重复步骤（4），直到逐层分解结束。分解结束的标志是：对于每一个最低层的加工，即各层数据流图中不做进一步分解的加工，其逻辑功能已足够简单、明确和具体，可以用一张 A4 规格的纸张写出清晰的说明，如图 5-10（c）、（d）所示。

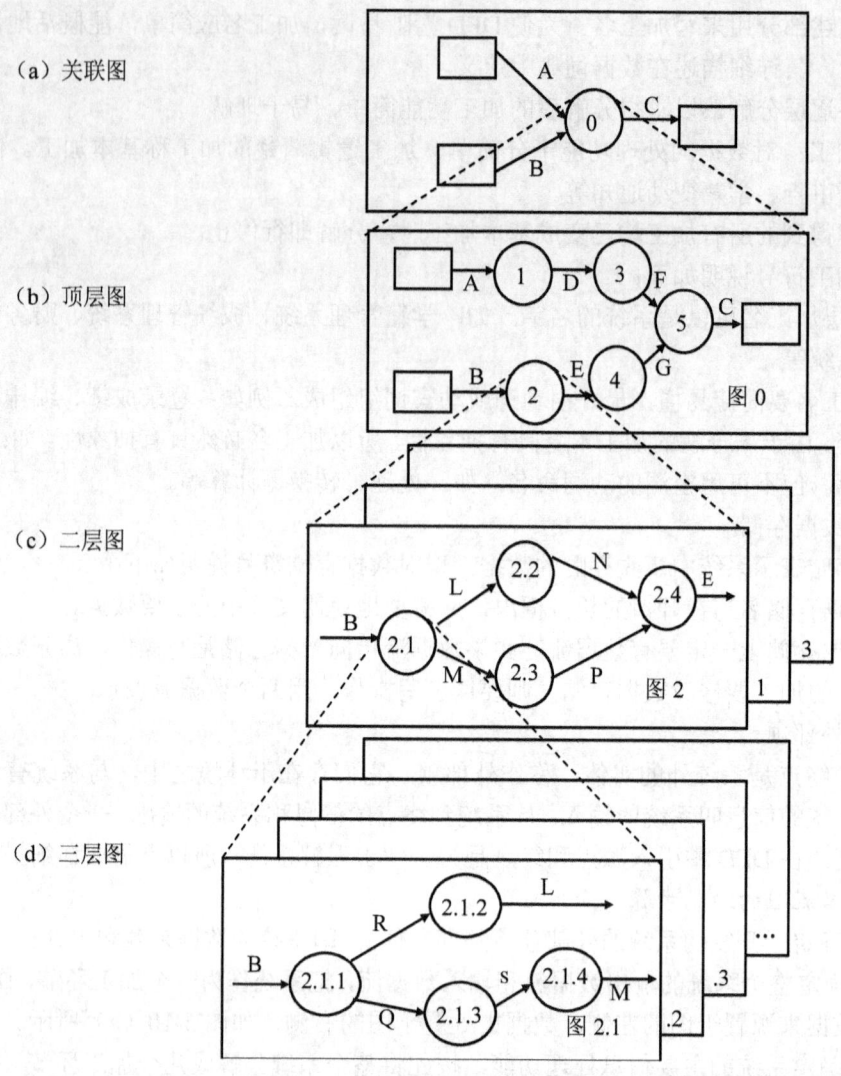

(a) 关联图

(b) 顶层图

(c) 二层图

(d) 三层图

图 5-10　绘制数据流图过程示意图

（6）对图进行检查和合理布局，主要检查分解是否恰当、彻底，DFD 中各层是否有遗漏、重复、冲突之处，各层 DFD 及同层 DFD 之间关系是否合理，以及命名、编号是否确切、合理等，对错误与不当之处进行修改。

（7）和用户进行交流，在用户完全理解数据图的内容的基础上征求用户的意见。和用户讨论的主要问题是：系统逻辑功能的设置和描述是否合理，能否满足用户的信息需求，数据流和数据存储内容以及数据来源和去处（外部项）是否符合实际，描述是否准确、合理；用户在了解数据流图的全部内容后对系统逻辑功能有什么进一步的意见与要求。系统分析人员根据与用户讨论的结果对数据流图的草图进行修订，直到双方均满意为止。

3. 绘制数据流图的主要原则

（1）明确系统界面

一张数据流图表示某个子系统或某个系统的逻辑模型。系统分析人员要根据调查材料，首先识别出那些不受所描述的系统的控制，但又影响系统运行的外部环境，这就是系统的数据输入的来源和输出的去处。把这些因素都作为外部项确定下来。确定了系统外部环境的界面，就可集中力量分析、确定系统本身的功能。

（2）自顶向下逐层扩展

管理信息系统庞大而复杂，具体的数据加工可能成百上千，关系错综复杂，不可能用一两张数据流图明确、具体地描述整个系统的逻辑功能，自顶向下的原则为我们绘制数据流图提供了一条清晰的思路和标准化的步骤。

在数据流图分解中，要保持各层成分的完整性与一致性。数据流图的逐层分解是以加工的分解为中心的，我们把上层被分解的加工环节称为父加工环节，分解后的环节称为子加工环节。从逻辑上来讲，父加工环节的功能为对应的子加工环节功能之和。因而在分解时要防止功能的削弱、畸变或增添。

加工的分解可能导致数据流的分解，甚至数据存储和外部项的分解。分解时也一定要保持父项（被分解项）的内容为对应各子项（即分解后的各项）的内容之和。防止任意增、删改，保持各层数据流图之间的数据的平衡。

（3）编号体现分层

数据流图中的各图素必须编号，编号格式如"标志字＋数字序号"形式，其中加工标志字为 P，数据流标志字为 F，数据存储标志字为 D，外部项标志字为 S。顶层图中的各加工按 P1，P2，P3，……顺序编号，P1 号加工分解后的子加工按 P1.1，P1.2，P1.3，……编号，P2 号加工按 P2.1，P2.2，P2.3，……编号。加工 P1.1 分解后的子环节为 P1.1.1，P1.1.2，P1.1.3，……依次类推。数据流、数据存储和外部项编号方法与加工编号方法相同，同样需要注意，在分层数据流图中，若下层图上的数据流或数据存储是上层图某个成分的分解得到的，则如父项编号为 F1 或 D1，其子项编号分别为 F1.1，F1.2，……或 D1.1，D1.2，……等。

每张数据流图也要编号。按逐层分解的原则，父图与子图的编号要有一致性，一般子图的图号对应父图上相应的加工编号。顶层图的图号为图 0，如图 5-10 所示，P2 加工的分解图图号是图 2，P2.1 加工的分解图图号是图 2.1……依次类推。

4. 绘制数据流图举例

（1）储户将填好的取款单、存折交银行，银行做如下处理。

1）审核并查对账目，将不合格的存折、取款单退回储户，合格的存折、取款单送取款处理。

2）处理取款修改账目，将存折、利息单、结算清单及现金交储户，同时将取款单存档。

画出银行取款处理数据流图。

第一步，画出关联数据流图，如图 5-11 所示。注意，现金是实物，不能作为数据流。

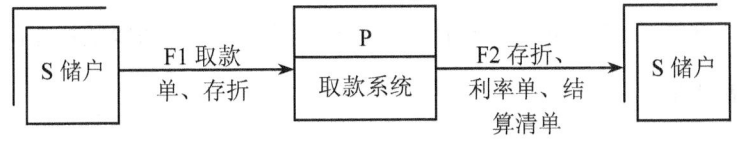

图 5-11 取款处理关联图

第二步，逐层分解加工，画出下层 DFD，如图 5-12 所示。

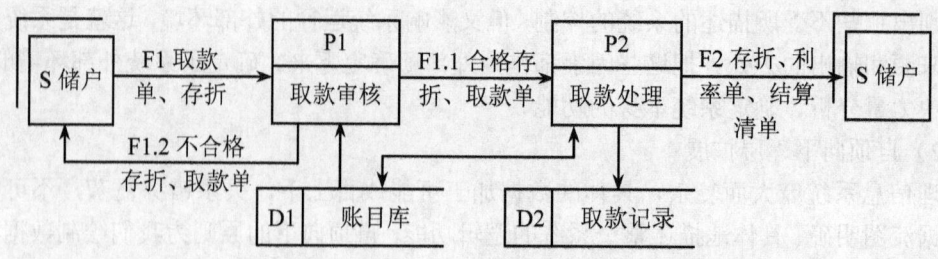

图 5-12　取款处理顶层图

(2) 图书预订系统。书店向顾客发放订单，顾客将所填订单交由系统处理，系统首先依据图书目录对订单进行检查并对合格订单进行处理，处理过程中根据顾客情况和订单数目将订单分为优先订单与正常订单两种，随时处理优先订单，定期处理正常订单。最后系统根据所处理的订单汇总，并按出版社要求发给出版社。

画出图书预订系统的各层数据流图。

第一步，画出关联数据流图，如图 5-13 所示。

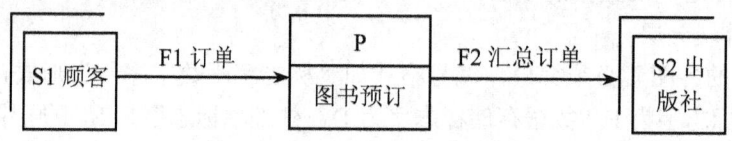

图 5-13　图书预订系统关联图

第二步，逐层分解加工，画出下层 DFD。注意到根据题意，当绘出系统顶层图后并不能将所有加工分解成基本加工，还要进行二层图分解。并在分解加工过程中逐步充实进数据存储，见图 5-14 和图 5-15。

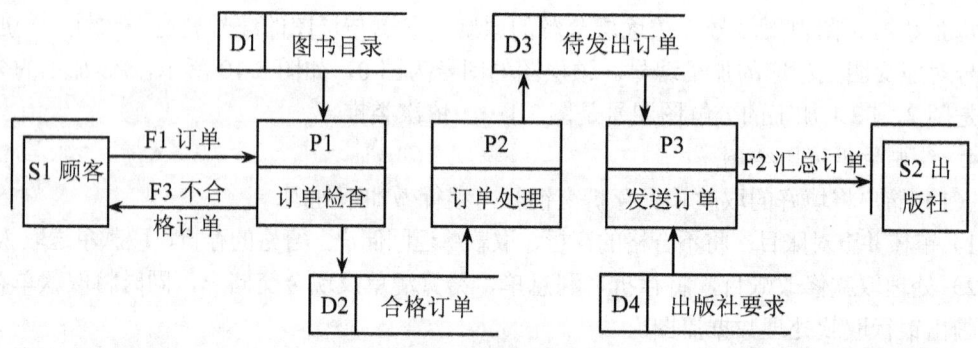

图 5-14　图书预订系统顶层图

(3) 分析业务流程图，绘制数据流图（参见下节教学管理系统数据流图）。

5.2.2　数据词典

1. 数据词典的作用和内容

词典的作用是给词汇以定义和解释。在结构化分析中，数据词典（Date Dictionary）的作用是给数据流图上每个成分以定义和说明。换句话说，数据流图上所有成分的定义和解释的文字集合就是数据词典。上面讨论的数据流图只能给出系统逻辑功能的一个总框架而缺乏详细、具体的内容。数据词典对数据流图的各种成分起注解、说明作用，给这些成分赋以实际的内容。除此之外，数据词典还要对系统分析中其他需要说明的问题进行定义和说明。

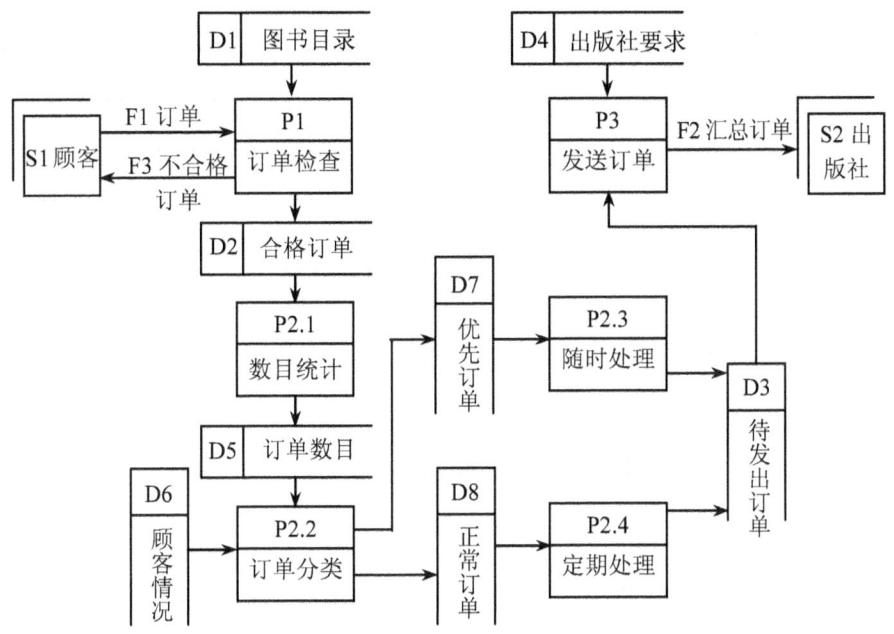

图 5-15　图书预订系统二层图

数据词典描述的主要内容有：数据元素、数据流、数据存储、数据加工和外部项，其中数据元素是组成数据流的基本成分。

2. 定义数据流

一个数据流可以由一个或几个数据元素项组成，如"学生情况"数据流包含：姓名、性别、家庭住址、入学成绩、政治面貌、家长姓名等数据元素。数据元素是不可再分解或在当时情况下不必再分解的简单数据项。

所以，要定义数据流就要先定义所有数据元素。由于一个数据元素可以出现在多个数据流中。所以，在数据词典中要把对数据流、数据元素的定义分开。

在 DFD 中的数据流很多，是否都需要定义？随着加工的分解，数据流也被分解，高层 DFD 中的数据流的组成情况可以由分解后的数据流说明。所以我们规定：

- 定义每一个底层 DFD 中的所有数据流；
- 其他 DFD 只定义对外其输入、输出数据流；
- 所有流入/流出数据存储的数据流可以不定义，因为这些数据流的定义可以从数据存储的定义中获得。

（1）数据流的书写格式与内容如图 5-16 所示。
- 系统名：数据流所属子系统名称。
- 编号：是每一个数据流在 DFD 中的序列号，编号应具有唯一性以便检索。
- 条目名：即该数据流在 DFD 中的名称。
- 别名：为使用方便，给数据流的别名（可用拼音或字母缩写，也可省略）。

数据流			
系统名:		编号:	
条目名:		别名:	
来　源:		去处:	
数据流结构:			
简要说明:			
修改记录	编写		日期

图 5-16　数据流的书写格式

- 来源：数据流来自何处。
- 去处：数据流去往何处。
- 数据流结构：指明组成该数据流的所有数据元素和它们的组合状态。
- 简要说明：包括必要的说明和正常流量（必要时可指明高峰期流量）。

（注：定义数据流举例参见下节。）

（2）数据流结构的表示符号

=：由……组成，等式左边的项目由等式右边各项组成或等式两边项目内容相同。

+：与，表示加号两边项目同时出现或共同组成某项内容。

[ ]：或者，表示方括号内项目中只有一项出现。

{}：重复，表示花括号内项目重复出现多次或重复取值多次。重复次数注明的方式为 $_n${}，表示重复 n 次；$_m${}$_n$，表示括号内项目从 m 值取到 n 值；{}$_{(条件)}$，表示在满足所注明的条件下重复。如不注明条件，表示无条件重复，如不注明次数，表示重复次数任取。

（）：选择项，表示括号内所列项目为可选项，既可能出现，也可能不出现。

m..n：表示值域。

【例1】数据流结构

学生成绩通知={学号+学生姓名+{课程名称+成绩}+（补考课程名称+补考时间+补考地点）}$_{所有在册学生}$

【例2】储户持有的存折一般形式如图 5-17 所示，它在数据词典中的定义格式为：

户名:	所号:	账号:	日期	摘要	支出	存入	余额	操作	复核
开户日:	性质:	印密:							

图 5-17　存折格式

存折=户名+所号+账号+开户日+性质+（印密）+ 1{存取行}$_{50}$

存取行=日期+摘要+[支出，存入]+余额+操作+复核
户名=$_2${字母}$_{24}$
所号="001".."999"　　注：储蓄所编号，规定3位数字
账号="00000001".."99999999"注：账号由8位数字组成
开户日=年+月+日
性质="1".."6"　　注："1"表示普通户，"5"表示工资户等
印密="*"　　　　注：印密在存折上不显示
日期=年+月+日
⋯⋯⋯⋯

这表明存折由6部分组成，第6部分"存取行"要重复出现多次，范围是从1到50。

（注：这些符号不仅可以用在定义数据流结构中，数据词典的其他部分也可用它表示。如上例中的"户名"、"所号"等都是数据元素。）

3. 定义数据元素

数据元素是数据流的基本组成项，数据元素定义一般包括以下内容（书写格式如图5-18所示）。

数据元素		
系统名：		编号：
条目名：		别名：
属于数据流：	存储处：	
值域：	类型和长度	值意
简要说明：		

图5-18　数据元素书写格式

- 系统名：数据元素所属子系统名称。
- 编号：该数据元素在DFD中的统一编码。编号应具有唯一性。
- 条目名：即该数据元素的名称。
- 别名：为使用方便，给数据元素的别名（可用拼音或字母缩写，也可省略）。
- 属于数据流：所有使用该数据元素的数据流。
- 存储处：存放该数据元素的数据存储。
- 值域：该数据元素可能的取值范围。
- 值意：有些值意需要解释，如"职工编码"的1～2位表示职工所在的部门，3～4位为职工所在的工段，5～6位为职工所在班组，7～8位为顺序号。
- 类型和长度：数据元素值的类型（数值型、字符型、逻辑型、日期型等）及所占存储空间，以字节为单位。
- 简要说明：必要的说明。

（注：定义数据元素举例参见下节。）

4. 定义数据存储

数据存储的组成与数据流类似，即由若干数据元素组成。数据存储定义的内容包括（书

写格式如图 5-19 所示)。
- 系统名：数据存储所属子系统名称。
- 编号：该数据存储在 DFD 中的统一编码。编号应具有唯一性。
- 条目名：即该数据存储的名称。
- 别名：为使用方便，给数据存储的别名（可用拼音或字母缩写，也可省略）。
- 存储组织：指出是一般格式文件存储还是二维关系表存储。

数据存储							
系统名：						编号：	
条目名：						别名：	
存储组织：		记录数：		数据量：	主键：		辅键：
记录组成：							
长度（字节）：							
简要说明：							
修改记录：				编写		日期	

图 5-19 数据存储书写格式

- 记录数和数据量：表明存储的数据量大小。
- 主键和辅键：数据存储中的关键字。
- 记录组成：组成数据存储的所有数据元素名及长度。
- 简要说明：必要的说明。

（注：定义数据存储举例参见下节。）

5. 定义外部项

外部项定义包括以下内容（书写格式如图 5-20 所示）。

外部项			
系统名：		编号：	
条目名：		别名：	
输入数据流：		输出数据流：	
主要特征：			
简要说明：			
修改记录：		编写	日期

图 5-20 外部项书写格式

- 系统名：外部项所属系统名称。
- 编号：该外部项在 DFD 中的统一编码。编号应具有唯一性。
- 条目名：即该外部项的名称。
- 别名：为使用方便，给外部项的别名（可用拼音或字母缩写，也可省略）。
- 输入/输出数据流：从源点流出的数据流或流入终点的数据流。
- 主要特征：说明其一些基本情况，如基本组成、处理数据概况等。

（注：定义外部项举例参见下节。）

6. 定义数据加工

对加工的定义主要是描述加工逻辑，亦称处理逻辑。所谓加工逻辑是指加工对输入数据流做出怎样的变换使之成为输出数据流的。

要定义加工，首先要分析加工，弄清楚加工要做什么，其次要把加工逻辑表达出来。加工逻辑的分析应当是客观的、严格的、准确的。加工逻辑的表达应当是严谨的。

要严谨表达加工逻辑，应选择适当的表达工具。不能用自然语言描述加工，由于语言自身的随意性，常常造成加工定义的二义性，主要有：

（1）动作不确定。例如："优惠销售"中的优惠标准不确定，何为优惠难以掌握。若改为"折扣价=销售价×10%"可谓严谨。

（2）动作执行条件不确定。例如："对老顾客优惠"，什么样的顾客算是老顾客？没有具体标准。而"对业务关系大于1年的顾客优惠"则条件准确。一般，在定义加工时，不应使用副词和形容词。

（3）执行动作的条件组合有二义性。如"三好学生、英语过四级且总分在600分以上的学生可获奖金50元。"这里，发奖金动作的条件有三种组合：一是三好学生且总分在600分以上者；二是英语过四级且总分在600分以上者；三是三个条件都具备者。可见条件的组合不确定。

既然不能用自然语言定义加工，能否用程序设计语言定义加工呢？程序设计语言太专业化，不便于和用户交流；程序设计语言太死板，不便于使用。目前，常用的加工逻辑表达工具有结构化语言、决策树和决策表（参见下面小节）。

在分层DFD图中，加工是逐层分解的，加工的加工逻辑只有当它被分解成基本加工时才是明确的。基本加工定义了，其父加工也就被定义了。因此，在DD中可只定义所有的基本加工，加工的定义一般包括以下内容（书写格式如图5-21所示）。

- 系统名：数据加工所属子系统名称。
- 编号：该数据加工在DFD中的统一编码。编号应具有唯一性。
- 条目名：即该数据加工的名称。
- 别名：为使用方便，给数据加工的别名（可用拼音或字母缩写，也可省略）。
- 输入：输入给该加工的所有数据流。包括从前一项输入的。
- 输出：该加工输出的所有数据流。
- 加工逻辑：用结构化语言、决策树或决策表描述的加工逻辑。

（注：定义数据加工举例参见下节。）

数据加工			
系统名：		编号：	
条目名：		别名：	
输入：		输出：	
加工逻辑：			
简要说明：			
修改记录：		编写	日期

图 5-21 数据加工书写格式

7. 编写数据词典的基本要求

数据词典是系统逻辑模型的详细、具体说明,是系统分析阶段的重要文件,也是内容丰富、篇幅很大的文件,编写数据词典是一项十分重要而繁重的任务。编写数据词典的基本要求是:

(1) 对数据流图上各种成分的定义必须明确、易理解、唯一。

(2) 命名、编号与数据流图一致,必要时(计算机辅助编写数据词典时)可增加编码,方便查询检索、维护和统计报表。

(3) 符合一致性与完整性的要求,对数据流图上的成分定义与说明无遗漏项。数据词典中无内容重复或内容相互矛盾的条目。数据流图中同类成分的数据词典条目中,无同名异义或异名同义者。

(4) 格式规范、风格统一、文字精练,数字与符号正确。

5.2.3 结构化语言

结构化语言是介于自然语言与程序设计语言之间的一种人造语言,因而较严谨,不死板,易于使用、理解和交流。

1. 结构化语言使用的词汇和语句

结构化语言使用的词汇有三类:

(1) 陈述句中的动词;

(2) 在 DD 中已定义的名词。如数据流名、文件名等;

(3) 一些保留字。

结构化语言使用的语句只有以下三类:

(1) 简单的陈述句;

(2) 判断语句;

(3) 循环语句;

结构化语言中可以使用上述三种语句的复合(即嵌套)。

结构化语言有三种结构,即顺序结构、选择结构和循环结构。

2. 顺序结构

顺序结构由一组有序的陈述句组成。一个陈述句说明要做什么事情,它至少要包含一个动词来说明要执行的功能。还应该包含至少一个名词,用以指明动作的对象。如计算工资、打印资产负债表等。陈述句应尽量简短。下面是一顺序结构的加工逻辑:

输入评估原始数据

计算量化分数

输出结果

3. 选择结构

与程序设计语言类似,结构化语言也有 IF-ENDIF、IF-ELSE-ENDIF、DOCASE-ENDCASE 等选择结构。

(1) IF<条件>　　　　　　例:IF 成绩<60

　　　动作 A　　　　　　　　　通知补考

　　　ENDIF　　　　　　　　　ENDIF

(2) IF<条件>　　　　　　例:IF 时间在 8 时—16 时

```
        动作 A                    日班组值班
    ELSE                      ELSE
        动作 B                    夜班组值班
    ENDIF                     ENDIF
（3）DO CASE                例：DO CASE
    CASE＜条件 1＞                CASE 选票上写"A"
        动作 A                        张同志加一票
    CASE＜条件 2＞                CASE 选票上写"B"
        动作 B                        李同志加一票
        ……                            ……
    OTHERWISE                 OTHERWISE
        动作 N                        选票作废
    ENDCASE                   ENDCASE
```

4. 循环结构

循环结构是在一定条件下重复执行某动作的结构

DO WHILE＜条件＞
    动作
ENDDO

例如：

DO WHILE 全班每个学生
    计算总分
    计算平均分
    输出总分和平均分
ENDDO

5. 使用结构化语言的注意事项

用结构化语言定义加工所形成的数据词典具有较强的可读性和可修改性，也便于与用户交流。但由于它没有固定格式和严格的语法规则，也给使用带来困难。在使用时必须注意：

（1）语句力求准确、简练，不使用形容词和副词修饰。

（2）陈述句中既要有动词（用以指明动作），也要有名词（用以指明动作对象）。

（3）在整个 DD 中，不能使用意义相同的多个动词，而要自始至终使用同一个动词。如，修改、改变、修正是同义词。在 DD 中要自始至终使用其中的一个，不能一会儿用这个，一会儿用那个。

（4）所有的名词必须在数据词典中有定义。

（5）选择结构、循环结构用缩格书写，以提高可读性。

5.2.4 决策树

如果一个加工中决策或判断的步骤较多，则使用结构化语言时，语句的嵌套层次太多，不便于基本加工的逻辑功能的清晰描述。决策树又称判断树，是一种图形工具，适合于描述加工中具有多个策略，而且每个策略和若干条件有关的逻辑功能，结构化分析中所用图形工具决策树是这样的：左边结点为树根，称为决策结点。与决策结点相连的称为方案枝（或称条件枝）。最右方的方案枝（条件枝）的端点（即树梢）表示决策结果，即所采用的策略。中间各结点为分段决策结点。

图 5-22 是一个用于根据期末成绩和平时作业完成情况确定总评成绩的决策树。

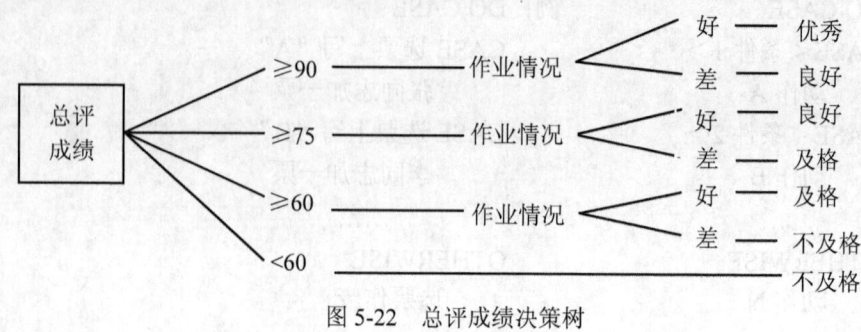

图 5-22　总评成绩决策树

5.2.5　决策表

在基本加工中，如果判断的条件多，各条件又相互组合，相应的决策方案较多，在这种情况下用决策树来描述，树的结构比较复杂，图中各项注释比较繁琐。决策表又称判断表，为描述这类加工逻辑提供了表达清晰、简洁的手段。决策表也是一种图形工具，呈表格形。决策表共分四大部分，如表 5-19 所示。左上角为各种条件，左下角为各种决策方案，右上角为条件的组合，右下角为相应条件组合下与决策方案对应的规则。

决策表的编制，首先要明确加工的功能与目标，然后要识别影响决策的各项因素（条件），列出这些因素可能出现的状态，并制定出决策的规则。

表 5-19　决策表的组成

条件	条件状态组合
决策方案	决策规则

1．初始决策表

对于一个加工逻辑，先把条件、决策填入表的左边，在右上角填入各种条件的组合，再在右下角填写可能采取的各种决策规则，这便是初始决策表。

例如，某商业公司的销售策略规定，不同的购货量、不同的顾客可以享受不同的优惠。具体办法是：年购货额在 5 万元以上且最近三个月无欠款的顾客可享受 15%的折扣；若近三个月有欠款，是本公司十年以上的老顾客，可享受 10%的折扣；若不是老顾客，只有 5%的折扣；年购货额不足 5 万元者无折扣。用决策表描述如表 5-20 所示。

本例有三个条件（C1、C2、C3），构成 8 种条件组合；共有四种决策方案（A1、A2、A3、A4）。表中右下角"√"表示对应于每种条件组合应采取的行动。例如，对应于条件 C1、C2、C3 都成立时（用"Y"表示），应采取行动 A1。

2．决策表的优化

初始决策表中有些条件组合可能是矛盾的，应予删除；有些条件组合可以合并。例如，表右栏第 1、2 列的两种条件组合所采取的动作是一样的（只要 C1、C2 成立可以不考虑 C3），可以合并。同样，第 5、6、7、8 栏也可以合并。合并后的决策表如表 5-21 所示。

表 5-20 销售策略初始决策表

	1	2	3	4	5	6	7	8
C1：购货 5 万元以上	Y	Y	Y	Y	N	N	N	N
C2：最近三个月无欠款	Y	Y	N	N	Y	Y	N	N
C3：10 年以上的老顾客	Y	N	Y	N	Y	N	Y	N
A1：折扣率 15%	√	√						
A2：折扣率 10%			√					
A3：折扣率 5%				√				
A4：无折扣					√	√	√	√

表 5-21 销售策略优化决策表

	1	2	3	4
C1：购货 5 万元以上	Y	Y	Y	N
C2：最近三个月无欠款	Y	N	N	—
C3：10 年以上的老顾客	—	Y	N	—
A1：折扣率 15%	√			
A2：折扣率 10%		√		
A3：折扣率 5%			√	
A4：无折扣				√

表中"—"表示不考虑该条件。

5.3 提出新系统逻辑方案

5.3.1 现行系统的薄弱环节

通过系统分析人员详细调查现行系统情况，仔细分析反馈调查表，总结出现行的教学管理系统总的来说是一个手工作业系统，能够完成正常管理工作，但也存在着若干问题。

1. 学生科学籍管理

（1）由于新生信息来源于招生办，数据的规格、形式没有统一的规定，给学籍登记工作造成不便。在两科室的信息传递中需要有规范统一的数据格式。

（2）日常学籍管理工作中，各种情况的查询、上报任务经常出现，管理人员经常要从基础数据中检索、统计分析出来，劳动强度较大，效率不高。

2. 教学任务安排

由于申报授课工作涉及三个群体（专职教师、坐班人员、外聘教师），致使漏报课、重报课、不合理报课时有发生。而且该段工作时间跨度较长，不利于教务人员统筹安排、控制协调。

各系（部）办公室希望能给出本部门学期教师授课一览表，以便更好掌握教师工作状态，提高管理质量。

3. 教学评估工作

（1）因为涉及所有学生给教师评分数据和听课组多课次对教师的听课评价数据，所以数据统计工作量大，容易出错，造成不良影响。

（2）怎样评估教师工作；评估的方法；评估人员的素质、责任心；怎样看待学生给教师的打分；学生的素质状况等均是影响教学评估质量的重要因素，需要深入思考，不断进行改进改革。

4. 成绩管理工作

在期末成绩判定、发布期间，由于任务紧、工作量大、制度不严谨，时常造成部分学生成绩登录失误、登录不及时、不能发布的情况。例如，如果一个学生在考卷上忘记写名字，阅卷教师不能判定无名试卷的身份，上报成绩单到教务处后，往往由于工作紧张，工作人员无暇校对，而将该学生的该门课以缺考论处。这样会给该生的成绩排名、获取奖学金、三好学生评定等方面造成不良后果。而实际上是管理的失误。

5. 考试考务管理工作

考试考务管理工作中，考场与监考人员排定工作难度较大，工作效率低。

5.3.2 新系统的总体功能需求

教学管理信息系统是利用计算机辅助管理的信息系统。它的功能不仅要满足手工教学管理系统的所有功能，还要根据计算机运算速度快、存储量大的特点，完成手工系统中难以完成的工作和提高工作效率；并通过使用该系统达到完善改进各种管理职能，解决管理弊端，优化管理流程的目的。具体的功能需求如下：

1. 学籍档案管理

主要根据招生办公室提供的录取新生数据，学生填写的学生登记表，建立学生档案；新生按专业分班；日常在校生的学籍情况管理，包括统计上报、数据查询、档案维护等工作；为教务管理系统提供准确的学生基本情况数据；为毕业生管理系统提供详实的毕业生资格预审数据和毕业生基本情况数据。

2. 成绩管理

该管理子系统的学生基本信息来自于学籍档案管理系统，每学期课程信息来自于教学任务管理子系统；每学期末在考试后，登记各科成绩；可进行单个学生成绩汇总、学生成绩排名、成绩查询、分析、统计等操作，同时生成学生成绩通知单和补考通知单。

3. 教学任务管理

本子系统根据各专业教学计划自动生成每学期全校的教学任务；提供学期教学任务书供专职老师、管理人员、外聘教师报选课；然后根据选课情况，在遵循一般的教学规律基础上，考虑实验室、外聘教师等部分教师的特殊情况，自动排课，同时对合班课、单双周课等课程进行自动编排，并且可以实现手工调课，学期中调课等功能。其中班级信息来自于学籍档案管理子系统。

4. 考试考务管理

该子系统主要有两方面的功能，一方面是管理一般考试安排。每学期的考试科目、监考教师信息来自于教学任务管理子系统，考试的学生人数、班级等信息来自于学籍管理子系统，本子系统存储考场信息，然后根据上述信息实现考场的自动编排，完成期末考试安排；另一方面，根据成绩管理系统中提供的补考信息，对补考考务进行自动编排。

在安排中可直接录入数据，重新修改编排次序，以适应实际的各种突发情况。

5. 教学评估管理

本子系统录入学生对任课教师的打分、教师出勤、听课组对教师的听课评议、学期末教学检查分数；将这些数据综合汇总，依据教学评估分数计算标准，评估出教师德勤绩；输出教师赋分表。

6. 对该系统的整体性能要求

（1）缩短业务活动周期，提高效率。手工管理时，对于像查询、统计等工作时间，往往以星期来计算时间。更复杂的活动甚至以月来计算。新系统要求大大缩短活动周期，对于随机查询，统计信息要随时提供；正式上报打印输出的信息数据，按天进行。

（2）各种输入信息的格式，输出表格格式要尽量按照手工习惯。

（3）提供各项数据的查询功能，其查询时间要在用户可接受的时间内完成。

（4）硬件系统安全可靠，有必要的安全防范措施和硬件出故障后的处理措施。

5.3.3 绘制数据流图

首先，分析划分系统边界，识别系统的数据来源和去处，确定外部项，得出系统的关联图，如图 5-23 所示。

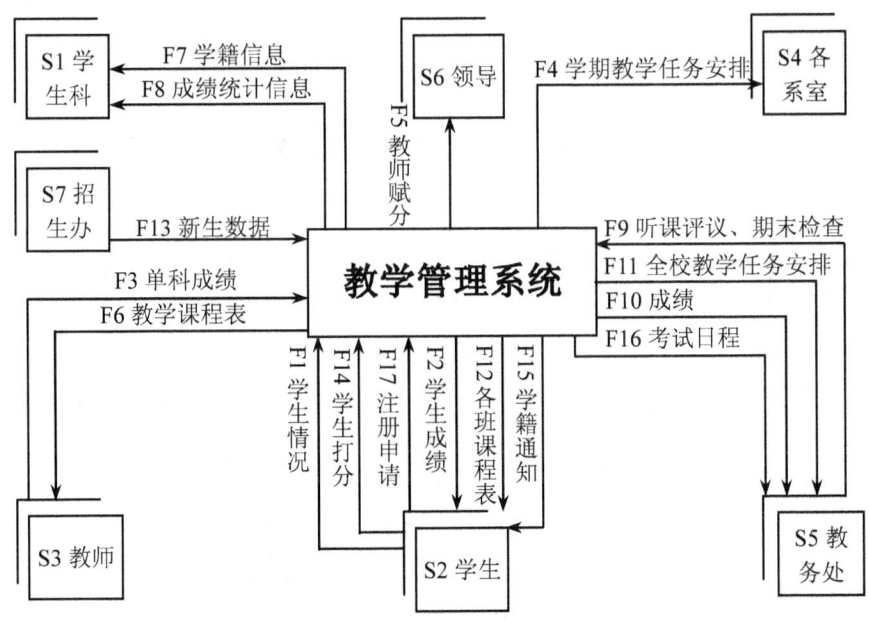

图 5-23 教学管理系统关联图

然后，划分出几个主要的信息管理功能，并明确各功能之间的联系，绘制出数据流图的顶层图，如图 5-24 所示。

顶层图仅从总体上反映了系统的信息联系，还应按照自顶向下、逐层分解的分析方法对顶层图进一步细化，得到二层图、三层图……如此细化下去，直到数据流图中的每一个数据处理成为一个很容易理解的单一功能为止，且这个单一功能可以通过简单的逻辑表达式在数据词典予以说明。本系统的数据流图绘制三层即可符合要求，如图 5-25 至图 5-28 所示。

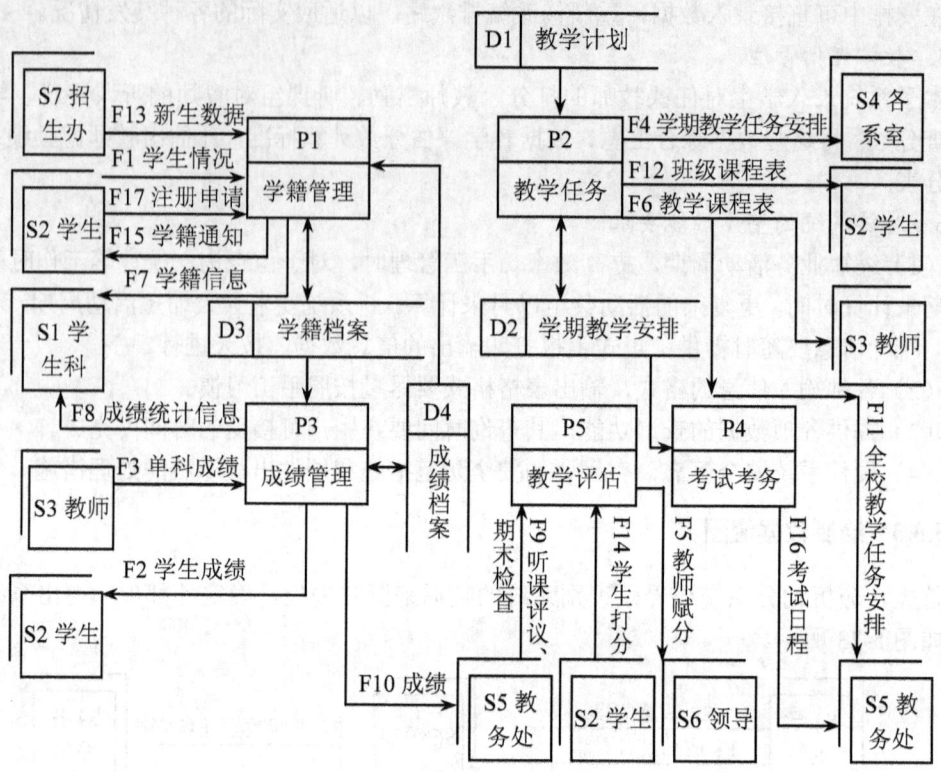

图 5-24　教学管理系统顶层图

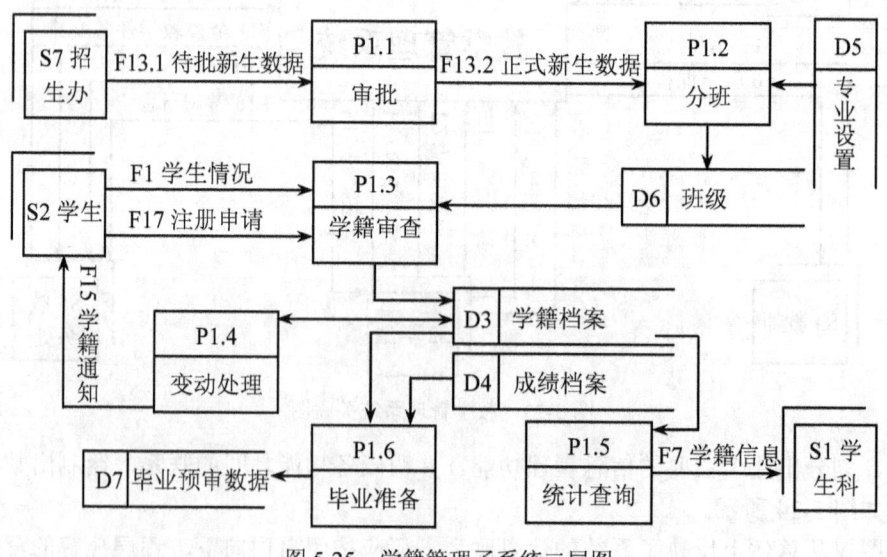

图 5-25　学籍管理子系统二层图

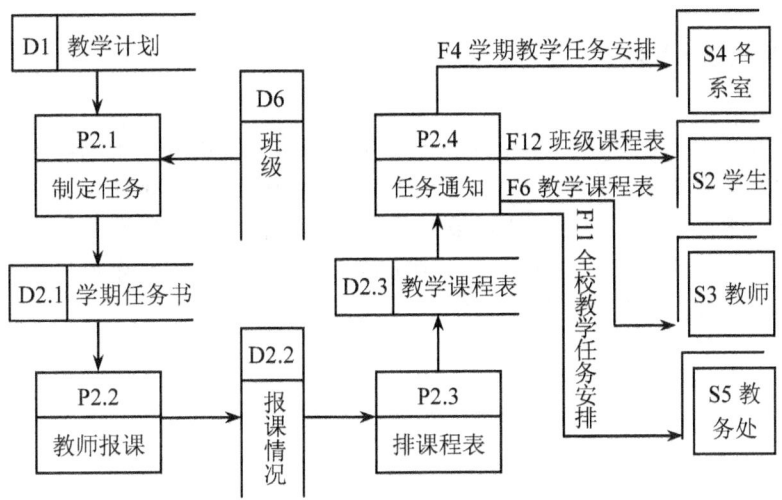

图 5-26 教学任务管理子系统二层图

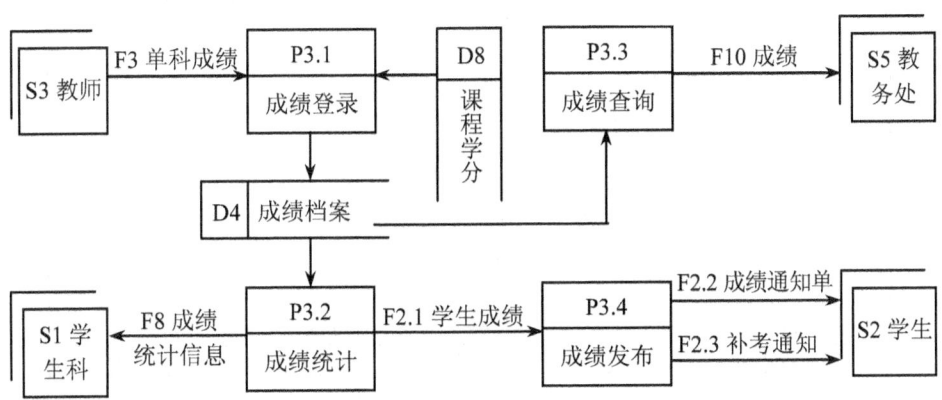

图 5-27 成绩管理子系统二层图

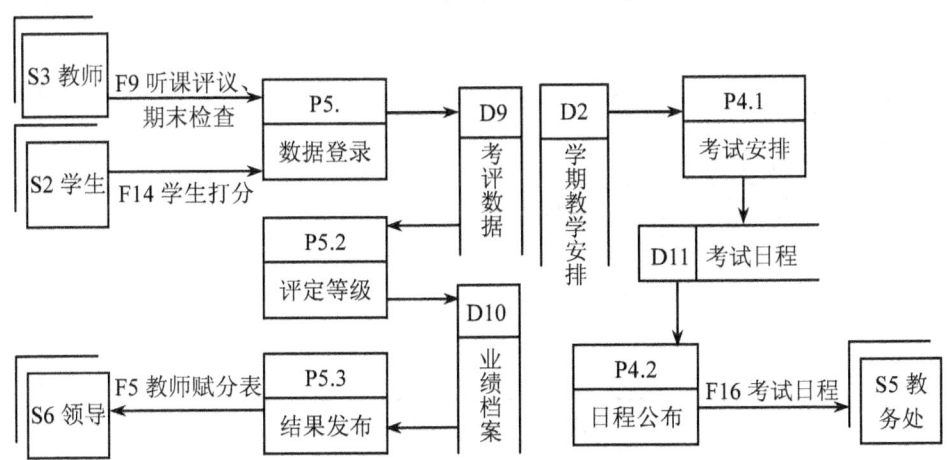

图 5-28 考试考务、教学评估管理子系统二层图

5.3.4 编写数据词典

绘制数据流图以后,只是对数据处理和彼此之间的关系进行了说明,为了进一步明确数据的详细内容和数据加工过程,应将最底层数据流图中的全部数据流及其组成部分的数据元素、数据存储、数据加工和外部项通过数据词典描述清楚,以便于此后系统设计的进行。

在系统分析中产生大量的数据词典,限于篇幅,这里仅列出几个典型的数据元素、数据加工、数据存储、外部项和数据流,如图 5-29 至图 5-34 所示。

数据元素		
系统名:教学管理系统		条目名:学号
属于数据流: F1～F3,F7,F8,F10,F15,F17	存储处: D3:学籍档案	D4:成绩档案
数据元素属性:	类型:字符型 长度:10 取值范围:"0"～"9" 含义: 第1～4位:入学年份 　　　 第5～7位:专业 　　　 第8位:班级 　　　 第9～10位:序号	
简要说明:学号是每个学生的唯一识别码,且学号涵盖班级代码、专业代码		

图 5-29　数据元素"学号"

数据元素	
系统名:成绩管理子系统	条目名:成绩
属于数据流: F2,F3,F8,F10	存储处: D4:成绩档案
数据元素属性:	类型:字符型 长度:4 取值范围:"0"～"100"、"优秀"、"良好"、"中等"、"及格" 　　　　　和"不及格"
简要说明:记录学生所学课程的状况等级	

图 5-30　数据元素"成绩"

数据加工		
系统名：成绩管理子系统		编号：P3.2
条目名：成绩统计		别名：
输入：成绩档案（D4）		输出：成绩统计信息（F8）、学生成绩（F2.1）

处理逻辑：（结构化语言描述）

  接收成绩档案（D4）的数据
  DO WHILE 对于每个学生
    计算该生学期所学课程的总分、平均分
  ENDDO
  以班级为基准，按总分从高到低排名次
  IF 向"成绩发布"加工（P3.4）传数据
    按名次顺序将学生各课程成绩、总分、平均分输出
  ELSE 统计各成绩等级人数，计算各成绩等级人数占总人数的百分比
    判断获得奖学金的学生，判定逻辑如下（决策表描述）：
    向学生科输出统计数据
  ENDIF

条件	所有考试考查课成绩均90分以上或"优秀"	Y	N	N	状
	考试考查课成绩均在85分或"良好"以上	—	Y	N	态
	考试考查课成绩均在75分或"中等"以上	—	—	Y	
方案	一等奖	√			规
	二等奖		√		则
	三等奖			√	

简要说明：本处理中各处理项均是以学生成绩档案为处理线索

| 修改记录： | | 编写 | | 日期 | |

图 5-31 数据加工"成绩统计"

数据存储				
系统名：成绩管理子系统			编号：D4	
条目名：成绩档案			别名：	
存储组织： 二维表	记录数：约 60 000 数据量：1.8MB		主键：学号+课程代码 辅键：	
记录组成： 长度（字节）：	学号 课程代码 10 4	课程名称 10	成绩 4	补考成绩 4
简要说明：存储所有在校生的成绩				
修改记录：		编写	日期	2003.5.5

图 5-32 数据存储"成绩档案"

外部项			
系统名：教学管理系统		编号：S3	
条目名：教师		别名：	
输入数据流：教学课程表（F6）		输出数据流：学生单科成绩（F3）	
主要特征： 　　本项为修课学生授课的任课教师，主要数据项：教师代码、教师姓名、职称、授课名称、从事专业和联系电话			
简要说明：本系统负责下达教师的教学任务和教学安排，接收教师录入的学生成绩			
修改记录		编写	日期

图 5-33　外部项"教师"

数据流			
系统名：教学任务管理子系统		编号：F6	
条目名：教学课程表		别名：	
来　源：教学任务通知（P2.4）		去处：教师（S3）	
数据流结构：教师编号+教师名+{班级名称+教室号+课程名称+{星期}+{课次}}所有任课班级			
简要说明：用于通知某教师某天在某班第某节上某课程			
修改记录		编写	日期

图 5-34　数据流"教学课程表"

5.3.5　系统分析说明书内容与格式

系统分析说明书是新系统逻辑模型提出这一阶段（系统分析阶段）活动的主要工作成果，是这一阶段的全面总结。它又是主管人员对系统进入设计阶段的决策依据。只有系统说明书经过系统开发工作的领导部门审查批准后才能进行下一阶段的工作。系统说明书又是后续各阶段工作的主要依据之一。因此系统说明书是整个系统开发工作最重要的文档之一。编写系统说明书是系统开发中一项十分重要的工作。

系统说明书的主要内容包括：

（1）系统开发项目概述。
（2）需求说明。
（3）现行系统状况。
（4）新系统的目标、主要功能和逻辑模型。
（5）系统实施计划

其中，第（4）条是重点。

下面给出系统说明书编写格式与具体内容：

1. 引言

　　1.1　摘要【摘要说明所建议开发系统的名称、目标和功能】

　　1.2　背景

　　　　（1）项目的承担者；（2）用户；（3）本系统和其他系统或机构的关系和联系

1.3 参考和引用资料

(1) 本项目经核准的计划任务书或合同、上级机关的批文

(2) 属于本项目的其他已发表的文件

(3) 本文件中各处引用的文件资料

1.4 专门术语定义

【本文件所用到的术语】

2．项目概述

2.1 项目的主要工作内容

【说明本项目在开发中须进行的各项主要工作，这些工作是建立新系统逻辑模型的必要条件】

2.2 系统需求说明

(1) 现行系统的现状调查说明

【列出现行系统的目标、主要功能、用户要求等，并简要指出问题所在】

(2) 业务流程说明

【简要说明现行系统现场工作流程和事务流程概况。反映这些业务流程的业务流程图】

2.3 系统功能说明

【在现行系统现状调查的基础上，进一步透过具体工作，分析组织内信息、数据流动的路径和过程，真正弄清用户要解决什么问题，明确系统的功能要求。这里主要通过数据流程图概况说明系统的功能要求】

2.4 系统的数据要求说明

【从数据流程图和数据词典分析逻辑数据结构，标识每个数据结构中的每个数据项、记录和文件的长度以及它们之间的关系】

3．实施总计划

3.1 工作任务的分解

【对于每项开发中应完成的各项工作，按系统功能（或子系统）划分，指定专人（或小组）分工完成，指明每项任务的负责人】

3.2 进度

【给出每项工作任务的预定开始日期和完成日期，规定各项工作任务完成的先后顺序以及每项工作任务完成的界面】

3.3 预算

【逐项列出本开发项目所需要的工作量以及经费的预算（包括办公费、差旅费、资料费等）】

习题五

一、单项选择题

1. 在进行深入细致的详细调查前应充分准备，制定（　　），确定调查方法、掌握调查艺术和被调查者

的心理。

  A．详细计划   B．预算

  C．规定   D．调查策略

2．系统分析人员应按照业务活动中信息流动过程，逐个调查所有环节的处理业务、处理内容、处理顺序和对处理时间的要求。这是详细调查的（　　）环节。

  A．组织机构的调查

  B．业务处理状况调查

  C．现行系统的目标、主要功能和用户需求调查

  D．数据及功能分析

3．有关初步调查和详细调查的叙述不正确的是（　　）。

  A．初步调查的目的是明确问题和系统开发要解决的主要问题和目标

  B．初步调查的重点是了解现行系统的概要情况及与外部的关系

  C．初步调查的目的是为了弄清现行系统的基本功能及信息流程

  D．详细调查的重点是对系统的内部情况进行更详细和具体的了解，从而可以提供在新系统建设时改进或更换的内容

4．在业务流程图中表示数据存储的是（　　）。

  A．　　　　　B．　　　　　C．　　　　　D．

5．数据流图中数据存储的符号是（　　）。

  A．　　　　　B．　　　　　C．　　　　　D．

6．在下图中 CD 处的名字应为（　　）。

  A．教材科   B．教师   C．学生   D．供应商

7．在下图中，D1 暂存订单 表示（　　）。

  A．暂有订单数据加工   B．暂有订单数据存储

  C．外部项   D．暂有订单数据流

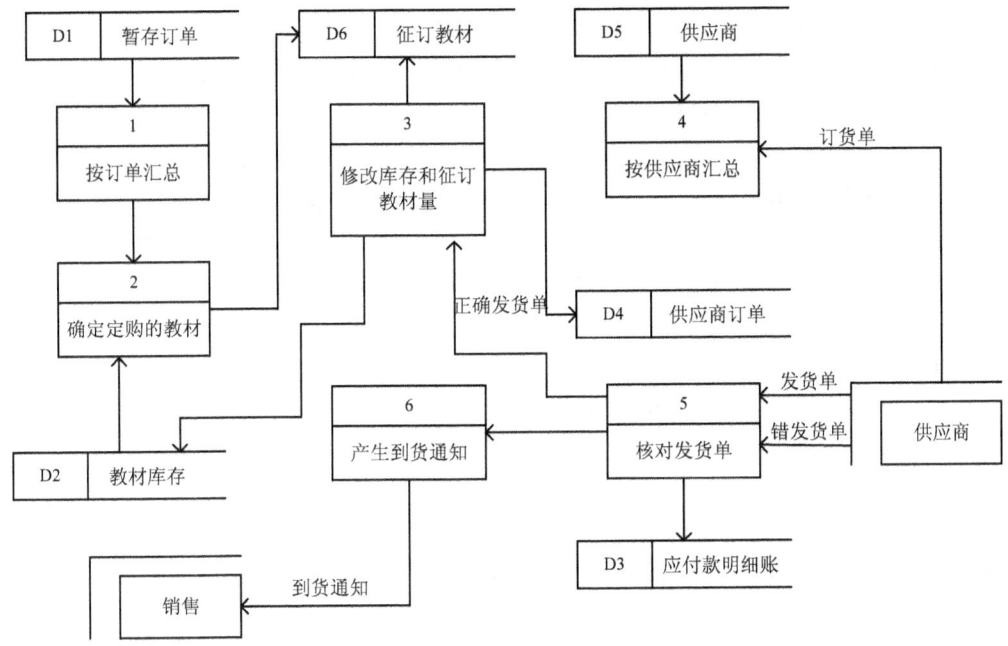

8. 在上图中,"按订单汇总"是( )。

　　A. 数据加工　　　B. 数据存储　　　C. 外部项　　　D. 数据流

9. 根据各加工环节和数据存储环节的输出和输入数据流的关系,将外部项、各加工环节以及数据存储环节用数据流连接起来,为各数据流、加工环节和数据存储环节命名、编号,这样就形成所开发系统的数据流图( )。

　　A. 顶层图　　　B. 一层图　　　C. 二层图　　　D. 关联图

10. 下图所示为图书预订系统的二层图,图中 a, b, c, d 四处的标号应为( )。

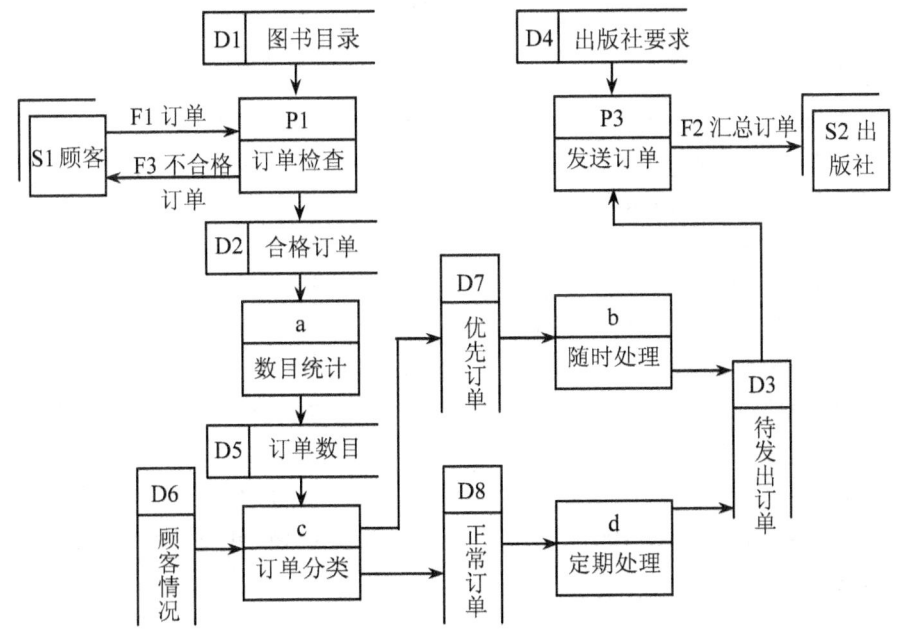

A. P1　P2　P3　P4　　　　　　　B. P1.1　P1.2　P1.3　P1.4

C. P2.1　P2.2　P2.3　P2.4　　　D. P3.1　P3.2　P3.3　P3.4

11. 下列原则中不是绘制数据流图的主要原则的是（　　）

　　A. 明确系统界面　　　　　　　B. 自顶向下逐层扩展

　　C. 编号体现分层　　　　　　　D. 自下向上逐层扩展

12. 经过调查，"待定教材"数据存储包括以下数据项：书号、书名、作者、出版社、定价、订数，其中作者和出版社可以出现多次，那么该数据存储结构应该在数据词典中定义为（　　）

　　A. 书号+书名+{作者}+{出版社}+定价+订数

　　B. {书号+……+……}

　　C. {书号，书名，作者+出版社，定价，订数}

　　D. 书号+书名+作者+出版社+{定价+订数}

13. 学校在教材管理中，对不同教学专业教材进行汇总的规定如下：

Ⅰ. 公共必修课使用教材，按学生实际订购数目汇总

Ⅱ. 专业必修课使用教材，按学生实际上课人数汇总

Ⅲ. 公共选修课使用教材，按学生实际上课人数汇总

Ⅳ. 专业选修课使用教材，按学生实际订购数目汇总

则在如下的判定树中，空白处（1）（2）（3）中应填写的内容是（　　）。

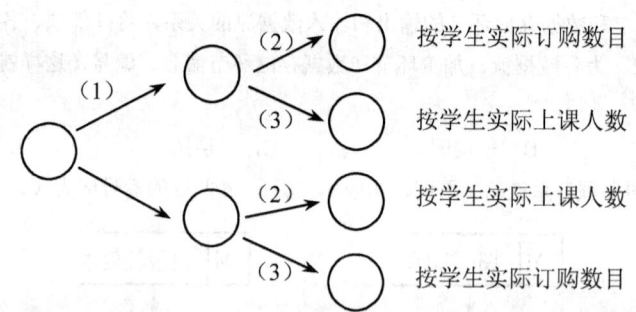

　　A. 公共课，必修课，选修课　　B. 公共课，选修课，必修课

　　C. 专业课，选修课，必修课　　D. 专业课，必修课，选修课

14. 系统分析阶段的主要工作成果是（　　）。

　　A. 系统分析说明书　　　　　　B. 可行性调查报告

　　C. 系统设计说明书　　　　　　D. 系统使用说明书

15. 系统分析说明书的主要内容不包括（　　）。

　　A. 系统开发项目概述　　　　　B. 需求说明

　　C. 现行系统状况　　　　　　　D. 系统实施分析

16. 重点突破调查策略适用于（　　）

　　A. 大的开发项目　　　　　　　B. 对系统的了解有一定的基础的系统分析人员

　　C. 需做重点深入调查的系统　　D. 主要问题明确或主攻方向明确的情况

二、填空题

1. 系统通过可行性研究并立项后，接下来的主要任务就是详细分析组织内部的_____和_____，

对_____进行详细的了解。

2. 选择信息收集的方法一般分四种：_____、_____、_____、_____。
3. 数据流图是组织中_____运动的抽象，是信息_____模型的主要形式。
4. 数据流由一个或一组确定的_____组成，数据流名应能直观地反映_____的含义。
5. 在数据流图的绘制中，根据_____，_____的原则，对上层图中全部或部分加工环节进行分解。
6. 数据流图上所有成分的_____和_____的文字集合就是数据词典，描述的主要内容有：_____、_____、_____、_____和_____，其中_____是组成数据流的基本成分。
7. 数据流图中的各_____必须编号，编号格式为"_____"形式，其中加工标志字为_____，数据流标志字为_____，数据存储标志字为_____，外部项标志字为_____。
8. 结构化语言使用的语句有三类：_____、_____和_____。
9. 决策树又称_____，是一种图形工具，适合于描述加工中具有多个策略，而且每个策略和若干条件有关的_____，决策树左边结点为树根，称为决策_____，与决策结点相连的称为_____（或称条件枝），最右方的端点（即树梢）表示_____，即所采用的策略，中间各结点为_____结点。
10. 决策表共分四大部分，左上角为各种_____，左下角为各种_____，右上角为_____，右下角为相应条件组合下与决策方案对应的_____。决策表的编制，首先要明确_____的功能与目标，然后要识别影响决策的_____（条件），列出这些因素可能出现的_____，并制定出决策的_____。

三、简述题

1. 简述需求分析中现行系统调查、新系统逻辑方案的提出等活动的详细内容、关键问题、主要成果及其描述方法。
2. 为什么数据流图要分层？
3. 简述分层数据流图的组成与基本符号以及绘制步骤。
4. 简述数据词典在需求分析中的作用和编写数据词典的基本要求。
5. 什么是基本加工？描述表达基本加工逻辑功能的结构化工具有哪些？特点是什么？

四、应用题

1. 某银行发放贷款原则如下：
（1）对于贷款未超过限额的客户，允许立即贷款；
（2）对于贷款已超过限额的客户，若过去还款记录好且本次贷款额在 2 万元以下，可作出贷款安排，否则拒绝贷款。
请用结构化语言、决策表来描述该原则。
2. 依据如下决策表（见表 5-22)，画出决策树。
3. 下面是对银行取款活动的描述：
储户携带存折前去银行，把存折和填好的取款单一并交给银行工作人员检验。工作人员需核对账目，发现存折有效性问题、取款单填写问题或是存折、账卡与取款单不符等问题时，均应报告储户。在检验通过的情形下，银行则应将取款信息登记在存折和账卡上，并通知付款。画出描述该活动的分层数据流图。
4. 绘制供应科到货处理的数据流图。供应商送来发货单及货物，供应科作如下处理：
（1）审核发货单。经核对合同，将不合格的发货单退回供应商。
（2）处理到货。对货物作质量检查，将质检不合格的发货单及货物退回供应商；质检合格的开入库单，将入库单及货物送仓库,向财务科发出付款通知,发货单存档。

表 5-22 信件收费决策表

	1	2	3	4	5	6
是否 1000 公里以内?	Y	Y	N	N	N	N
是否挂号信?	N	Y	N	Y	Y	N
重量(W)≥30 公斤	N	N	Y	N	Y	N
2W	√					
3W		√				
2.5W						√
3.5W				√		
2.5W+(W-30)×0.5			√			
3.5W+(W-30)×0.5					√	

五、实训题

给出新系统逻辑模型实训。承接上章给出的可行性分析报告,详细调查待开发系统业务流程,了解现行系统的逻辑功能与业务处理过程,明确计算机信息处理的要求,提出新系统的逻辑模型,包括业务流程图、信息数据要素、数据流图和数据词典等。

(注:业务过程不要太复杂,数据流图和数据词典必须符合规范,建议使用 Microsoft Office Visio 绘制图表。)

第 6 章 系统设计

本章详细阐述系统设计的概念以及结构化系统设计方法；并以实例形式展示应用结构化设计方法进行系统设计的过程及结果，以帮助理解掌握设计工作中难点和重点；最后给出系统设计的成果——系统设计说明书的标准书写格式。

通过本章学习，读者应该：
- 理解系统设计的目的任务、设计内容和依据。
- 熟练使用模块设计方法、数据库设计方法、代码设计方法、输入输出设计方法等设计物理系统。
- 掌握系统分析说明书的书写格式。

6.1 系统设计概述

6.1.1 目的与任务

管理信息系统设计阶段的主要目的是将系统分析阶段所提出的反映了用户信息需求的系统逻辑方案转换成可以实施的基于计算机与通信系统的物理（技术）方案。

这一阶段的主要任务是从管理信息系统的总体目标出发，根据系统分析阶段对系统的逻辑功能的要求，并考虑到经济、技术和运行环境等方面的条件，确定系统的总体结构和系统各组成部分的技术方案，合理选择计算机和通信的软、硬件设备，提出系统的实施计划，确保总体目标的实现。

那些把系统设计仅仅看作是程序设计或者编制程序的看法是很片面的。

6.1.2 系统设计的主要内容

系统设计阶段的工作是一项技术性强、涉及面广的活动，主要分两步完成。首先作总体概要设计，将用户需求转化为软件的系统结构、数据存储结构和空间布局结构。然后是详细设计，通过对结构表示进行细化，得到详细的数据结构、算法、输入输出界面等。

（1）系统总体概要设计，其中包括：
① 系统总体布局方案的确定；
② 软件系统总体结构的设计；
③ 计算机硬件方案的选择和设计；

④ 数据存储的总体设计。
（2）详细设计，其中包括：
① 代码设计；②数据库设计；③输出设计；④输入设计；⑤用户界面设计；⑥处理过程设计；⑦安全可靠性设计。
（3）系统实施进度与计划的制定。
（4）"系统设计说明书"的编写。

"系统设计说明书"是系统设计阶段的成果，它从系统设计的主要方面说明系统设计的指导思想和采用的技术方法，是系统实施阶段工作的主要依据。

6.1.3 系统设计的依据

系统设计是在系统分析的基础上由抽象到具体的过程，同时，还应该考虑到系统所实现的内外环境和主客观条件，因此，应该本着实事求是的客观态度进行这一阶段的工作。通常，系统设计阶段工作的主要依据可从如下几个方面考虑。

（1）系统分析的成果。从工作流程来看，系统设计是系统分析的继续，因此，系统设计人员必须严格按照系统分析阶段的成果"系统说明书"所规定的目标、任务和逻辑功能进行设计工作。对系统逻辑功能的充分理解是系统设计成功的关键。

（2）现行技术。主要指可供选用的计算机硬件技术、软件技术、数据管理技术以及数据通信与计算机网络技术。

（3）现行的信息管理和信息技术的标准、规范和有关法律制度。

（4）用户需求。系统的直接使用者是用户，进行系统设计时应充分尊重和理解用户的要求，特别是用户在操作使用方面的要求，尽可能使用户感到满意。

（5）系统运行环境。新系统的目标要和现行的管理方法相匹配，与组织的改革与发展相适应。也就是说，既符合当前需要，又适应系统的工作环境，如基础设施的配置情况、直接用户的空间分布情况、工作地点的自然条件及安全保密方面的要求等。在系统设计中还应考虑现行系统的硬、软件状况和管理与技术环境的发展趋势，在新系统的技术方案中要尽可能保护已有投资，又要有较强的应变能力，以适应未来的发展。

6.2 系统总体概要设计

6.2.1 系统总体布局

1. 系统的总体布局

系统的总体布局是指系统的硬、软件资源以及数据资源在空间上的分布特征。方案主要有：

（1）集中式系统

这是一种集设备、软件资源、数据于一体的集中管理系统，主要有以下几种类型：

① 单机批处理系统；
② 单机多终端分时系统（终端无处理功能）；
③ 主机－智能终端系统（终端有辅助处理功能）。

这种系统具有如下特点：

优点：①管理与维护控制方便。②安全保密性能好。③人员集中使用，资源利用率高。

缺点：①应用范围与功能受限制。②可变性、灵活性、扩展性差。③对于终端用户来说，由于集中式系统对用户需求的响应并不很及时，因此不利于调动他们的积极性。

（2）分布式系统

整个系统被分成若干个在地理上分散设置、在逻辑上具有独立处理能力，但在统一的工作规范、技术要求和协议指导下进行工作、通讯和控制的一些相互联系且资源共享的子系统，目前，分布式系统都是以网络方式进行相互通讯，根据网络组成的规模和方式，又分为：局域网（LAN）、广域网（WAN）、局域网+广域网（混合形式）。

分布式系统具有如下特点：

优点：

① 资源的分散管理与共享使用，可减轻主机的压力，与应用环境匹配较好。

② 各结点机具有一定的独立性和自治性，利于调动各结点机所在部门的积极性。

③ 并行工作的特性使负荷分散，因而对主机要求降低。

④ 可行性高，某个结点机的故障不会导致整个系统的瘫痪。

⑤ 可变性、灵活性高，易于调整。

缺点：

① 由于资源的分散管理，其安全性降低，并给数据的一致性维护带来一定困难。

② 由于地理上的分散设置，使系统的维护工作难以进行。

③ 由于管理分散，使管理工作负担加重。

作为系统总体布局来说，一般应考虑以下几个问题：

① 系统类型——即是采用集中式还是分布式。

② 处理方式——既可采用一种，也可混合使用。

③ 数据存储——是分布存储还是集中存储，数据量有多少，要求何种存储方式。

④ 硬件配置——机器类型、性能价格指标、工作方式。

⑤ 软件配置——购买或自行开发。

实际应用中主要采用分布式网络下的两种结构模式：C/S 结构（客户机/服务器体系）和B/S 结构（浏览器/Web 服务器体系）。关于这两种结构的介绍请参看本教材第 2 章的管理信息系统的空间分布结构部分。

2. 教学管理信息系统总体布局方案

从上一章分析来看，教学管理系统主要由学籍管理、成绩管理、教学任务、教学评估、考试考务五个子系统组成。学籍管理主要由学生处完成，成绩管理由教务处的成绩管理员完成，考试考务管理由教务处的考试考务管理员完成，教学任务由教务处的教学任务管理员完成，教学评估由教务处的教务评估管理员完成，由此可见，若要在同一时间内完成上述任务，至少需要四台终端，当然从节省资源上考虑，也可使用两台终端，即教务处与学生处各安排一台，教务处的三位教务员，分别在不同的时间工作。

当然在资源允许的情况，应尽可能考虑安排四台，这样更利于系统的安全性、保密性与可维护性。

基于目前学校已有校园网的现状，可采用分布式系统，即利用已有校园网，组建局域网。另外，考虑到教师可通过广域网远程报成绩，学生也可通过广域网进行远程查询，故可将本系统通过路由器与广域网相连。

总体布局结构示意图如图 6-1 所示。

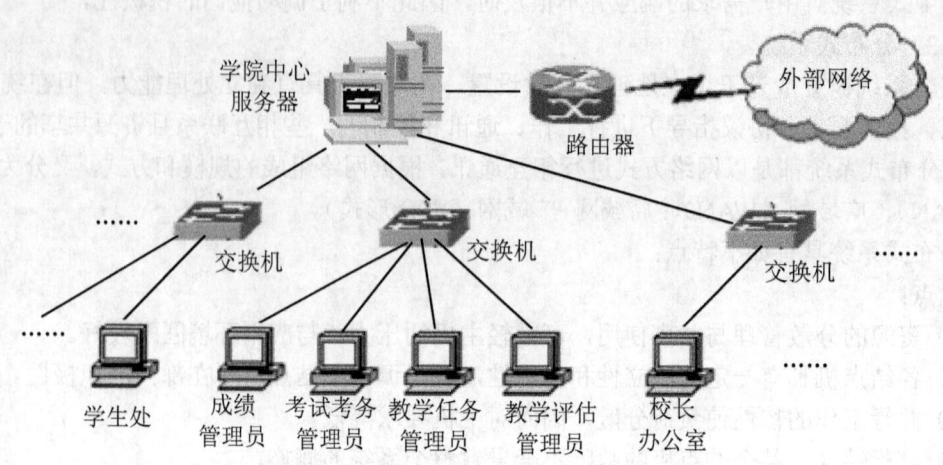

图 6-1　教务管理信息系统总体结构布局

网络交换机（Switch）采用 Cisco 的功能交换机，传输介质采用 AT&T 五类双绞线，网络服务器作为系统功能实现和数据共享的中心，应具有较高的性能和可靠性，因此选择高档品牌专用服务器：联想/浪潮 Xeon E5 服务器 1 台，内存 8G，并通过两个 1000G 高速硬盘的双工技术提高系统数据的可靠性。

网络工作站选用酷睿 i7 3 代系列处理器以上普通微型计算机，工作站与网络连接的网络适配器采用 100/10M 速率可调网卡。网络上配置三台打印机：点阵式打印机两台、激光打印机一台。

对网络服务器和各工作站配置净化电源及 UPS 不间断电源以应付电源的各种变化和故障，以保证系统功能可靠性。

在软件方面，服务器可采用 Windows 2003 Server 网络操作系统，各工作站可采用 Windows XP/Windows 7 中文操作系统。数据库可采用大型数据库系统，如 SQL Server 2008 大型数据库，一般存放于中心服务器，便于与其他子系统交换数据，如招办可直接将录取的学生信息存于该数据库，在学生处导入，即可生成所需要的学生信息，进一步处理后，即可为学籍管理子系统使用。

各工作站上的前端程序可采用微软的 Visual Studio 开发平台之 VB.NET 中文版开发工具进行开发。

系统可靠性是本系统在软件总体结构设计上重点考虑的问题。从系统可靠性角度出发，系统的应用软件采用了双向备份的工作方式，即在工作站本地硬盘和网络服务器硬盘上均有应用系统软件的备份。用户既可以直接运行网络服务器上的系统（以保证某一工作站的故障并不影响该功能子系统的使用），也可以使用本地工作站上的系统（以保证网络服务器故障并不影响功能子系统的使用）。系统的数据库既要考虑数据可靠性，又要考虑数据安全性，所以数据库只存储在服务器存储介质中，但采用服务器磁盘双工与镜像工作方式。

6.2.2 软件系统总体结构设计

1. 软件系统的总体结构设计任务

软件总体结构设计的主要任务就是应用结构化设计方法，将整个系统合理地划分成各个功能模块，正确地处理模块之间与模块内部的联系以及它们之间的调用关系和数据联系，定义各模块的内部结构等。

2. 软件系统总体结构设计的原则

（1）分解－协调原则：整个软件系统是一个整体，具有整体目标和功能。但这些目标和功能的实现又是由相互联系的各个组成部分共同工作的结果。解决复杂问题的一个很重要的原则，就是把它分解成多个易于解决、易于理解的小问题分别处理，在处理过程中根据系统总体要求协调各部分的关系。

（2）自顶向下的原则：首先抓住总的功能目标，然后逐层分解，即先确定上层模块的功能，再确定下层模块的功能。

（3）一致性原则：要保证整个软件设计过程中具有统一的规范，统一的标准，统一的文件模式，等等。

（4）面向用户的原则：每个模块必须功能明确，接口明确，用户易于理解，坚决消除多重功能和无用接口。

6.2.3 功能模块设计

1. 模块的概念

在结构化设计方法中，系统的物理实体是模块。所谓模块是指：具有输入、输出、逻辑功能、运行程序和内部数据等属性的程序段。输入、输出和逻辑功能是模块的外部属性，运行程序和内部数据是模块的内部属性。

模块要有数据输入输出。与加工不同，一个模块的输入来源和输出去向是同一实体——模块的调用者，也就是说，模块从调用者那里获得输入，工作后再把输出退还给调用者。

模块的逻辑功能是指模块能做什么事情，表达了它把输入转变成输出的转换功能。

模块的运行程序是指它的程序实体，模块的逻辑功能是由程序实现的。

模块通常用程序设计语言来实现，一个模块可以是一个程序或一个子程序。通过模块的名字调用模块，一个模块可以调用另一个模块，也可以被另一个模块所调用。调用模块称父模块，被调用模块称子模块。由于父还能有父，子还能有子，所以父模块与子模块的概念是相对的。

在模块结构图设计中主要关心的是模块的外部属性，即模块的功能，而不是它的内部属性。至于模块的内部属性的建立是在系统实现阶段完成的。

2. 模块结构图

模块经过"自顶向下"的逐层分解，把一个复杂系统分解成几个大模块（或子系统），每个大模块又分解为多个更小的模块。这样就得到具有层次结构的模块结构，称之为模块结构图（Moduler Structured Chart）。模块结构图反映了系统的组成及相互关系。

（1）MSC 使用的基本符号（如图 6-2 所示）

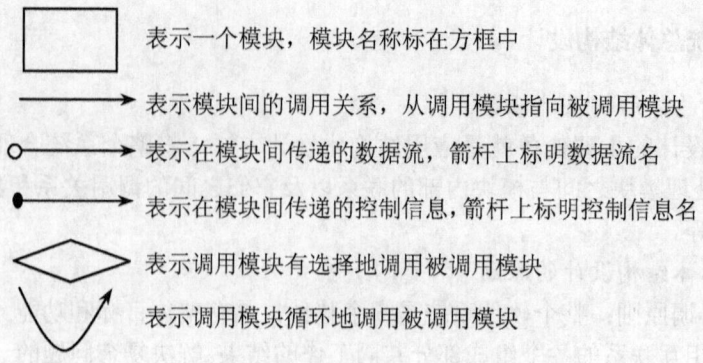

图 6-2　MSC 使用的基本符号

（2）模块调用说明

MSC 表示了模块的组成结构及模块间的调用关系，为了使系统结构设计比较合理，在进行模块分解设计、绘制 MSC 的过程中，应遵循以下几项原则：

① 模块间的调用关系符合军事调度原则，即每个模块有自己独立的功能，但只有上级模块的命令下达时才能执行。

② 模块之间的通信只限于其上、下级之间，任何模块不能越级或与平级模块直接发生通信关系。模块间的通信主要有两种，一是数据传递，二是控制信息传递。

数据传递：上级模块在调用下级模块时可以把数据传递给下级模块，下级模块运行结束时也可以把信息传回上级模块。如图 6-3（a）表示模块 A 调用模块 B 时将数据 X、Y 传给模块 B，模块 B 运行结束时把数据 Z 传回给模块 A。

控制信息传递：有时，上级模块把一些控制信息传给下级模块，这些信息不是下级模块使用的数据，而是为了指导、控制下级模块的运行。例如，决定下级模块执行哪个分支，上级模块要给出控制信息，数据传输完成时要给出结束信息等。控制信息用实心箭头表示。如图 6-3（b）中子模块有一个控制信息传给上级模块，告诉它查找是否成功。

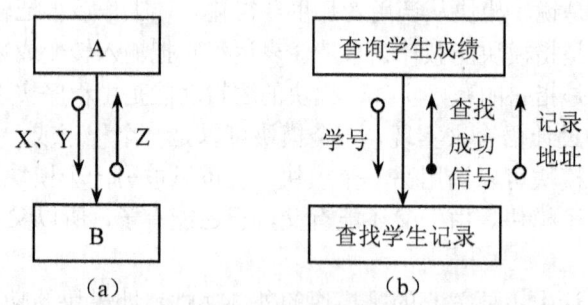

图 6-3　模块间通信

③ 某一模块与其邻近的同级模块通信，必须通过它们各自的上级模块传递。

④ 模块之间的调用次序一般是从上到下，自左向右。所以在 MSC 中把输入部分模块画在左边，输出部分模块画在右边。

⑤ 当一个模块调用它的下属模块时，要根据其内部的判断条件来决定，这种判断调用如图 6-4（b）表示。

⑥ 一个模块循环调用它的下属模块时称循环调用，如图 6-4（c）所示。

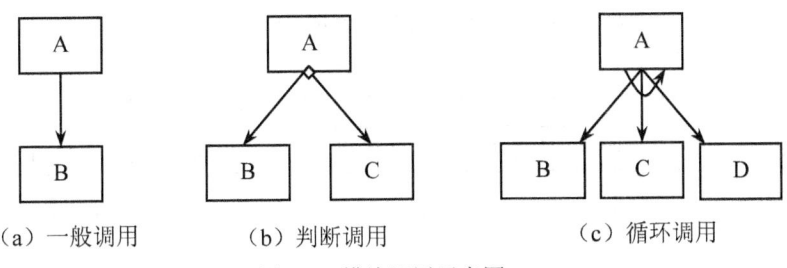

图 6-4　模块调用示意图

（3）模块结构图中的模块类型

一般有 4 种类型的模块：

① 传入模块：从下属模块取得数据，经过某些处理，再将其结果传送给上级模块，见图 6-5（a）。它传送的数据流叫逻辑输入数据流。

② 传出模块：从上级模块取得数据，经过某些处理，再将其结果传送给下属模块，见图 6-5（b）。它传送的数据流叫逻辑输出数据流。

③ 变换模块：也叫加工模块。它从上级模块取得数据，进行特定的处理，转换成其他形式，再传回上级模块，见图 6-5（c）。它加工的数据流叫作变换数据流。

④ 协调模块：对所有下属模块进行协调和管理的模块，见图 6-5（d）。在系统的输入输出部分或数据加工部分可以找到这样的模块。在一个好的模块结构图中，协调模块应在较高层出现。

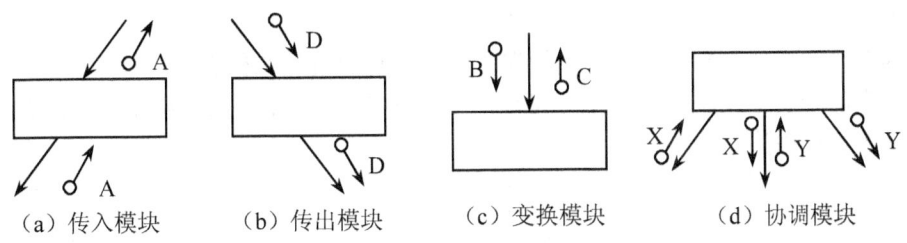

图 6-5　模块结构图的四种模块类型

在实际系统中有些模块属于上述某一类型，有些模块则是各种类型的组合。

3. **模块的独立性**

所谓模块的独立性，是指软件系统中每个模块只涉及软件要求的具体的子功能，而和软件系统中其他的模块的接口是简单的。例如，若一个模块只具有单一的功能且与其他模块没有太多的联系，那么，我们称此模块具有模块独立性。

一般采用两个准则度量模块独立性。即模块间的耦合性和模块的内聚性。耦合性是模块之间互相连接的紧密程度的度量。模块之间的连接越紧密，联系越多，耦合性就越高，而其模块独立性就越弱。内聚性是一个模块内部各个元素彼此结合的紧密程度的度量。一个模块内部各个元素之间的联系越紧密，则它的内聚性就越高，相对地，它与其他模块之间的耦合性就会减低，而模块独立性就越强。因此，模块独立性比较强的模块应是高内聚低耦合的模块。

（1）模块内聚

一个内聚程度高的模块应当只完成软件过程中的一个单一的任务，而不与程序的其他部分的过程发生联系。也就是说，一个内聚性高的模块（在理想情况下）应当只做一件事。一般模块的内聚性分为七种类型,它们的关系如图 6-6 所示。

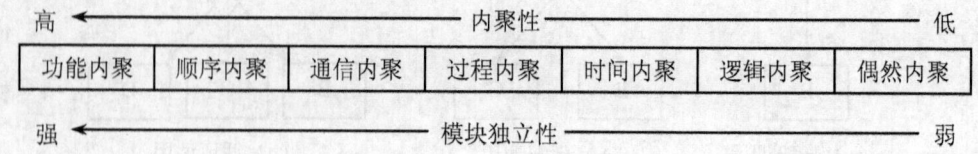

图 6-6 模块内聚类型

① 偶然型内聚:如果把若干个毫无联系的成分(语句或语句组)硬性凑在一起,组成一个模块,这种模块称为偶然型内聚模块。

FoxPro 中的过程文件就是偶然型内聚模块,模块中各子程序间无任何联系,只是为了提高程序运行速度(减少读盘次数)才把它们放在一起。但是,作为一个整体,这种模块的缺点是显然的:

- 含义不易理解,难以给它适当的命名,显然,这种模块难以测试。
- 调用复杂。在调用它时,必须对其设置专门的"开关",增加了问题的复杂性。
- 不易修改。

② 逻辑型内聚:将若干个逻辑功能相似的成分(语句或语句组)放在一个模块中,这样构造的模块即为逻辑型内聚模块。

这种模块各组成部分的功能相近,但并不完全相同,也无必然的内在联系。在运行中共用同一个动词(如"打印表"),但却各做各的事(打印不同的表),处理不同的问题。

图 6-7(a)中,有模块"打印班级课程表"、"打印教师课程表"、"打印系部汇总表"。如果为节省空间把三个模块合并起来,可以形成图 6-7(b)的模块结构图。这里模块"打印报表"就是逻辑型内聚。

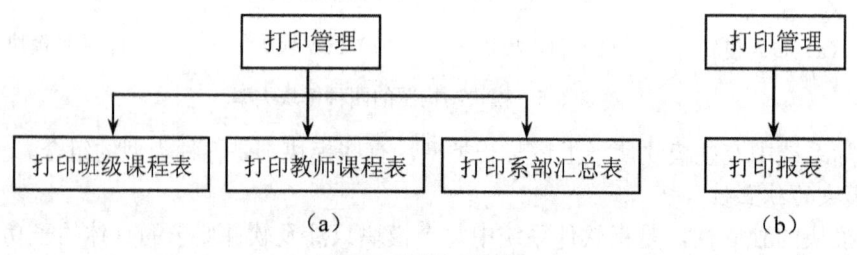

图 6-7 逻辑型内聚

逻辑型内聚存在与偶然型内聚类似的缺点。

③ 时间型内聚:若干功能因其执行时间相同而集合在一起构成一个模块,称为时间型内聚模块。

例如,会计核算系统中的"月末结转"模块,它要做各数据库的结转、数据的备份等项工作,这些工作都要在月末一个有限的时间内完成。再如系统中"初始化"、"结束"等模块也属于此类型。

上述类型的模块,内聚力都很弱,因为块中的成分没有共用数据。

④ 过程型内聚:若干项功能因逻辑上需要顺序执行而集合在一起构成的模块,称为过程型内聚模块。

使用流程图作为工具设计程序的时候，常常通过流程图确定模块划分。把流程图中的某一部分划出组成模块，得到过程内聚模块。例如，把流程图中的循环部分、判定部分、计算部分分成三个模块，这三个模块都是过程内聚模块。这类模块的内聚程度比时间内聚模块的内聚程度更强一些。另外，因为过程内聚模块仅包括完整功能的一部分，所以它的内聚程度仍然比较低，模块间的耦合程度还比较高。

⑤ 通信型内聚：通信型内聚模块中的所有操作都集中在同一个数据区，但并不规定各处理成分的执行顺序。例如，图 6-8 中的模块都属于这一类。

模块 A 从文件中读取数据产生不同的表格；模块 B 把数据转存和打印。这两个模块都是通信型内聚的。

⑥ 顺序型内聚：顺序型内聚是指模块中一个成分的输出是另一个成分的输入。这种模块中加工的执行是有序的，各成分之间的关系也较紧密，它非常接近于问题的结构，其内聚程度较高。

图 6-9 中，模块 A 中一部分语句读取数据，接着另一部分语句把数据存储起来；模块 B 中也是读取、累加、打印一环扣一环。

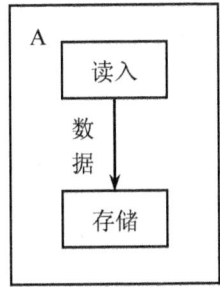

图 6-8　通信型内聚

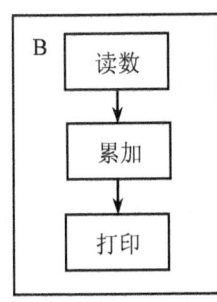

图 6-9　顺序型内聚

这种模块也有弱点，因为它包含有多个功能，这就降低了模块的独立性，也给维护工作带来困难。改进的办法是分解模块，使一个模块仅具有一个功能。

⑦ 功能型内聚：一个模块仅包含一种单一功能，就是说它所包含的所有成分都是为完成某一个具体任务的，这样的模块称为功能型内聚模块。

例如，某一"计算平方根"的模块，其中的每一语句都是为计算平方根服务的，抽掉哪一句都不行，所有语句的组合才能够计算出平方根。计算利息、计算工资、打印发票等模块，都属此类型模块。

功能型内聚模块具有定义得很清楚的界面，内部成分之间联系紧密，而同其他模块之间的联系较弱。一个功能型模块可以单独地被理解或进一步设计和编程，这种模块也易于测试和维护。

用功能型内聚模块构成一个模块库（公共程序库），合成其中的一些模块很容易构造出一个新的模块。

结构化设计方法的目标是构造出功能型模块。

（2）模块耦合

耦合性是程序结构中各个模块之间相互关联的度量。它取决于各个模块之间接口的复杂程度、调用模块的方式以及哪些信息通过接口。一般模块之间可能的连接方式有六种，构成耦合性的六种类型。它们之间的关系如图 6-10 所示。

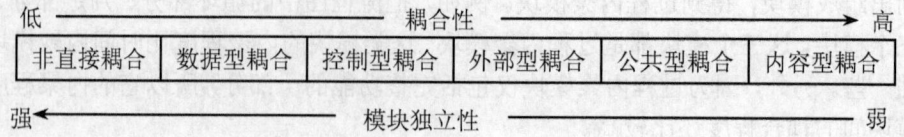

图 6-10 模块耦合类型

① 非直接耦合：如果两个模块之间没有直接关系，它们之间的联系完全是通过主模块的控制和调用实现的，这就是非直接耦合。这种耦合的模块独立性最强。

② 数据型耦合：在两个模块间往返传递的只有数据（或变量或记录或文件），这种耦合称数据型耦合。

数据型耦合在模块间只有数据传输，模块接口简单。在不可避免的耦合中是耦合力最低的，也是较理想的耦合。

③ 控制型耦合：调用模块把控制信息传递给被调用模块，被调用模块的工作情况与该控制信息有关。如图 6-11 所示，模块 B 既能打印学生课程表，也能打印教师课程表，但到底是做什么呢？要由从模块 A 传来的控制信息 Flag 决定。显然，这种耦合的耦合力要比数据耦合的耦合力大。

④ 外部型耦合：当模块受外部环境的约束时就会发生外部型耦合。如果两个模块都与同一个外部数据结构有关，则称这种耦合为外部型耦合。在图 6-12 中，"住户详情"是一公共的外部数据结构，它包含：住户编号、户主姓名、门牌号、基本房租、本月用水量、本月用电量等数据元素。把它传递给下级模块以便计算水费和电费。但"计算水费"模块只与该数据结构中的"本月用水量"这一数据元素有关，"计算电费"模块也只与"本月用电量"有关。把整个数据结构传过去一是造成传输浪费，更主要的是造成模块间的耦合。一旦"住户详情"这一数据结构发生变化，即使是与"计算水费"、"计算电费"无关的数据元素发生变化，它们也要发生变化。因为程序与数据结构是直接相关的。

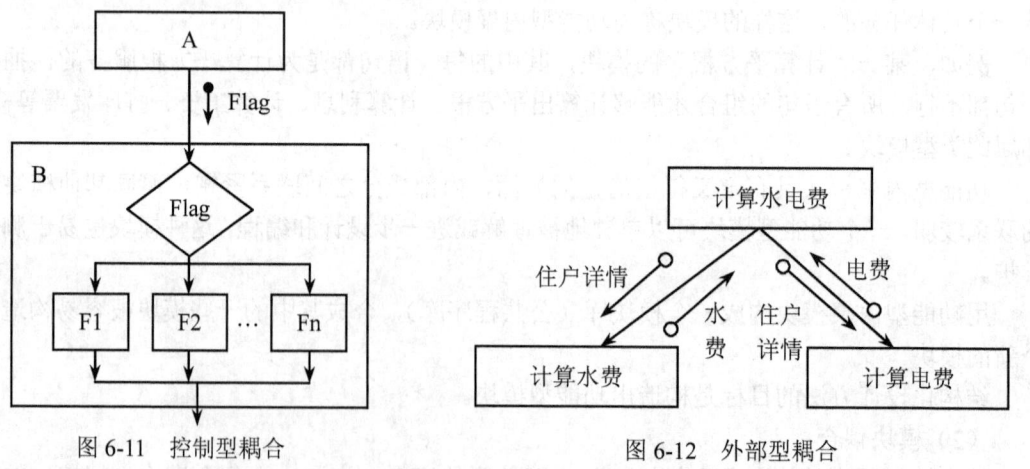

图 6-11 控制型耦合   图 6-12 外部型耦合

改进的办法是，在上级模块中选取数据结构中有关的数据元素，只把它们送入下级模块，具体地说：只把"本月用水量"传给"计算水费"模块，把"本月用电量"传给"计算电费"模块。

⑤ 公共型耦合：当两个以上模块引用同一个全局数据时，就会发生公共型耦合。在图 6-13 中，模块 B、C、E 都存取全局数据区中的一个数据项，如一个文件中的记录。假定模块 B 刚刚读取该数据，该数据便被模块 C 修改，则 B、E 再读时便发生错误。系统中有大量公共耦合将使错误诊断变得困难。

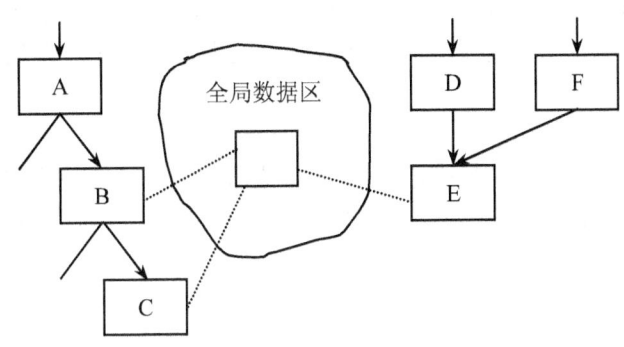

图 6-13　公共型耦合

公共型耦合是一种不好的耦合，它主要存在以下问题：
- 公用数据无保护，随时可能受到破坏，引起所有有关模块出错。
- 容易滥用公共数据域，因为不同的模块各自要求不同类型的数据，给维护工作带来很大困难。
- 要修改一个模块，很难确定哪些数据必须予以修改；同样，要修改一项数据，也难以确定哪些模块必须修改。

例如，要把公共数据域中一条记录由 20 个字节改为 30 个字节。但这将涉及哪些模块，可能要把有关的，甚至所有的模块都测试一遍后才能确定。因此，最好不设计公共型耦合的模块结构。

⑥ 内容型耦合：当一个模块使用另一个模块内部的数据或信息时，或者转移进入另一个模块中时，产生模块间内容型耦合。这是耦合力最大的块间耦合，应当避免使用。

表 6-1 列出了六种类型耦合的比较。

表 6-1　六种类型耦合比较

耦合类型	对连锁反应的影响	可修改性	可读性	通用性
非直接耦合	无	好	好	好
数据型耦合	弱	好	好	好
控制型耦合	中	中	中	中
外部型耦合	中	中	中	中
公共型耦合	强	不好	坏	坏
内容型耦合	最强	最坏	最坏	最坏

从表 6-1 可以看出，在设计块间耦合时，应以数据型为主，必要时才设计控制型和外部型。

应当消除公共型和内容型耦合。另外,两模块间也允许存在两种或多种类型的耦合。例如,既有数据耦合,也有控制耦合,但最好是单一型耦合,尽量把强耦合转化为弱耦合。

总之,按照模块独立性原则,应当使一个模块只做一件事情,一个模块做好一件事情。模块独立性是系统设计中首先要遵守的原则。

显然,合并模块可以减少耦合,分解模块可以提高内聚。这是同一个问题的两个方面。

4. 模块结构图的导出

结构化设计方法以 DFD、DD 为基础,从 DFD 以及 DD 中给出的加工逻辑描述导出初始模块结构图,然后根据模块设计原则,对初始模块结构图进行优化,得到最后的模块结构图(MSC)。

(1) DFD 与 MSC 间关系分析

DFD 与 MSC 都是对系统的功能描述,前者作逻辑描述,后者作物理描述。但它们都描述了系统把输入数据转换为输出数据的转换功能。这是其共同点,也说明两者间有必然的联系。见图 6-14。

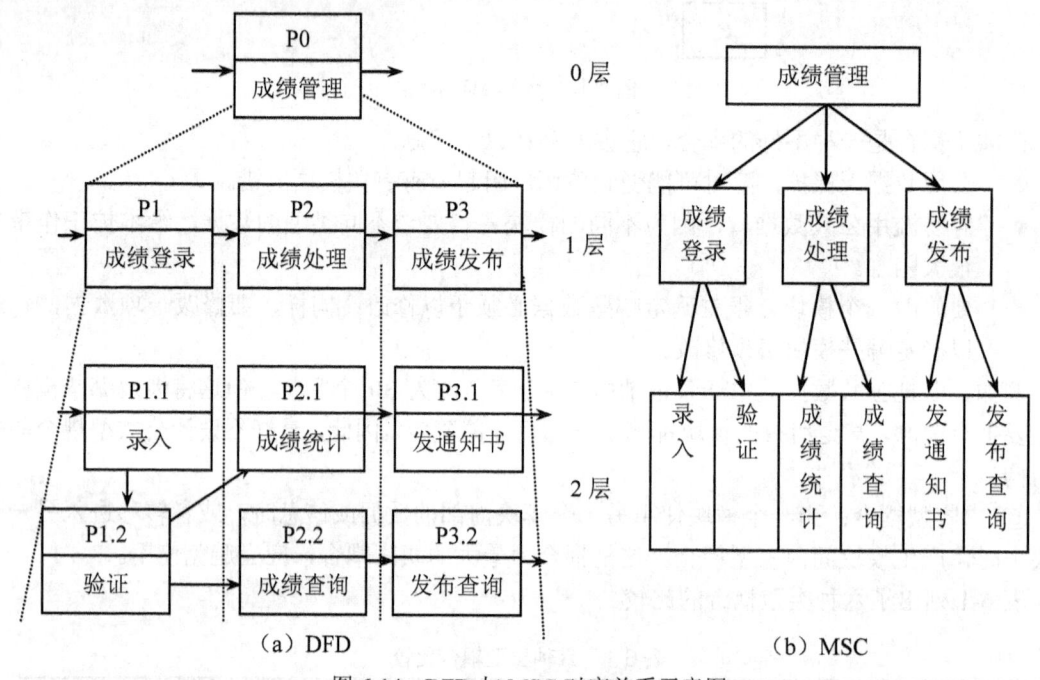

图 6-14 DFD 与 MSC 对应关系示意图

DFD 与 MSC 所用基本模型相同。DFD 是从系统的高度抽象模型出发,经对加工(即对数据的处理功能)的层层分解而得到的一个多层次的立体构造。其每一个完整层都是系统全部数据处理功能的描述,每一个加工都描述一个数据变换过程。

MSC 也是以系统的高度抽象模型(黑箱)为出发点,经对黑箱(系统或子系统)的层层分解而形成的一个平面树。MSC 是系统全部功能的描述,其中的每一个模块都是一个数据处理过程。

DFD 的主体是加工,每个加工完成各自的对输入数据流到输出数据流的转换,全部加工的功能集合就是系统的数据处理功能。MSC 的主体是模块,每个模块都完成各自的对输入数据的处理,并输出处理结果(注意,模块间的控制信息只是为了协调模块间的关系)。全部模块的数据处理功能的集合就是系统的功能。可见,DFD 与 MSC、加工和模块都是执行对输入数据的转换,得到输出数据功能的。两图有必然的内在联系,加工与模块间也有对应关系。

① DFD 中每一个较高层次上的加工与 MSC 中相应的协调模块相对应。这是因为,DFD 中每一个父加工的功能总是由它的若干子加工完成的。在 MSC 中,每一个协调模块的功能也都是由其下属模块完成的。

② DFD 中的基本加工与 MSC 中相应的基本模块相对应。

③ 各层 DFD 与相应层次的 MSC 相对应。

④ DFD 的输入部分相应于 MSC 的传入模块,输出部分相应于传出模块,中心部分相应于变换模块。

(2) DFD 的类型

要把 DFD 转换为 MSC,首先要确认 DFD 的类型,不同类型的 DFD 其转换方法有所不同。DFD 形态各异,变化多端。但仔细分析我们发现 DFD 实际上只有两种基本类型,而大多数 DFD 是由这两种基本 DFD 复合而成的。

① 变换型 DFD。变换型(Transform)DFD 的特点是,DFD 有明显的输入、变换中心和输出三大部分。每部分都由一个或若干加工组成,如图 6-15 所示。

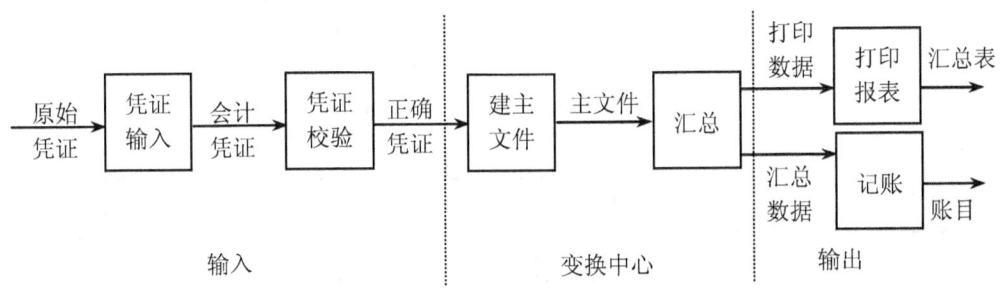

图 6-15 变换型 DFD

把变换型 DFD 转换成 MSC 关键是找出变换中心,或者说是划定输入、变换中心、输出间的界线。变换中心与输入部分间的数据流称为逻辑输入,变换中心与输出部分间的数据流称为逻辑输出。确认逻辑输入的做法是:从系统的物理输入端(最前输入端)开始,沿着数据流的方向逐步向系统内寻找,判断每一个数据流的性质,最后一个还具有输入性质的该数据流便是逻辑输入。换言之,逻辑输入是离开物理输入端最远的输入数据流。例如,在图 6-15 中,原始凭证、会计凭证、正确凭证,这些数据流都具有输入数据的性质。但主文件已不再具有输入数据的性质。就是说,"正确凭证"是最后一个具有输入性质的数据流,它是逻辑输入。类似地,离物理输出端最远的输出数据流是逻辑输出。如图 6-15 中的"打印数据"和"汇总数据"为逻辑输出。在逻辑输入与逻辑输出之间的全部加工是变换中心。

若在一些 DFD 中,有多股数据流汇合入一个加工,该加工一定是变换中心。

② 事务型 DFD。事务型(Transaction)DFD 的特征是,有一个加工有发散数据流的作用,该加工称为前事务中心。若某加工具有汇合多股数据流的作用,该加工称后事务中心。在图 6-16 中,"要求分类"是前事务中心,"输出查询"是后事务中心。

(3) 从变换型 DFD 导出 MSC

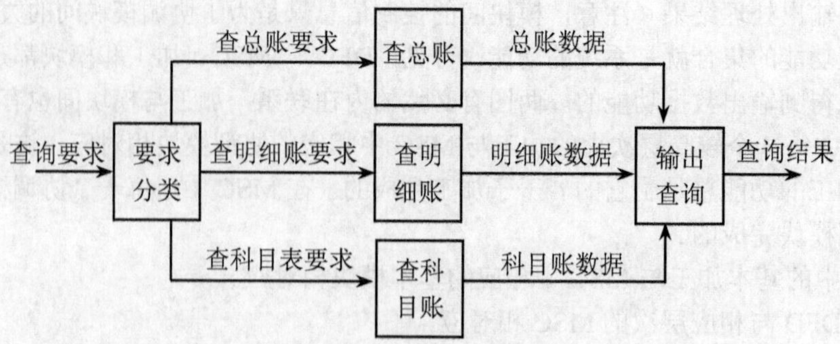

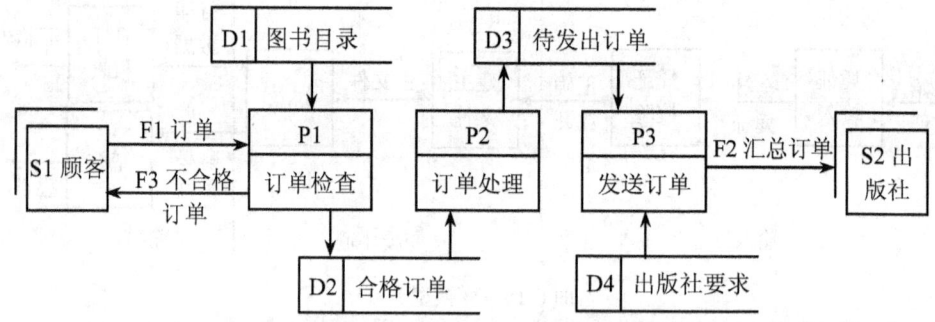

图 6-16 事务型 DFD

把变换型 DFD 转换为 MSC 的关键是确定变换中心。具体步骤是:
① 找出逻辑输入、逻辑输出,确定输入、变换中心和输出三大部分。
② 设计顶层模块,把输入、变换中心和输出连到顶层模块下作为第二级模块。
③ 其他加工以数据流连线为据自然下垂,作为下级模块。
④ 标注模块名、数据流名、控制流名、调用关系等。

下面我们以第 5 章图书预订系统 DFD(见图 5-13 至图 5-15)为例说明怎样导出模块结构图。为方便起见,将图书预订系统顶层图和二层图列于图 6-17 和图 6-19。

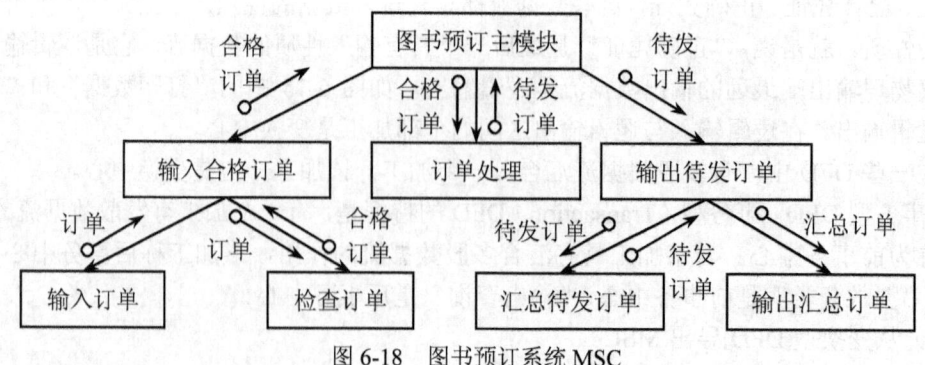

图 6-17 图书预订系统顶层 DFD

从图 6-17 中分析出逻辑输入是"合格订单",变换中心是"订单处理",逻辑输出是"待发出订单"。

这是一个变换型 DFD。设计顶层模块,提升输入、变换中心、输出到顶层模块下,按上述步骤便可得到如图 6-18 所示的 MSC。

图 6-18 图书预订系统 MSC

（4）从事务型 DFD 导出 MSC

事务型 DFD 的前事务中心一般起判断作用，然后选择某一支路进行数据处理，这种作用正是 MSC 中管理模块的作用。具体转换步骤为：

① 找出前事务中心，如果有后事务中心也一并找出。

② 设计顶层模块，建立一个"事务类型获取"模块。把"事务类型获取"模块和"事务中心调度"模块连接到顶层模块作为第二级模块。

③ 其他加工以数据流连线为据自然下垂，作为下级模块。如果有后事务中心，将其作为二级模块。

④ 标注模块名、数据流名、控制流名、调用关系等。

我们从图书预订系统的二层 DFD（见图 6-19）分析出，"订单处理"模块需要继续分解，其分解后的 DFD 是事务型的，其中"订单分类"加工是事务中心。按上述步骤立即可转换得到如图 6-20 所示的 MSC。

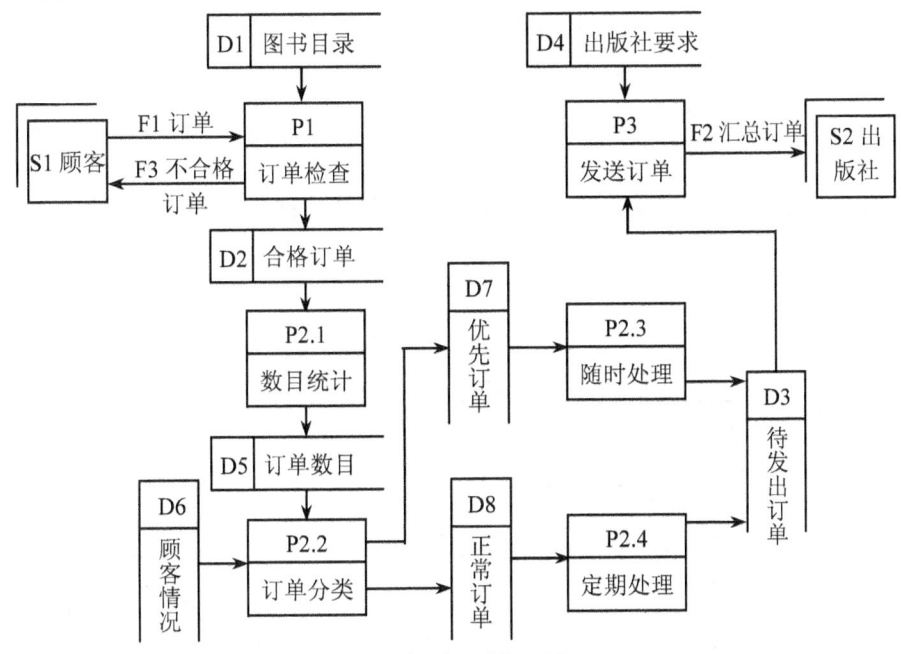

图 6-19　图书预订系统二层 DFD

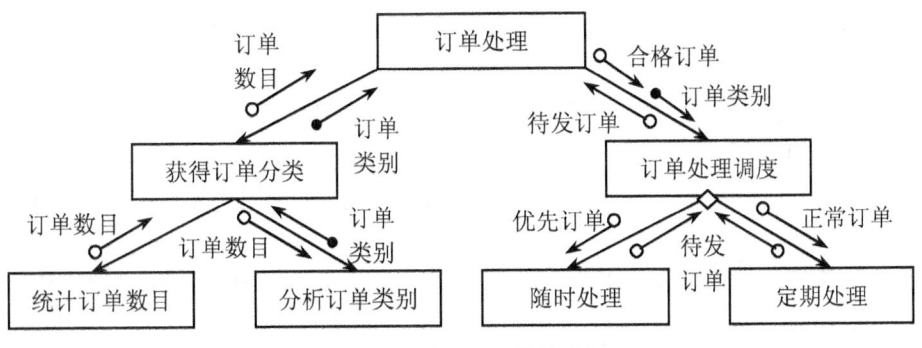

图 6-20　"订单处理"模块分解 MSC

6.2.4 教学管理信息系统模块结构图

1. 子系统划分

依据分解—协调原则,按功能分解教学管理系统,由五个子系统组成(见图 6-21)。

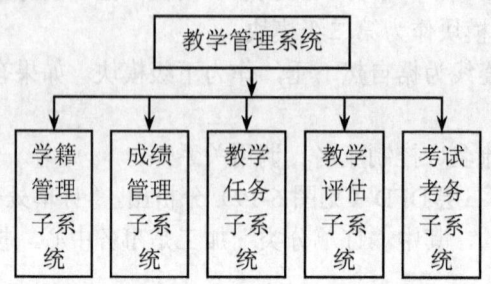

图 6-21 教学管理信息系统子系统划分

2. 使用 SD 方法,依据 DFD 导出各子系统的 MSC

通过分析得到各子系统 DFD 均是变换型,它们的输入、变换中心和输出分别是:

(1)学籍管理:逻辑输入是"班级"、"学生情况"和"注册申请";变换中心是"学籍审查"、"变动处理"和"查询统计";逻辑输出是"学籍档案",如图 6-22 所示。

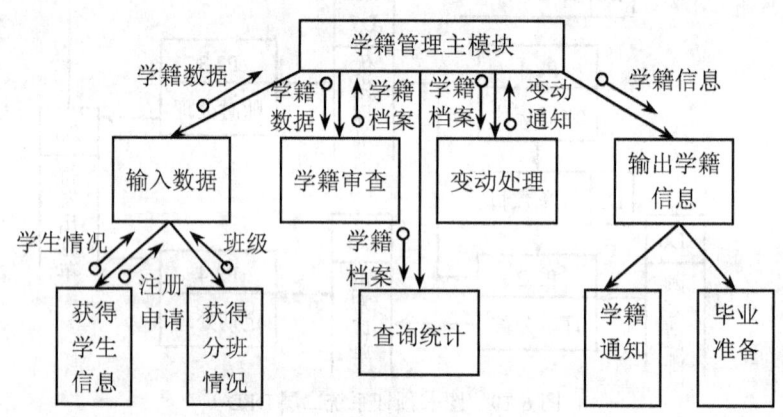

图 6-22 学籍管理子系统 MSC

(2)成绩管理:逻辑输入是"成绩档案";变换中心是"成绩查询"和"成绩统计";逻辑输出是"成绩信息",见图 6-23。

(3)教学任务:逻辑输入是"报课数据";变换中心是"编排课程表";逻辑输出是"任务安排",见图 6-24。

(4)教学评估:逻辑输入是"考评数据";变换中心是"评定等级";逻辑输出是"业绩档案",见图 6-25。

(5)考试考务:逻辑输入是"教学安排";变换中心是"考试安排";逻辑输出是"考试日程",见图 6-26。

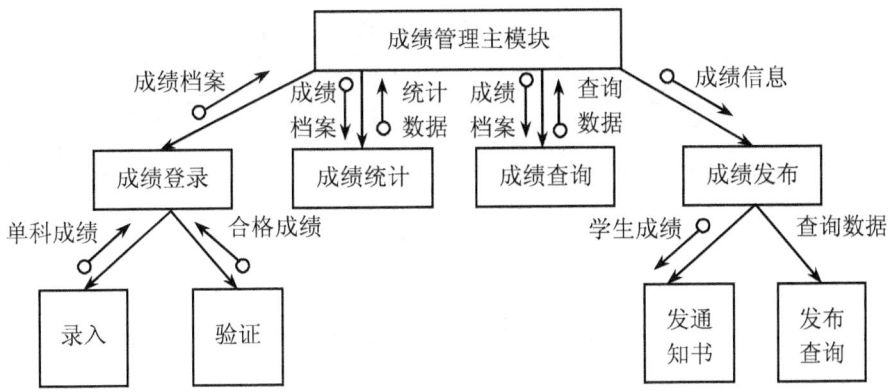

图 6-23 成绩管理子系统 MSC

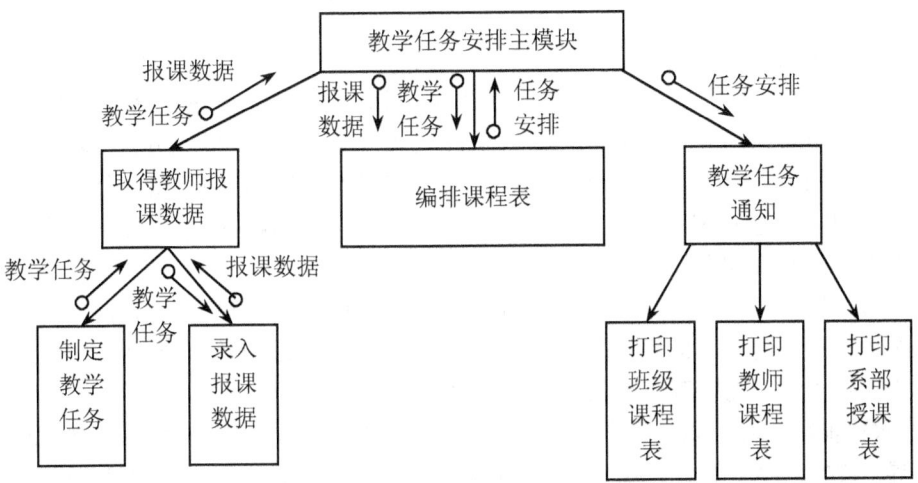

图 6-24 教学任务子系统 MSC

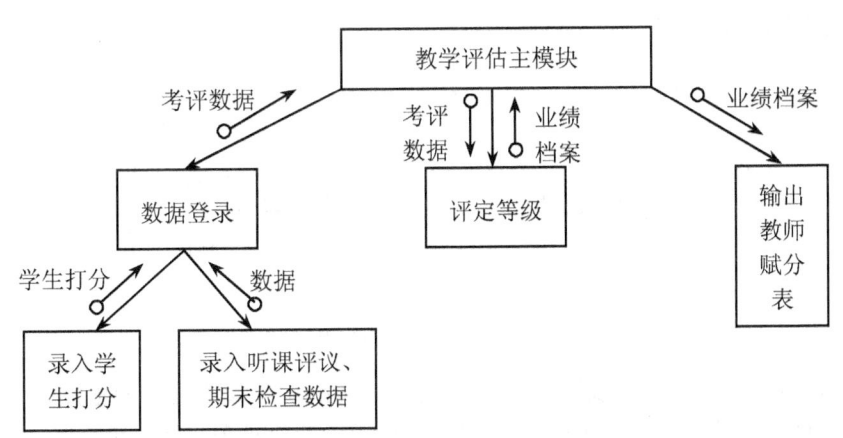

图 6-25 教学评估子系统 MSC

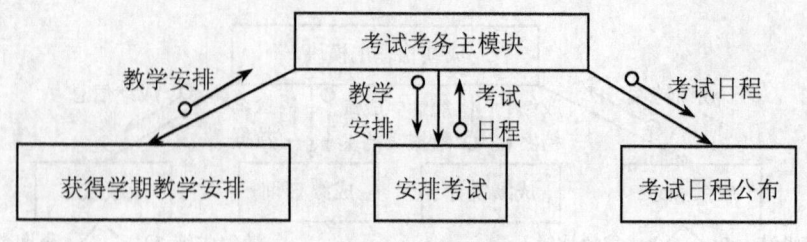

图 6-26　考试考务子系统 MSC

6.3　系统详细设计

6.3.1　数据库设计

1. 信息与数据

我们已经知道了信息是对客观事物及其相互关系的表征，同时数据是信息的具体化、形象化，是表示信息的物理符号。在管理信息系统中，要对大量的数据进行处理，首先就要弄清现实世界中事物及事物间的联系是怎样的，然后再逐步分析、变换，得到系统可以处理的形式。因此对客观世界的认识、描述是一个逐步的过程，有层次之分，它们可以被分成三个层次：

（1）现实世界。它是客观存在的事物及其相互联系，客观存在的事物分为"对象"和"性质"两个方面，同时事物之间有广泛的联系。

（2）信息世界。它是客观存在的现实世界在人们头脑中的反映。人们对客观世界经过一定的认识过程，进入到信息世界形成关于客观事物及其相互联系的信息模型，在信息模型中，客观对象用实体表示，而客观对象的性质用属性表示。

（3）数据世界。对信息世界中的有关信息经过加工、编码、格式化等具体处理，便进入了数据世界。数据世界中的数据既能代表和体现信息模型，同时又向机器世界前进了一步，便于用机器来进行处理。在这里，每一实体用记录表示，相应于实体的属性用数据项（或称字段）来表示，现实世界中的事物及其联系就用数据模型来表示。

三个领域间的关系可用图 6-27 表示。

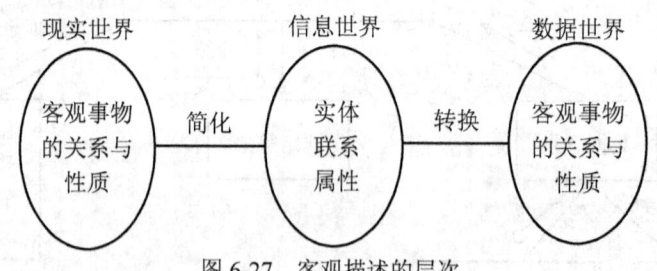

图 6-27　客观描述的层次

由此可以看出，客观事物及其联系是信息之源，是组织和管理数据的出发点，同时也是使用数据库的归宿。信息模型和数据模型是对客观世界的两级抽象描述。在数据管理中，核心是数据模型，但为了弄清数据模型就必须首先充分认识客观世界，形成信息模型。否则，数据库就会失去存在的意义。

2. 信息模型

在信息处理领域中，我们也常采用模型的方法来研究有关问题。这里我们要介绍的是一种不考虑任何计算机实现，完全客观地反映所研究问题中的信息及信息联系的模型。

（1）信息模型的要素

信息模型的主要要素是实体（Entity），任何客观存在的事物均可以是实体，这个事物可以是人，也可以是物；可以指实际的东西，也可以指概念性的东西，例如学生、学校、工厂、工作过程、操作步骤等均可以是实体。信息模型中的另一要素是属性（Attribute），属性是实体（事物）的某一方面的性质或特性。如学生的学号、学校的名称、工厂的性质等均可以是有关实体的属性。信息模型中还有另一个重要要素是联系（Relationship），联系是指客观存在的事物之间的相互关系，通常是指实体集与实体集之间的关系。

实体分为两个层次：个体和实体集（总体）。个体是指能相互区分的、特定的单个实体。实体集（总体）是同类个体的集合。

属性由属性名和属性值来描述。属性名表示实体的性质的类型。属性值描述特定实体（个体）的具体性质。特定的实体是由若干具体属性值排列起来进行描述的。实体集中各个体具有同名属性。我们把属性名的组合称为实体型，因此一个实体型就代表了一个实体集。例如，学生这一实体，它的属性名是学号、姓名、性别、出生日期、政治面貌、身份证号等。这些属性名组成了这一实体的实体型。某一学生的所有这些属性值，就组成一个特定实体，即个体。所有学生的属性就构成了一个实体集。

属性又可分为原子属性和可分属性，原子属性是不可分割的，如学生的年龄、性别、职务等。有些属性如出生年月是可分的，称为可分属性。

实体与属性的区分是相对的。在某个问题中可以看作实体的事物，在另一问题中可能作为属性。例如，考察交通工具的性能时，汽车、火车、马车等都是以交通工具名称这一属性的值出现的。而汽车本身又可作为一个实体来考察它的各种属性。

（2）两个实体集之间相互联系的方式

两个实体集之间的联系是信息模型中最基本的联系，实体之间的联系实际上反映了实体之间的语义关系。例如"教师"和"课程"两个实体存在着内在联系，教师的本职工作就是上课，于是通过"任课"自然就将"教师"和"课程"两实体联系起来：表示某教师上什么课和某门课由哪些教师承担。这里的"任课"起联系作用，联系也是实体，所以联系也可以有属性。

实体间联系情况比较复杂，但就其联系方式而言，不外乎以下三种：

① 1∶1 联系（一对一）

若两不同型实体集中，一方的一个实体唯一与另一方的一个实体相对应，称 1∶1 联系。

如图 6-28（a）所示，M 代表班级集合，W 代表教室集合，则 M 与 W 是 1∶1 的联系。

② 1∶n 联系（一对多）

若两不同型实体集中，一方一个实体对应另一方多个实体；反之另一方一个实体最多只与本方一个实体相对应，称 1∶n 联系。

如图 6-28（b）所示，P 代表班级集合，R 代表学生集合，则 P 与 R 是 1∶n 的联系。

③ m∶n 联系（多对多）

若两不同型实体集中，任何方一个实体都与对方一个或多个实体相对应，称 m∶n 联系。

如图 6-28（c）所示，S 代表学生，C 代表课程，则 S 与 C 是 m∶n 的联系。

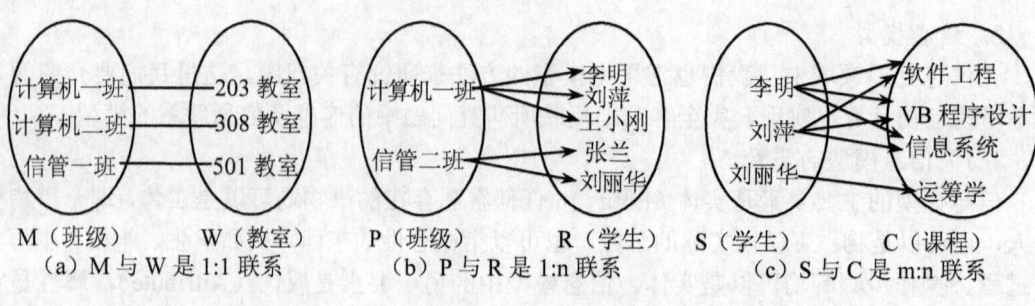

图 6-28 实体间的三种联系方式

三种联系方式中,基本的是 1∶n 联系,因为 1∶n 包含了 1∶1,而 m∶n 可以转换为 1∶n。

3. 数据模型

(1) 数据模型的概念

数据模型是面向数据库中数据的逻辑结构的,按照著名的数据库专家 E. F. Codd 的解释,一个数据模型实质上是一组向用户提供的规则,这组规则规定了数据是如何组织的,其结构怎样以及相应地允许进行哪些操作。一般来说,一个数据库的数据模型至少应包含以下三个组成部分:

① 一组规定的用以构造数据库的基本数据结构类型:这是数据模型中最基本的部分,它规定如何把基本数据项组织成更大的数据单位,并通过这种结构来表达数据项之间的关系。由于数据模型是现实世界与机器世界的中介,因此,它的基本数据结构类型应是简单且易于理解的;同时,这种基本数据结构类型还应有很强的表达能力,可以有效地表达数据之间各种复杂的关系。

② 一组数据操作或推导规则:这些操作能实现对上述数据结构中按任意方式组合起来所得数据库的任何部分进行检索、推导和修改等。实际上,上述结构只规定了数据的静态结构,而操作的定义则说明了数据的动态特性。同样的静态结构,由于定义在其上的操作的不同,可以形成不同的数据模型。

③ 完整性约束规则:用于给出不破坏数据库完整性、数据相容性等数据关系的限定。为了避免对数据执行某些操作时破坏数据的正常关系,常将那些有普遍性的问题归纳起来,形成一组通用的约束规则,只允许在满足该组规则的条件下对数据库进行插入、删除、更新等操作。

综上所述,一个数据模型实际上给出了一个通用的在计算机上可实现的现实世界的信息结构,并且可以动态地模拟这种结构的变化。因此它是一种抽象方法,为在计算机上实现这种方法,研究者开发和研制了相应的软件——数据库管理系统(Data Base Management System, DBMS),DBMS 是数据库系统的主要组成部分。

(2) 数据模型与信息模型的关系

数据是信息的具体表现形式,是信息载体上反映的信息内容、接收者可以识别的符号。信息与数据具有一一对应的关系,计算机中的数据组织必须与客观世界中的信息结构相适应。数据模型就是数据组织中各层次内部、外部之间的联系的描述。因此,数据模型也必须以相应的信息模型为基础。

信息模型和数据模型要素的对应关系如下:

实体—记录;实体型—记录型;

实体集—文件；个体—特定记录；

属性—数据项；属性名—数据项型；属性值—数据项值。

每个记录型为数据项型的组合。数据项型是指数据项的名称和数据类型、所占存储空间。数据项值的组合构成记录值，记录值确定一个特定记录，文件则是记录型和记录值的总和。这里记录型是文件的一个框架，记录值是文件的内容。由于记录型确定了文件的框架，所以常常用一个记录型代表一个文件（这里只讨论同型记录组成的文件）。

在文件这个组织层次中不仅要描述数据项、记录之间的联系，而且要描述记录型之间，也就是各种文件之间的联系。要反映客观世界复杂的信息结构，一个实用的数据库即使很小，也包含十几个至几十个记录型。

一个记录型包含一组数据项型，其中必有一个或几个是关键字。由于关键字是能唯一标识一条记录的数据项的最小集合，所以往往用关键字来代表一个记录型。如职工记录型和部门记录型的关系，实际上反映职工姓名和部门名称为代表的两个实体集之间的联系。在数据模型中职工姓名数据项和部门名称数据项就可作为两个记录型的关键字。当一个关键字不能充分表达这种联系的内容和意义时，可用若干个数据项型联合代表一个记录型。数据库的数据模型主要描述记录型之间的联系。

（3）关系模型

当前使用最为广泛的数据模型是关系型数据模型。

关系模型将数据的逻辑结构归纳为满足一定条件的一个个二维表的形式。一张二维表称为一个关系，关系又由关系模式（记录型）和若干元组（记录）组成。关系模式处在关系表第一行，它表达表中记录类型，其余每行都是一条记录（元组），实际记载数据；关系表的列称为属性（字段），它们表达记录的各组成部分。关系表具体形式参见图 6-29 的举例。一般地，关系表中一条记录代表一个实体，属性代表实体的各特征，一张关系表代表一个实体集，实体之间的联系通过表与表之间的公共属性表达。

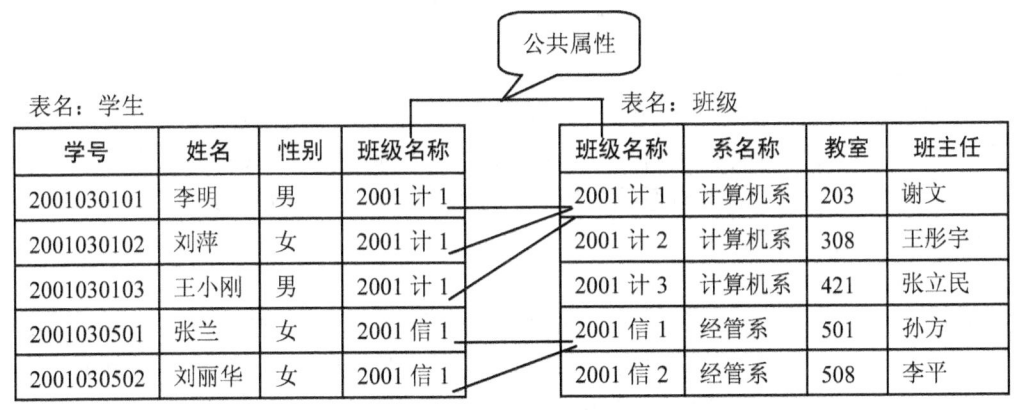

图 6-29 表与表之间的联系

在图 6-29 中，学生和班级表中都含有班级名称属性。尽管学生数据与班级数据分别存储在不同的表中，但是通过学生表与班级表之间的公共属性（班级名称）就可以建立两个表之间的关联。例如，要查问学生刘萍的班主任，就先从学生表中查出刘萍的班级名称是 2001 计算机 1 班，再根据班级名称在班级表中查出 2001 计算机 1 班的班主任是谢文。虽然，表与表之间是相互独立存储的，但可以通过公共属性实现表与表之间的关联。这是关系数据模型的重要特点。

总之，关系模型由关系表组成，表是关系模型的基本结构，关系模型用若干个二维表来表示实体及其联系，这是关系模型的本质。在计算机中建立一个关系型数据库就是对一个关系模型的具体实现，这是通过关系数据库管理系统（RDBMS）软件来完成的。

4. 关系范式化

我们先通过例子来看一看某些不恰当的关系模式可能导致的一系列问题。例如，学生基本情况表关系模式如下：

学生情况（学号，姓名，性别，出生日期，班级名称，班主任，所在部门，部门领导）

在这个关系模式中，一个学生只能在一个班级，一个班级可以有很多学生，所以该关系在使用过程中存在以下三个方面的数据异常：

- 数据冗余

每当输入一个学生的基本情况时，该学生的班级名称、班主任、所在部门、部门领导等信息就重复存储一次。一般情况下，一个班学生的班主任是相同的，致使数据冗余不可避免，导致关系中的数据冗余度相当大。数据库中不必要的重复存储就是数据冗余，如表 6-2 所示。

表 6-2 数据冗余

学号	姓名	性别	出生日期	班级名称	班主任	所在部门	部门领导
1999010201	王凡	男	1979.10	99 计 2	徐纹星	计算机系	姜劲
1999010202	张丰	男	1979.07	99 计 2	徐纹星	计算机系	姜劲
1999010203	孙文	女	1980.09	99 计 2	徐文星	计算机系	姜劲
2000010101	武强	男	1980.11	00 计 1	王秉前	学生科	李昌星
2000010102	肖利	女	1981.01	00 计 1	王秉前	学生科	李昌星

- 更新异常

由于数据的重复存储，会给更新带来很多麻烦。比如计算机系部门领导改变了，那么所有元组的"部门领导"值都会更新，一旦某个元组的"部门领导"属性值未修改就会导致数据不一致。数据的不一致直接影响系统的质量。这种关系模式不仅所要修改的数据量大，潜在的数据不一致危险性也大。

- 删除异常

学生基本情况表中的"所在部门"和"部门领导"是指班主任老师所在部门以及部门负责人。如果某班学生毕业，我们删除了该班学生全部信息，则同时也没有了该班班主任老师归属部门数据。这不是我们所期望的结果，但此种关系模式就会产生这种删除异常情况。

产生这些异常的原因是关系模式设计不好所造成的。如何避免和克服这类异常，是系统分析的设计人员必须考虑的问题。如果事先没有考虑好，待系统建立之后发现问题再返回去修补，不仅费时费力，而且可能已不能够彻底解决问题。如果在一开始设计时就用下面四个关系模式来代替原来一个关系模式，这些数据异常问题就可以基本得到解决。

学生表（学号，姓名，性别，出生日期）

班级表（班级代码，班级名称，班主任）
教师表（教师编号，教师姓名，所在部门，……）
部门表（部门代码，部门名称，部门负责人）

这四个关系不是孤立的，它们相互存在关联，构成了整个系统的模型。各个关系之间的联系通过外关键字反映出来。具体来说，学生表和班级表通过"班级代码"属性相联系；班级表和教师表通过"班主任"属性相联系；教师表和部门表通过"所在部门"属性相联系。当处理问题需要时，以这些外关键字为"桥梁"对有关的关系进行自然连接，则可恢复原来的关系中各字段间的联系。

实际上，像上面的这四个没有数据异常的关系模式，我们说它们是规范化的关系模式。也就是说，要想设计出没有异常的整个系统的关系模型，必须规范化其中的每个关系模式。那么什么是规范化呢？

一个关系模式里的属性，由于它在不同元组属性值可能不同，由此可以把关系中的属性看作变量。而且同一元组中一个属性与另一个属性在取值上存在制约，这是由事物本身的特性决定的。例如，职工的编号确定了本元组的姓名、性别等属性值，零件的型号决定它的规格，光的波长决定光的彩色。

在设计关系数据库时，如果随意建立关系模式，则可能会出现诸多弊病，较好的关系模式必须满足一定的规范化要求。一个关系模式满足某一指定的约束，称此关系模式为特定范式的关系模式。满足不同程度的要求构成不同的范式级别。关系模式一般有下列几种范式：第一范式（1NF）、第二范式（2NF）、第三范式（3NF）、BCNF 和第四范式（4NF）。一般分解到第三范式即可。对关系最基本的要求，即最低级别的范式叫做第一范式，记为 1NF。

（1）第一范式

在关系模式 R 的每一个具体关系 r 中，如果每个属性值都是不可再分的最小数据单位，即原子值，则称 R 是第一范式的关系，记为 $R \in 1NF$。

不属于 1NF 的关系称为非规范化关系。数据库理论研究的都是规范化关系，而现实中经常采用的复式表格（表中有表）均不属于规范化关系，如表 6-3、表 6-4 所示。

表 6-3　不规范表甲

编号	姓名	电话号码
1001	陈述	85280335(O)
1001	陈述	85280680(H)
1002	莫强	85251879
1003	周期	85120188(O)
1004	周期	85125736(H)
1005	李清泉	85207768
1006	杨柳	85123689

表 6-4　不规范表乙

单位名称	地址	负责人	
		主任	副主任
数学系	1 号楼 308#	李力学	章同心 于林立
外语系	2 号楼 508#	孙函	武艺 刘天才

可以用三种方法把表 6-3 规范成 1NF 关系：①像表中那样，重复存储职工编号和姓名。此时，关键字只能是电话号码。如果单独查阅此关系问题不大，若通过职工号与其他关系联接，由于职工编号不能作关键字，则可能造成大量冗余；②保留职工编号的关键字地位，把电话号

码分别用单位电话和住宅电话两个属性表示。这样会使只有一个电话号码的元组出现空属性值，由于电话号码不是关键字，允许出现空值；③保留职工编号的关键字地位。维持原模式不变，但强制每个元组只输入一个电话号码。

以上三种选择，第一种最不可取，后两种可根据实际需要确定一种。

将表 6-4 规范成 1NF。如果各单位只有一名副主任，可将关系模式设计成：单位（单位名称，地址，主任，副主任）。若有一个以上的副主任，则需要设副主任 1，副主任 2，……几个单独属性。或者限定只录入一个副主任。

（2）第二范式

满足第一范式的关系仍可能出现问题，下面通过简单的例子来说明：设有成绩关系模式（学号，课程号，成绩，学分）。稍加分析可知此关系存在以下函数依赖：（学号，课程号）→成绩，课程号→学分，组合属性（学号，课程号）是关键字。

在实际使用中该关系模式会出现下列问题：

- 数据冗余：每当一名学生选修一门课程时，该课程的学分就重复存储一次。假设同一门课被 60 名学生选修，学分就重复 60 次。不仅浪费存储空间，更重要的是由于输入错误容易造成数据不一致。
- 更新异常：如果调整了该课程的学分，每个相应元组的学分值都要更新。这不仅增加了更新的代价，而且有潜在的数据不一致性。如果某些元组没有同时修改，则会出现同一门课有两种不同学分的怪现象。
- 插入异常：如果学校计划增开新课，准备下学期提供给学生选修，应当把新课的课程号及学分插入到选课关系模式中。但由于是新课暂无人选修，这样就会缺少学号，关键字不完全，不能插入。只能等有人选修了这些课程之后，才能把课程和学分存入关系中。
- 删除异常：如果学生已修完课程毕业，要从当前数据库中删除选修记录，则有关的课程及学分也将无法保留，这显然是极不合理的。

上述异常现象，原因在于关系模式中的非主属性"学分"仅函数依赖于主属性"课程号"，即课程号→学分，也就是说，非主属性"学分"部分依赖组合关键字（学号，课程号），而不是完全依赖。为克服上述弊病发生，需进一步提高关系的范式级别。

第二范式的定义：如果关系模式 R(U)中的所有非主属性都完全函数依赖于任意一个候选关键字，则称关系 R 属于第二范式的，记为 R∈2NF。

若想将上述非 2NF 的选课关系模式规范成 2NF 的关系，应设法消除属性之间的部分依赖。把成绩关系模式（学号，课程编号，成绩，学分）分解为两个关系模式代替原来的设计：成绩（学号，课程编号，成绩）、课程（课程编号，学分）；新关系模型包括两个关系模式，它们之间通过成绩关系模式中的外关键字课程号相联系，需要时再进行自然联接，则可恢复原来的关系。

（3）第三范式

在有些情况下，满足第二范式的关系仍然可能出现问题，如学生关系模式（学号，姓名，所在系编号，系名称，系地址）关键字"学号"函数决定各个属性。因是单属性关键字，不存在部分依赖的问题，故属于 2NF。但此关系中仍存在大量冗余，有关学生所在系的几个属性将重复存储，且重复值随学生人数的增加而增加。在插入、删除或修改元组时也将产生类似上面所讲的异常情况。因此，仍有进一步提高关系范式级别的必要。

分析产生问题的原因，是由于关系中存在传递依赖造成的。即关键字"学号"不是直接函数决定非主属性系地址，而是通过传递依赖学号→系地址实现对系地址的函数决定的。

第三范式的定义：如果关系模式 R(U)中的所有非主属性对任何候选关键字都不存在传递依赖，则称关系 R 是属于第三范式的，记为 R∈3NF。

要把符合 2NF 的学生关系（学号，姓名，所在系编号，系名称，系地址）转换成符合 3NF 的数据库模型，目标就是在每个关系模式中都不能留有传递依赖。应设法通过分解将原来的传递依赖属性放到不同的关系模式中去。把原来的学生关系分解成如下两个关系之后则满足 3NF 的要求：学生（学号，姓名，所在系编号）、系（所在系编号，系名称，系地址）。

注意：因部分依赖必然是传递依赖，故如果一个关系模式不存在传递依赖，则必定不存在部分依赖。即，满足 3NF 的关系模式必然满足 2NF。

这样，原来的"学生"和"成绩"两个关系模式：

学生（学号，姓名，所在系编号，系名称，系地址）

成绩（学号，课程号，成绩，学分）

经规范化后，新关系模型就要包括以下四个关系模式：

成绩（学号，课程号，成绩）

课程（课程号，学分）

学生（学号，姓名，所在系编号）

系（所在系编号，系名称，系地址）

该关系数据库模型达到了第三范式的要求。课程、学分和系地址等数据的存储减少到了最低限度，学生删除选课可不再影响课程学分，对学分或系地址的插入与更新简单化了，从而有效地避免了造成数据不一致的潜在危险。

从以上关系模式分解的例子可以看出，对关系规范化的分解过程体现出了"一事一处"的设计原则，即一个关系反映一个实体或一个联系，不要把几样东西捆绑在一起。基本关系切忌"大而全"，在若干个基本关系模式组成的关系模型基础上，可根据应用需要通过自然联接导出所需要的各种关系。

5．数据库的组成与结构

（1）数据库系统体系结构

数据库系统有着严谨的体系结构。目前世界上有大量的数据库正在运行，其类型和规模可能相差很大，但是就其体系结构而言却是大体相同的。

美国国家标准委员会（ANSI）所属标准计划和要求委员会（Standards Planning And Requirements Committee）在 1975 年公布了一个关于数据库的标准报告，提出了数据库的三级结构组织，这就是有名的 SPARC 分级结构。三级结构对数据库的组织从内到外分三个层次描述，分别称为内模式、概念模式和外模式，如图 6-30 所示。

① 概念模式：简称模式，是对数据库的整体逻辑描述，并不涉及物理存储，故称为 DBA 视图。

② 内模式：又称存储模式，具体描述了数据如何组织存储在存储介质上。内模式是系统程序员用一定的文件形式组织起来的一个个存储文件和联系手段；也是由他们编制存取程序，实现数据存取的。故称内模式为系统程序员视图。

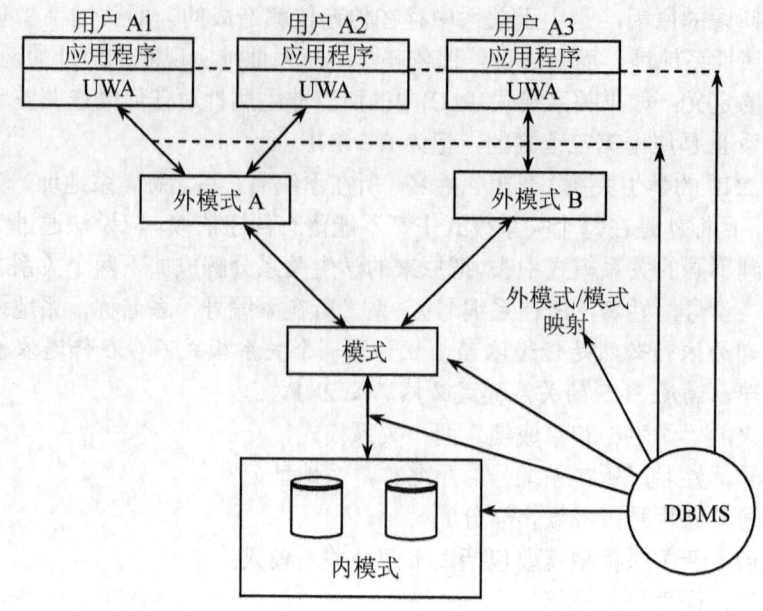

图 6-30 SPARC 分级结构

③ 外模式：外模式通常是模式的一个子集，故又称外模式为子模式。外模式面向用户，是用户眼中的数据库，故称外模式为用户视图。

综上所述：模式是内模式的逻辑表示；内模式是模式的物理实现；外模式则是模式的部分抽取。三个模式反映了对数据库的三种不同观点：模式表示了概念级数据库，体现了对数据库的总体观；内模式表示了物理级数据库，体现了对数据库的存储观；外模式表示了用户级数据库，体现了对数据库的用户观。总体观和存储观只有一个，而用户观可能有多个，有一个应用，就有一个用户观。

只有内模式才是真正存储数据的，而模式和外模式仅是一种逻辑表达数据的方法，但却可以放心大胆地使用它们，这是靠 DBMS 的映射功能实现的。在三个模式间存在着两种映射：一是"外模式/模式"间的映射，这种映射把用户数据库与概念数据库联系起来；另一是"模式/内模式"间的映射，这种映射把概念数据库与物理数据库联系起来。正是通过这两种映射，换来了用户使用数据库的方便，最终把用户对数据库的逻辑操作导向对数据库的物理操作。

（2）数据库的组成

数据库系统由数据库、支持数据库运行的软硬件、数据库管理系统、应用程序和人员等部分组成。

① 数据库

数据库是保存在存储介质上的大量的相关数据的集合，主要是通过综合各个用户的文件，除去不必要的冗余，使之相互联系所形成的数据结构。联系是数据库的重要特点。

② 硬件

硬件是数据库赖以存在的物理设备，包括 CPU、存储器和其他外部设备等。显然，计算机性能越高，数据处理能力越强。值得指出的是，数据库系统要求较大的内存，用来存放系统程序、应用程序和开辟用户工作区及系统缓冲区；而对外部存储器更有特殊要求，一般应配备高速的、大容量的直接存取存储设备（磁盘、光盘等）。

③ 软件
- 数据库管理系统简称 DBMS（Data Base Management System），是数据库系统中专门用于数据管理的软件。另外要知道，计算机系统中任何软件必须在操作系统支持下才能工作，因此，当选用某种 DBMS 时，必须选择能对 DBMS 提供支持的操作系统，如果想要处理汉字，还得配上中文操作系统。
- 应用程序：数据库是多用户共享的，不同用户的数据视图已由设计者组织在数据库中，但是如何使用是用户自己的事，应用程序给用户提供了个性化使用数据库的途径。可以在远程终端上查询数据，也可以编程处理自己的业务，其操作权限仅是数据库的一个子集。

④ 人员

数据库系统中的人员主要有以下几类：
- 系统分析员。他们负责系统的需求分析，规范说明。他们必须与业务部门即各个用户和其他工作人员，特别是数据库管理员密切结合，以决定数据库系统的具体构成。
- 系统程序员。负责设计、实现和维护系统程序，特别是 DBMS，实现数据组织与存取的各种功能。
- 应用程序员。负责编制和维护应用程序，应用程序员也是系统的用户。
- 数据库管理员（DBA）。负责全面地管理数据库系统的工作，主要工作有：

a．决定数据库的信息内容；参与系统分析与设计过程，与系统分析员和用户结合，确定数据库的模式和外模式。当情况变化时负责修改模式或外模式，以适应新的要求。所以，DBA 是数据库系统与用户间的联络员。

b．决定数据的存储结构和访问策略。如决定使用什么方法组织文件；数据如何存放到存储介质上，才能使存储效率和存取效率高，同时又经济合算。

c．对数据库的使用和运行进行监督和控制。由 DBA 定义合法权检验和有效性检验过程，以保证数据库数据的完整性，包括确定授权、核对和访问生效的办法等。

d．数据库的维护和改进。决定数据库的后援（即建立数据库的副本）和恢复策略；在数据库运行过程中遇到软硬件故障时，负责库的恢复。另外，随着数据库的使用，系统的性能会下降变坏，数据库管理员要负责对运行状况进行统计分析，根据实际情况和需要不断改进数据库设计。

数据库中的人员与数据库三级结构的对应关系可参看图 6-31。

综上所述，数据库系统以硬件为基础，在硬件之上运行各种软件。图 6-32 表示了 DBMS 在操作系统支持下与其他语言处理程序在计算机系统中并存，用户可以选用 DBMS 或其他语言编程。但是如果要对数据库操作，必须通过 DBMS 才能进行。

（3）数据库管理系统（DBMS）

DBMS 是数据库系统的关键组成部分。任何数据操作，包括数据库定义、数据查询、数据维护、数据库运行控制等都是在 DBMS 管理下进行的。DBMS 是用户与数据库的接口，应用程序只有通过 DBMS 才能和数据库打交道。

① 数据库定义功能

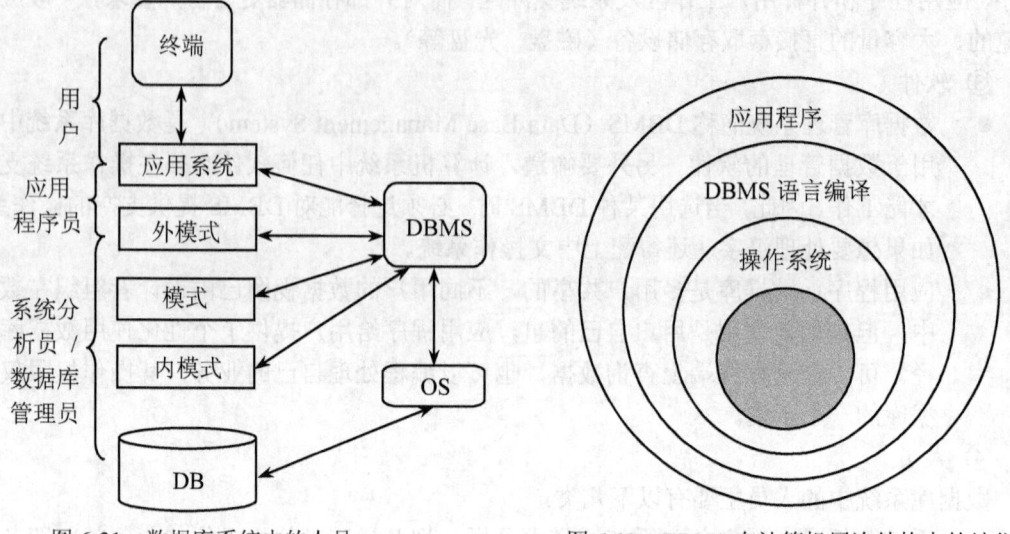

图 6-31　数据库系统中的人员　　　　图 6-32　DBMS 在计算机层次结构中的地位

DBMS 提供有数据描述语言（Data Description Language，DDL）来定义模式、外模式和内模式，并将各种模式翻译成相应的目标代码。这些目标模式并不是数据库中的数据，而是数据库的结构。翻译后的各种目标模式将保存在系统的数据字典中，供 DBMS 进行数据管理时参照使用。

模式 DDL 是 DBA 用来定义数据库整体逻辑结构即数据库的模式的。它定义所有数据元素的名字、特征及其相互关系。DDL 还用来定义数据的保密性及有关安全性、完整性的规定。

外模式 DDL 是用来定义用户所用数据库的局部逻辑结构的。它定义用户的应用程序所用的所有数据元素的名字、特征及其相互关系。

物理 DDL 用来定义数据的物理存储方式，由 DBA 使用，用户一般不接触它。物理 DDL 描述数据在存储介质上的安排和存放，它和硬件特征有关，是数据库最内层的描述，包括如何组织文件、建立索引以及进行压缩、分页等描述。

上述 DDL 中也包括对各级模式的修改功能。

② 数据库操纵功能

DBMS 提供有数据操纵语言（Data Manipulation Language，DML）实现对数据库的操作。有四种基本操作命令：检索、插入、删除和修改。

除了 DDL 和 DML 语言之外，还有类似于操作系统的作业控制语言，DBMS 也有自己的数据库控制语言，用以启动模式 DDL、外模式 DDL 的翻译和修改。

③ 映射功能

实现"外模式/模式"和"模式/内模式"之间的映射。

④ 支持程序设计

任何 DBMS 均支持某种程序设计语言。有两种类型的程序设计语言："宿主型"和"自主型"。

- 宿主型（Host Language）：用一般的程序设计语言（称为主语言，如 Java、C++等）编程，而把 DML（相对于主语言，称为子语言）作为主语言的一种扩充嵌入到主语言中。

- 自主型（Self Contained Language）：DBMS 自含的程序设计语言，可以与 DML 有机地结合或独立地使用。FoxPro 就属于这类语言，有自己的编译程序和解释程序。

⑤ 数据库运行控制功能

DBMS 对数据库运行的控制主要是通过数据的安全性、完整性、故障恢复和并发操作四方面实现的。不同的 DBMS 控制能力有强有弱，采取的对策五花八门，这部分是系统中最为灵活的也是较为复杂的部分。

- 数据安全性控制：所谓安全性控制，实质是防止未被授权者非法存取数据库。采取的措施有鉴定用户身份、设置口令、控制用户存取权限、数据加密等。
- 数据完整性控制。数据的完整性指数据的正确性和相容性。DBMS 在建库时，把完整性作为模式的组成部件存入数据词典。数据词典（Data Dictionary，DD）中存放着数据库三级结构的描述以及各数据项的类型、值域和关键字等，从结构上对数据的语义和数值范围加以约束。
- 故障恢复。数据库系统一旦投入运行，数据库中的数据时刻在变化。然而，诸多因素可能使数据库遭到破坏，如磁盘损坏、电脑病毒、操作失当等。作为 DBMS，必须提供一定的数据恢复机制，把数据库从被破坏的状态恢复到破坏前的状态。这通常可根据系统工作日志中记载的数据操作命令，逐步回退加以恢复。作为用户，则应注意随时转储数据库，时刻留有一份副本在手中。
- 并发控制。在网络环境下，数据库由多用户共享。当碰巧多个用户同时操作同一数据时，即使其他方面没有任何问题，也有可能破坏数据的正确性而出错，这通常是由于两个进程之间不合理的时差造成的。DBMS 要通过"加锁"、"解锁"控制并发作业的进程以保证数据正确性。

⑥ 数据库维护功能

这一部分包括数据初始装入、数据库转储、数据库重组及记载系统工作日志等功能。这些功能大多由相应的实用程序来完成。

6. 数据库设计综述

综上所述，数据库设计分为以下六个阶段，如图 6-33 所示。

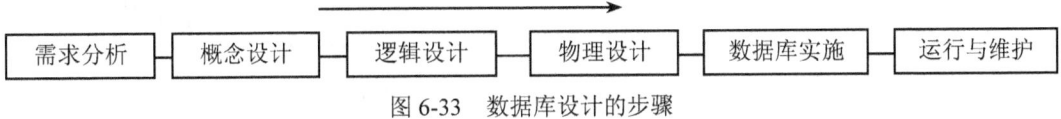

图 6-33　数据库设计的步骤

在需求分析阶段，数据库设计人员充分地调查和分析用户的应用需求，概念结构设计的目标是产生出一个能反映组织信息需求的概念模型（信息世界）。最常见的概念模型是实体—联系模型（E-R 模型）。

逻辑结构设计的任务就是把概念结构转换成所选择的 DBMS 支持的数据模型。目前，绝大多数是转换成关系数据模型。

对于一个设计好的逻辑数据模型选择一个最符合应用要求的物理结构的过程，称为物理设计。物理设计完全依赖于给定的数据库软件和硬件设备。关系 DBMS 对物理设计的要求很少，且仅有的一些要求也是由 DBA 来实现的。

确定了数据库的逻辑结构和物理结构后，就可以利用 DBMS 提供的数据定义语言建立数据库的结构，称之为数据库实施。

数据库设计与应用开发工作完成之后，系统便进入运行与维护阶段。

（注：鉴于篇幅，在此仅概述了数据库设计过程，有关详细知识请参看其他的专业书籍。）

7. 教学管理信息系统数据库方案

根据系统功能分析，教学管理信息系统可分为学籍管理子系统、成绩管理子系统、教学任务子系统、教学评估子系统、考试考务子系统。教学管理系统 E-R 图如图 6-34 所示。

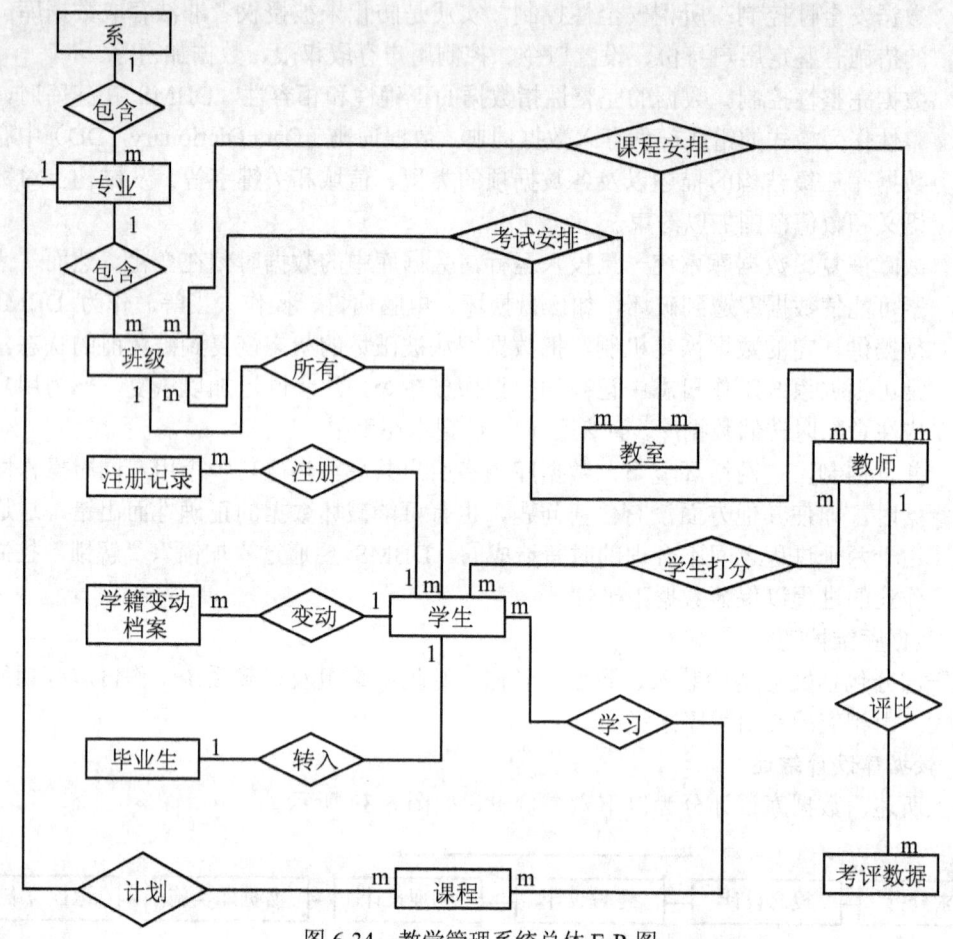

图 6-34 教学管理系统总体 E-R 图

教学管理的五个子系统之间相互紧密联系，很多实体都是共用的，在几个子系统中出现较多的实体有在校生、教师、班级等。为便于阅读，在本图中有些关系略去未画，如教师与班级之间还存在班主任关系。

由教学计划可以列出每学期的教学任务，即本学期各班的开课情况，但由于在实际中，开课情况是以课程安排表来实现的，故本图略去了教学任务。

任课教师又分为外聘教师与本校教师，二者在考评等一些属性上有所不同，应为两个实体，为画图方便，图中合为一个实体。

（1）将 E-R 模型转换成关系模型

注意，有下划线的属性为主键。

系（<u>名称</u>，系主任，教师人数）
专业（<u>专业代码</u>，专业名称，系）
班级（<u>班级代码</u>，班级名称，班主任，班级人数）
在校生（<u>学号</u>，姓名，性别，身份证号，出生年月，联系电话，民族，家庭住址，邮编，照片）
毕业生（<u>学号</u>，毕业时间，毕业去向，接收单位）
注册（<u>学号</u>，注册时间）
学籍变动（<u>学号</u>，变动时间，变动原因）
课程（<u>课程号</u>，课程名，学时，学分）
教学计划（<u>学期</u>，<u>专业</u>，<u>课程</u>，总课时，考试考查）
教学任务（<u>班级</u>，<u>课程</u>，任课教师，教材）
课程安排表（<u>班级</u>，<u>星期</u>，<u>节次</u>，课程号，任课教师，上课地点）
本校教师（<u>教师编号</u>，教师姓名，职称，专业方向，系）
外聘教师（<u>教师编号</u>，教师姓名，职称，专业方向，工作单位，联系方式）
教室（<u>教室号</u>，位置，容纳人数）
成绩（<u>学号</u>，<u>课程号</u>，成绩）
考场安排表（<u>时间</u>，<u>教室</u>，班级）
学生打分表（<u>教师编号</u>，<u>得分</u>，时间）
考评数据（<u>教师编号</u>，<u>档案类型</u>，时间，<u>得分情况</u>）

（2）给出各子系统中所用到的关系表

学籍管理子系统：系、专业、班级、学生、毕业生、注册、学籍变动。
教学任务子系统：系、专业、课程、教学计划、教学任务、课程安排表、本校教师、外聘教师、教室。
成绩管理子系统：系、专业、班级、课程、学生、成绩。
考试考务子系统：学生、本校教师、教室、考场安排表。
教学评估子系统：本校教师、外聘教师、学生打分表、考评数据。

6.3.2 代码设计

代码是表示客观实体或属性的符号（如数字、字母或它们的组合）。在信息系统中，代码是人和机器的共同语言，是便于信息分类、校对、统计和检索的关键。代码设计的目的是要设计出一套为系统各部分所公用的优化的代码系统。

手工方式下，业务人员习惯以名称（大多是汉字名称）来表征实体。例如，会计业务以科目名称表征科目，物资管理以物资名称表征物资。但这些汉字名称输入不便，又不便于计算机处理。所以，在计算机系统中多以代码来表征实体。例如，用科目标号表征会计科目，用材料编号表征材料等。

1. 代码设计的原则

严格地讲，代码设计是从编制数据词典开始的。编码对象主要是数据存储（数据库或文件）中所包含的数据项与数据结构。代码设计的结果应形成编码文件，作为系统设计与编程的标准。

如果代码设计不当，小修改将会引起程序的变化，大修改则会引起程序的重建。故一定要全面考虑和仔细推敲、修改，并逐步优化。其基本设计原则是：

（1）唯一确定性。每一个代码都仅代表唯一的实体或属性。

（2）标准化与通用性。国家或有关部委颁布的编码标准是代码设计的依据。如财政部对会计科目编码，应在 MIS 的财务子系统中采用。此外，系统内各子系统使用的代码应力求统一。例如，一个职工的"职工编号"应在涉及该职工的所有数据库、文件、程序、文档中都一致。

（3）可扩充性和稳定性。当增加新的实体或属性时，直接利用原代码加以扩充，而不需更新变动代码系统。要考虑系统的发展和变化，一般考虑三、五年的使用期限。

（4）便于识别和记忆。为了同时适于计算机和人工处理使用，代码不仅要具有逻辑含义，还要便于识别和记忆。一些易混淆的字母，如 I、O、Z 容易与数字 1、0、2 混淆，尽量不用。

（5）短小精悍。代码的长度不仅会影响所占据的存储单元和信息处理的速度，而且也会影响代码输入时的出错率和输入、输出的速度。

（6）容易修改。当某个代码在条件或代表的实体关系改变时，容易变更。

（7）考虑程序处理上的方便。如车间码在百位，工段码在十位，班组在个位，213（二车间 7 段、三班），则十位汇总可得到工段级数据，百位汇总可得到车间级数据。

2. 代码的分类

代码种类很多，在实际设计中，可以根据需要选择，或将不同的类型组合起来使用。常用的代码有：

（1）顺序码：用连续数字代表代码对象的码。例如，职工编号（2000 个）可以编为：0001，0002，……，2000。

顺序码的优点是简短，易扩充。但没有逻辑含义，一般不能说明信息的特征。此外，新增的数据只能加到最后，删除数据则造成空码。

（2）区间码：区间码把码分成若干区间（段），每一区间代表一个组。码中的数字和位置都代表一定意义。

区间码又可分为以下类型：

① 层次码：在码的结构中，为数据项的各个属性各规定一个位置（一位或几位），并使其排列符合一定层次关系。例如，关于某公司的组织机构的代码含义如表 6-5 所示。

表 6-5 层次码举例

公司级	科室级	班组级
1 总公司	1 销售科	1 售后服务组
2 济南分公司	2 会计科	2 广告组
……	……	……

依据此表，代码 112 代表总公司销售科广告组。

② 十进制码。码中每一位数字代表一类，一般用于图书分类等。

例如： 500　　　　　自然科学
　　　　510　　　　　数学

530　　　　　　　　物理学
530.2　　　　　　　机械
530.2.1　　　　　　杠杆

③ 特征码。在码的结构中，为多个属性各规定一个位置，从而表示某一编码对象的不同方面特征，例如某服装厂生产服装的编码如表 6-6 所示。

表 6-6　特征码举例

类别	尺寸	式样	料子
M（男装）	38	1～9	W1（毛料）
	39		C1（布料）
F（女装）	40		……
	……		

如某一种男装的编码为 M38-2W1。

区间码中由于数字的值与位置均代表一定意义，故使排序、分类、检索容易进行，缺点是有时造成码很长，维护较困难。

（3）助记码：以代码对象的名称、规格或缩写符号作为代码。例如：

TV-B-12　　　12 寸黑白电视机
TV-C-20　　　20 寸彩色电视机
Cont　　　　　合同（contract）

（4）校验码。为了保证正确的输入或传输，在原代码附加上用于校验的编码，附加的编码称校验码。

校验码是按事先规定的计算方法对原代码进行计算得出的一位或两位编码，校验码附加在原代码的后面与原码一起输入或传输。原代码和校验码被接收后，把校验码与原代码分离。并用原定的计算方法对原代码实施计算再得到校验码，将此校验码与附加在原代码上的校验码比较，以检验输入或传输是否有错。

3. 教学管理信息系统主要代码设计

实践经验告诉我们，代码设计应以数字码为主。因为代码一般作为数据文件的索引键，采用数字码较好，如果码中有字符，有数字也有其他符号（如连字符"-"、空格等），会造成使用上的不便。

（1）学生编号

学生编号简称学号是学籍管理和成绩管理中最基本的代码。它采用层次码的编码结构，即：

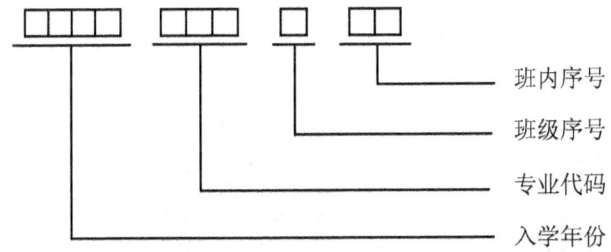

其中，第1~4位代表年级（入学年份）；第5~7位的专业代码中，第5位代表系别：1-机电系、2-计算机系、3-经管系、6-基础部、8-夜大部。第6,7位是专业序号，如：101-机电一体化、102-模具设计、203-计算机软件、302-电子商务等。

举例：学号"2012101101"代表2012级机电系机电一体化专业1班01号学生；
　　　学号"2011302203"代表2011级经管系电子商务专业2班03号学生。

（2）部门代码

部门代码表达机构设置情况。这里用2位顺序码表示：01-机电系、02-计算机系、03-经管系、11-校长办公室、12-教务处、15-学生科等。

（3）教工编号

教工编号涉及人事劳资、日常管理，必须做好统一的教工编号。它的编码结构是：部门代码（2位）+序号（2位）。例如：教工编号"0211"代表计算机系11号教师。

（4）课程代码

课程代码要求反应出是专业课还是基础课，如果是专业课是哪个专业的课程。代码结构：

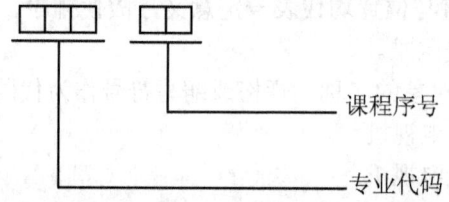

课程序号

专业代码

（注：基础课不区分专业，约定专业代码"600"代表基础课。）

例如：课程"20302"代表计算机软件专业2号专业课；"60001"代表1号基础课。

6.3.3　输入输出设计

1. 输入设计

一般来说，输入数据的收集和录入是比较费时费力的，而且容易出错。如果输入系统的数据有错误，则处理后的输出将扩大这些错误，因此，输入设计的出发点是确保向信息系统提供正确的信息。

（1）输入设计的原则与输入类型

输入设计的目标是：在保证输入信息正确性和满足需要的前提下迅速、经济和方便。

① 输入设计的原则
- 在能满足处理要求的前提下减少输入量。输入量少，错误率低，输入时间短；
- 输入操作方便，从而减少输入错误的发生；
- 尽早对输入数据进行检查（尽量接近原数据发生点），以使错误及时得到改正；
- 尽量减少汉字的输入量，代之以编码，例如，以材料编号代替材料名称。

② 输入类型

外部输入：是系统的原始输入，例如顾客订单、进货单等；

内部输入：系统内部产生并输入的信息，如文件的更新等；

操作输入：计算机运行过程中与操作有关的输入，如控制参数、文件名等；

计算机输入：由系统内部或外部计算机通过通信线路直接输入的信息，例如计算机将当天数据存入中央数据库；

交互式输入：通过人机对话进行的输入。

主要的输入是向计算机输送原始数据，要了解这些数据的产生部门、输入周期、信息的最大量、平均量以及确定收集方法和收集时间等。

（2）输入设计的任务

输入设计要确定输入数据项名称、数据类型、精度、位数、数值范围及输入格式等。这些一般可根据处理要求确定；而输入格式主要与数据的组织方式及具体的介质有关，同时要考虑到录入人员的方便。例如：数据库数据的输入格式，是由数据库的组织方式、输入介质所决定的。通常，大量数据的输入是通过相应的输入接口软件完成的，无论软件是自行研制还是外购，在输入设计时，均应提出对输入接口软件的具体要求，以便在系统实施时予以考虑。

输入设计还应编写输入操作说明。

（3）输入设备和介质

随着计算机及相关技术的发展，输入设备和输入方式也在不断更新。应采用先进的输入技术以提高输入效率与输入质量。目前主要的输入设备是键盘，但也可以考虑采用扫描仪、条码设备等。输入设备和介质的选用要考虑如下因素：

① 输入的数据量与频度；

② 输入信息的来源、形式；

③ 输入的类型和格式的灵活程度；

④ 输入速度和准确性的要求；

⑤ 输入的校验方法、允许的错误串及纠正的难易程度；

⑥ 数据记录的要求、特点、保密性等；

⑦ 数据收集的环境，以及对于其他系统是否适应；

⑧ 可利用的设备和费用等。

（4）输入信息的校验

输入设计的最重要问题是如何保证输入数据的正确性，而对输入信息进行校验，是保证输入正确的主要措施。

① 校验对象

校验的主要对象是输入原始数据，它是系统的基础数据，其他数据都是由它派生的。原始数据中，重点是各种金额和数量数据及这些数据的标识数据，例如标识一个金额应当记入哪个账户的科目编号。对于某些统计数字和字符、汉字等可不作严格地校验。对于实时方式输入的数据，因为是用键盘直接输入，所以一定要求及时校验。

② 数据出错的种类

- 数据内容的错误：由于原始单据有错或录入时产生的错误。
- 数据多余和不足：是数据收集中的差错，由于原始单据丢失、遗漏或重复而引起的。
- 数据的延误：输入数据延误使处理推迟，不仅给业务工作带来影响，有时会使输入数据失效，输出的信息变得毫无价值。

③ 数据的校验方法

- 重复校验：将同一数据重复录入两次，然后进行对比的校验。例如，把一批会计凭证的数据录入两次，分别记入两个数据库中，然后对两个数据库逐记录、逐数据项地比较，找出不同之处予以纠错。
- 利用数据间逻辑关系校验。一个数据结构中各数据项之间往往有固定的逻辑关系，可以利用这些逻辑关系校验数据。例如，一张会计凭证上的数据，各级科目号间有固定的从属关系，数量乘单价等于金额，金额之和等于合计等。
- 利用数据词典校验。把系统中重要数据装入数据词典，如本单位使用的会计科目、顾客登记表、主要产品单价等。把输入数据纳入词典中校对，以检查数据的错误。
- 视觉校验：一般在原始数据记录到介质上以后执行。如在终端上键入数据之后，在计算机处理之前在屏幕上完成校验工作，确认无误后再进入系统。
- 分批汇总校验：按原始数据的类别、发生日期等划分批次，用计算机和手工分别作批汇总，再将两个汇总值对照校验。
- 数据类型校验：校验数据的类型（数值型、字符型、日期型、逻辑型等），并用界限检验和逻辑检验等方法进行合理性校验。
- 格式校验：校验记录中各数据项位数和位置是否符合预定的格式。例如，姓名的最大位数是 8 位，则第 9 位必须是空白。若该位不是空白，就认为是数据错位。
- 值域校验：也称界限校验。指数据项输入的值是否在预定的范围之内。界限校验分上下限校验和范围校验两种。例如，基本工资的下限为 80.00，上限为 800.00，月份是从 1-12，日期是从 1-31，销售价允许 10% 范围内的浮动等。
- 记录计数校验：通过计算记录的个数来检查数据记录是否有遗漏和重复。
- 平衡校验：校验有关的数据项之间是否平衡。例如，会计的借方和贷方金额必须平衡，资产负债表中资产减负债等于所有者权益的平衡关系。
- 代码自身校验：在实时操作中使用较为普遍，例如校验码校验。

④ 差错的纠正

一般地，查出数据错误要由操作人员配合纠正。纠错设计和录入数据设计一样都属于用户界面设计，要体现对用户的友好性。通常可采取如下措施：

- 采用屏幕格式文件，把出错数据所在记录（如一张会计凭证）完整地显示屏幕上，使操作员有整体感，便于查错。不要只把错误数据显示出来，使操作员无法知道这个数据是哪里的，也无法改正。
- 指示出错数据的位置。一个数据单元中数据项较多，如一张会计凭证上可能有 50 多个数据，用户难于较快找出错误数据。如果用光标指示或将出错数据改变颜色显示，则用户能很快找到错误数据。
- 允许改错中再出错。对于关键数据要把住关，有错便不让通过。也就是说，校验后改错，改错后再校验，直至查不出错为止。

2. 输出设计

计算机系统对数据加工处理的结果，只有输出才能为用户所使用，故输出的内容与格式等是用户最关心的问题。

对输出信息的基本要求是：准确、及时而且适用。输出设计的详细步骤包括：确定输出类型与输出内容、确定输出方式（设备与介质）、专门的表格设计等。输出信息的使用者是用户，在设计过程中，系统设计员必须深入了解用户的信息需求，与用户充分协商。

(1) 输出类型

输出信息的主要使用者是用户，主要的输出是向系统外部环境输出。

① 外部输出：输出目标是系统之外的环境，例如，输出账簿、表格等。

② 内部输出：系统内部一个处理过程向另一个处理过程的输出，通常，它是计算机与人的主要接口。

③ 中间输出：计算机处理过程中的中间输出结果，这些结果还要进一步输入和处理。

④ 交互输出：计算机以通信方式与用户交互，即以对话方式输出。

⑤ 操作输出：计算机运行过程中与操作有关的输出，如程序清单、出错信息等。

（2）输出内容

要在确定输出类型的基础上进行输出内容的设计。输出内容的设计分两步进行：

先确定输出信息使用方面的要求：包括使用者（人或设备）、使用目的或用途、输出速度、使用频率或周期、有效期、数量或份数、机密与安全性要求等。

再进行输出内容的设计：包括信息形式（表格、图形、文字），输出项目及其数据结构、数据类型、位数、取值范围及精度，数据的生成途径（来源及生成算法），完整性与一致性的考虑等。

输出结果大多通过一定的表格形式表现出来。表格又可分为屏幕表格和纸质表格两种。屏幕表格的特点是输出快，及时显示当前信息，但用完自动消失。一般用作查询信息的输出；纸质表格可以长期保存，一般用来输出存档账簿和上报报表。表格一般分为两部分：一是表头，包括标题、格线及各种说明等，这些是固定信息；另一部分是表的内容，它是原始信息或处理后的结果信息，是用户真正需要的。

屏幕表格的设计得了解屏幕属性，如屏幕的字符列数和行数（如 80 列×25 行）、屏幕彩色等。设计时可用方格纸进行版面布置及数据的安排等。

纸质表格设计要先了解打印机的特性，打印程序与打印机的匹配情况，可打印的汉字字形种类，可打印的行、列数等。

表格设计要在满足使用者要求的前提下，做到清楚、美观、易于阅读和理解。其中纸质表格的设计要符合使用者（用户单位或上级有关单位）的要求（内容和格式）。

为减轻表格设计工作量，宜采用电子表格等表格制作软件，如 Excel、水晶报表等。这些软件将计算机大容量存储和电子屏幕显示等功能有机结合起来，直接在计算机屏幕上完成表格设计、处理和制作，使用十分方便。

3. 用户界面设计

用户界面设计实际上既是输入的设计又是输出的设计，对于用户来说一个友好的界面是至关重要的。

人机对话的方式有多种，如光笔屏幕方式、键盘－屏幕方式和声音对话方式等。

（1）界面设计的几种形式

键盘－屏幕方式是主要的人机对话方式。屏幕是系统对用户的窗口，如设计不好，会使用户对整个系统失去信任。故此种对话设计又称为屏幕设计，下面介绍几种具体形式。

① 菜单式。系统通过屏幕显示出各种可供选择的内容，用户根据显示的内容输入有关代号，或用鼠标或通过键盘上的 ↑↓→← 键和回车键配合，来进行人工对话，这种对话称菜单方式。该方式好像点菜，供选择的项目一目了然，回答简短，容易掌握。

计算机信息系统中的菜单通常有以下几种形式:
- 下拉式菜单:通常是在菜单条的基础上选择某项后,在其下方立即出现其下一级菜单,故名为下拉式菜单。
- 弹出式菜单:是指主要菜单或子菜单在其被选中之后,在显示屏的某个位置会出现的菜单。
- 图标式菜单:就是用图标来表示菜单选项的菜单。

② 填表法。将需要输入的项目先显示在屏幕上,用户根据项目输入相应的数据。这种方法类似于填表,使用户不致遗漏项目,输入格式是由系统控制的。

③ 回答法。当程序执行到一定阶段,屏幕上进行提问,待用户回答后,再进入下一阶段运行。回答的方法有两种:一种是简单的"Y"(YES)或"N"(NO);另一种是根据提示,键入其他有关字符。

④ 提问法。主要是用户向机器查询,在这种方式中用户是主动的。用户可以用自然语言或其他经过加工的缩略语进行查询,但必须是预先规定的格式。机器实时检索后由屏幕显示查询结果。

此外,还可以在人工对话的同时,辅以不同的事先约定的声音,来提示操作者进行操作,或对操作者操作的正确与否作出判断。

(2) 界面设计原则

在界面设计中,要考虑终端或微机的使用环境、响应时间、操作方便和对用户的友好回答,并要注意保密性。

界面的设计原则如下:
① 界面要清楚、简单,不能具有二义性;
② 界面要适合操作人员的水平,要能鼓励用户使用,并且容易学习掌握;
③ 界面本身应具有指导用户怎样操作和回答问题的能力;
④ 界面应能反映用户的观点、业务和习惯等;
⑤ 必须很快地反馈用户的输入状态(尤其是出错的情况),不能让用户犹豫或等待;
⑥ 要把错误信息的细节显示出来,并指导用户如何改正错误;
⑦ 界面应该适合于用户的环境和具体情况,允许具有不同能力和经验的用户在不同的速度下进行操作。

在界面设计中,要与用户反复协商,设计好的格式要征得用户同意,尽可能适应用户的要求。

图形用户界面由于其友好的接口和漂亮的表现形式已成为目前软件设计中较为流行的界面设计技术,友好的用户界面往往可以提高用户使用系统的热情,并刺激他们的积极性,因此,在有条件的情况下,可以考虑尽量采用图形界面,但在设计图形用户界面时,应掌握以下几条原则:

① 图形对象一般占用系统资源较多,且处理速度较慢,因此,在对时间的响应要求较高、硬件资源档次较低的环境中,不宜采用图形界面。
② 设计的图形对象,应具有直观、清楚、易理解的特点,以便于用户的操作和使用。
③ 图形对象的选择和设计应尽可能利用系统本身提供的图形工具软件或是通过继承的重用类库中已有的图形对象,以提高现有资源的利用率。

（3）教学管理系统界面设计举例

教学管理系统分为五个子系统，有多个界面，下面仅列出若干个有代表性的界面，供读者参考。

图 6-35 是用于提供给领导做选择查询的界面，该界面实际上采用了图标菜单的方式，使用户在查询时一目了然。

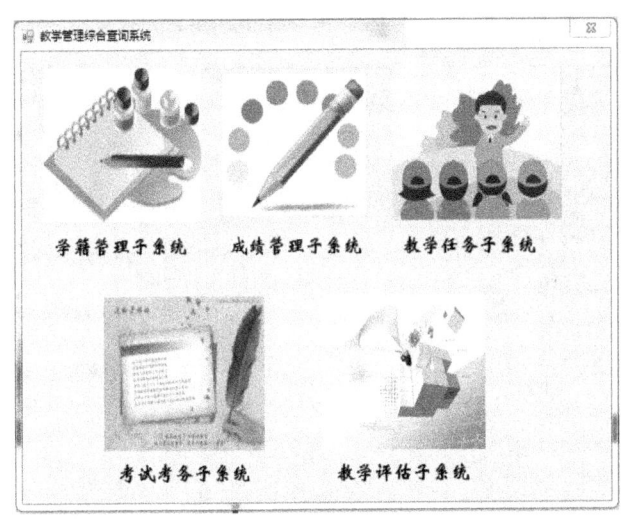

图 6-35　综合查询界面

图 6-36 所示为考试考务子系统的主菜单示意图。用户通过菜单，可完成系统所有的功能。各子系统的主界面均可采用该种方式。

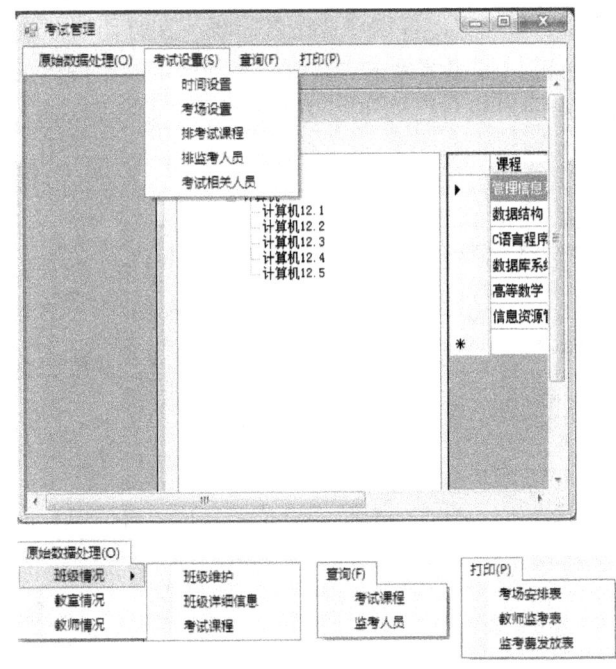

图 6-36　考试考务子系统主菜单示意图

用户在使用系统时，可能有多种选择，需要与系统进行交互操作。有时用户也可能会有一些误操作，如保存一些不该保存的数据，删除一些不该删除的记录等，在用户做一些比较重要又容易出错的操作前，系统应给予提示。

图 6-37 所示为教学任务子系统中的课程设置界面。若删除已设置好的课程，首先出现对话框提示，在用户允许后，即单击"是"按钮，可删除，单击"否"按钮则不删除，返回程序。

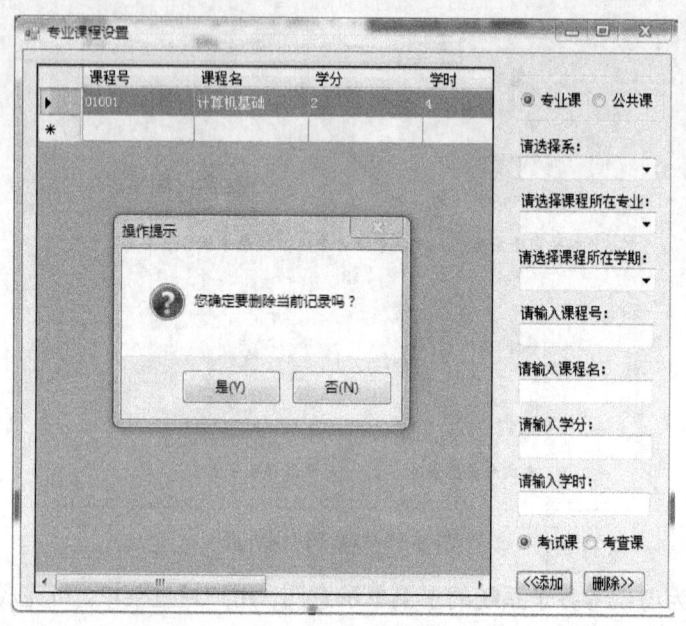

图 6-37 "问答"法提示用户

图 6-38 为在学籍管理子系统中，打印毕业生登记表。在打印毕业生登记表时，可按不同顺序排序，在打印时，也可能只打印部分内容，或打印某些编号范围内的，或打印满足某些要求的，如图中所示，即可由用户按自己的实际要求选择，开始打印。

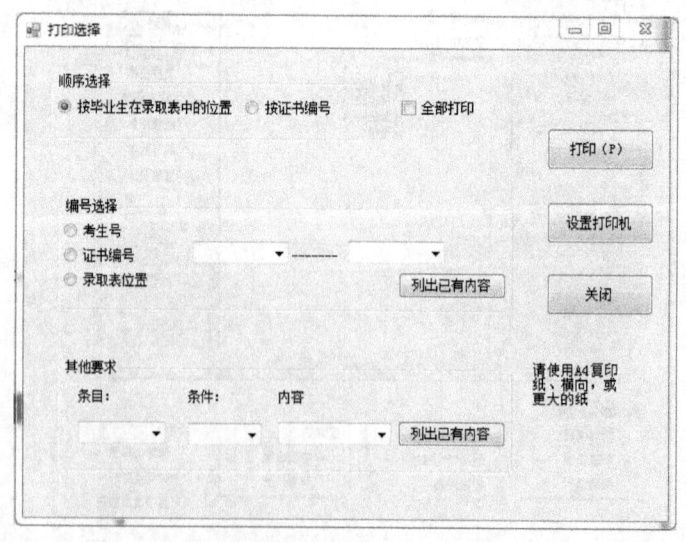

图 6-38 以对话框方式取得用户条件

上图实际是一个满足用户各种打印需求的界面，通过对话框的方式，充分实现人机交流，使系统能够最大限度地为用户服务。

如图 6-39 所示为学籍管理子系统中的录入学生信息情况界面，由于身份证号码中包含有出生日期的信息，所以在录入完身份证号码后，可自动生成出生日期信息，同时在保存时，还可对性别、所在地区、身份证号长度等自动由系统进行校对，以减少错误。

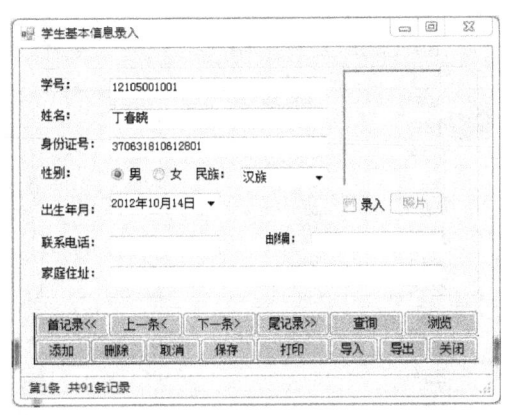

图 6-39　逐条显示状态

由于性别只有"男"和"女"两种可能，本界面选用了单选按钮，保证数据库数据的正确性。出生年月采用日期类控件，以确保存入数据库的数据为日期型。

在界面设计时，适当设置控件焦点，如录入完学号后，回车，自动转为录入名称，虽然这只是一些细节问题，但是却可以极大地方便用户。

上图既是输入界面，同时又可作为输出界面，可逐条浏览每条记录的状况，本系统又设计了如图 6-40 所示的浏览显示状态，可同时显示多条记录，以满足用户的不同需求。

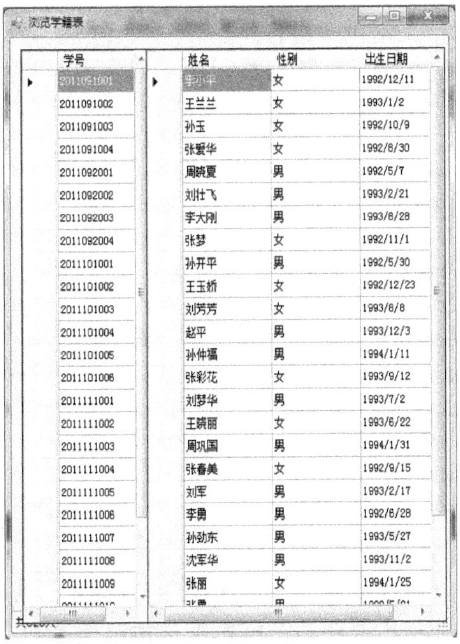

图 6-40　浏览显示状态

第 6 章　系统设计

图 6-41 是成绩管理子系统中录入成绩的界面,由于在成绩录入过程中,有时录入人员是按学生学号录入一门课程不同学生的成绩,有时是按某一学生录入该生各门功课的成绩,故本例中提供了单选按钮,按用户不同的选择,处理成绩的不同录入形式。

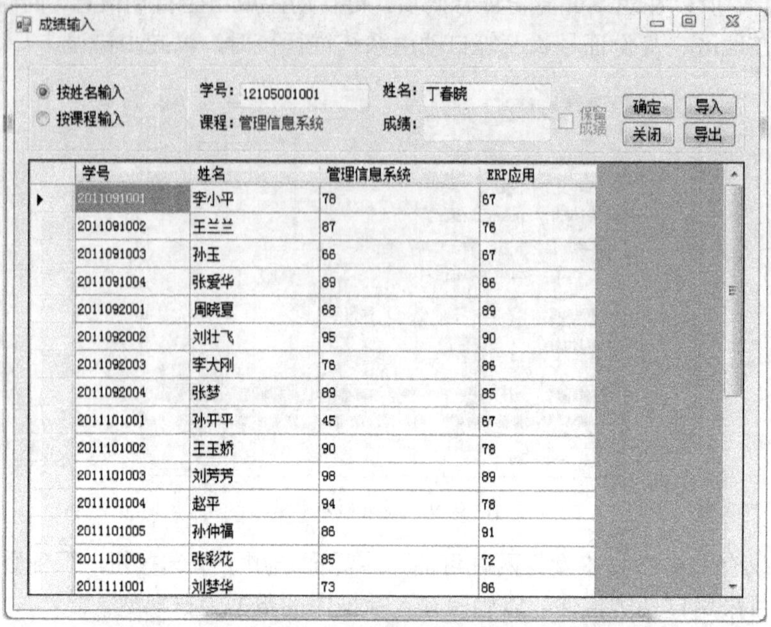

图 6-41 成绩输入界面设计

作为输出界面,报表是非常重要的输出形式,一般的开发语言都提供报表设计,如图 6-42 所示为打印学生注册情况报表。

图 6-42 打印输出报表

在系统进行统计时,有时可能需要用户等待较长的时间,为减少用户等待的枯燥感,可采用进程条的方式,也可采用一些小动画,以提高界面的丰富性,如图 6-43 所示。

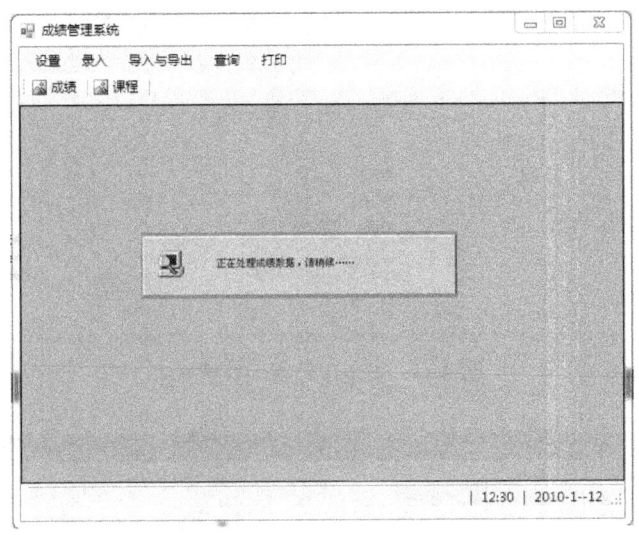

图 6-43　等待界面

为系统的安全性起见，一般系统在进入时应提供密码保护，以教师评估系统为例，由于不同人允许其使用权限有所不同，所以相应设置不同的用户等级。

以上界面均为 C/S 界面，为扩展系统的功能，本系统还采用了部分 B/S 结构，由于 Web 服务器的安全性不够高，故仅将查询等操作放在网上进行，而对于录入、编辑等操作则在 C/S 下完成。即使对于查询操作，也要求有身份验证，从而保证用户以合法身份进行查询，如图 6-44 所示。

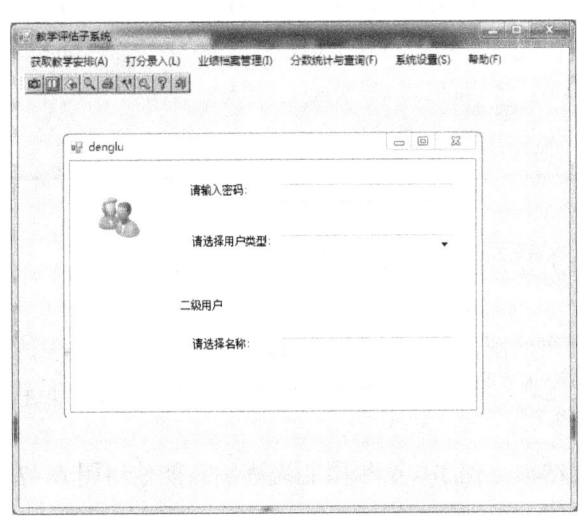

图 6-44　用户与密码设置

以下是查询成绩的两个界面，图 6-45 为登录界面，图 6-46 为查询结果。

6.3.4　模块流程设计

模块结构图设计规定了各个模块的功能及模块之间的联系，进一步就要考虑实现各个模块规定的功能。模块流程设计就是决定各个模块的实现算法，并精确表达这些算法。

图 6-45　学生成绩查询登录界面

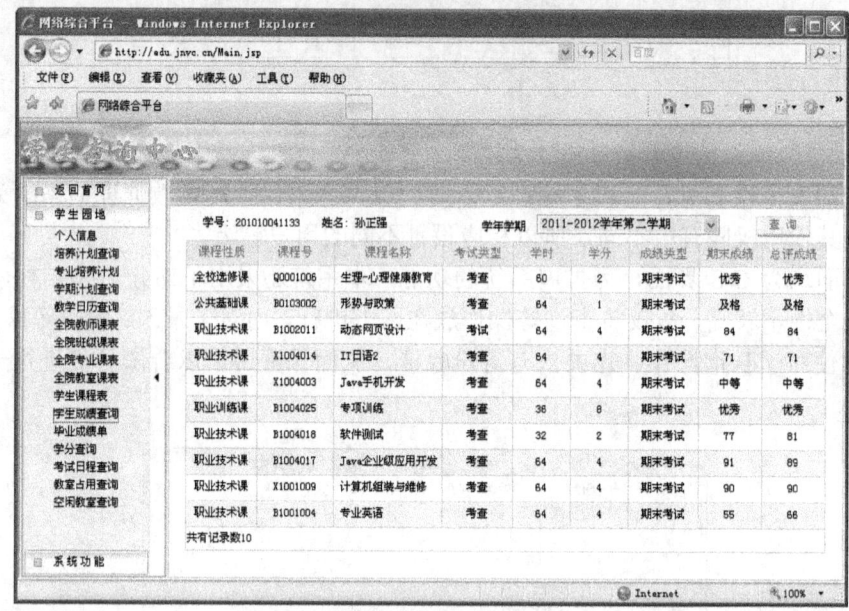

图 6-46　成绩查询结果

模块流程设计工具主要有程序流程图、N-S 盒图和 HIPO 图。

1. 程序流程图

程序流程图也称程序框图，是软件开发者最熟悉的一种算法表达工具。它独立于任何一种程序设计语言，比较直观、清晰，易于学习掌握。因此，至今仍是软件开发者最普遍采用的一种工具。

为使用流程图描述结构化程序，必须限制流程图只能使用图 6-47 所给出的五种基本控制结构。

这五种基本控制结构是：

（1）顺序型：几个连续的加工步骤依次排列构成；

（2）选择型：由某个逻辑判断式的取值决定选择两个加工中的一个；

（3）先判定（while）型循环：在循环控制条件成立时，重复执行特定的加工；

（4）后判定（until）型循环：重复执行某些特定的加工，直至控制条件成立；

（5）多情况（case）选择型：列举多种加工情况，根据控制变量的取值，选择执行其一。

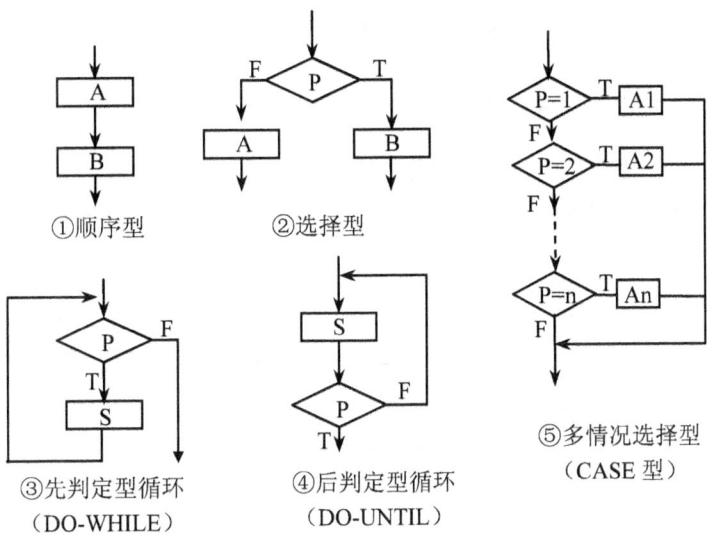

图 6-47 流程图的基本控制结构

任何复杂的程序流程图都应由这五种基本控制结构组合或嵌套而成。作为上述五种控制结构相互组合和嵌套的实例,图 6-48 给出一个程序的流程图。图中增加了一些虚线框,目的是便于理解控制结构的嵌套关系。显然,这个流程图所描述的程序是结构化的。

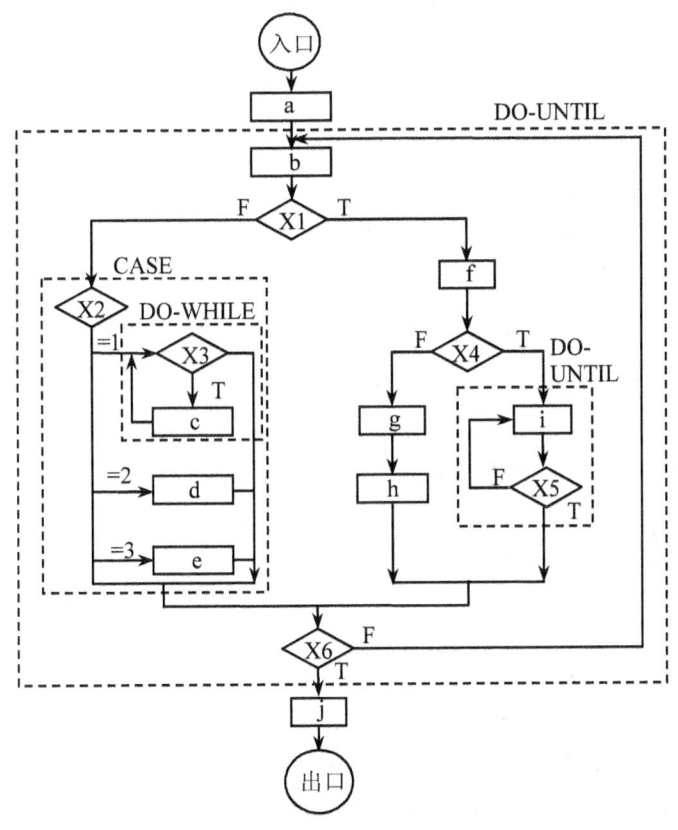

图 6-48 嵌套构成的流程图实例

其次，需要对流程图所使用的符号作出确切的规定。除去按规定使用定义了的符号之外，流程图中不允许出现任何其他符号。

标准程序流程图的符号如图6-49所示。

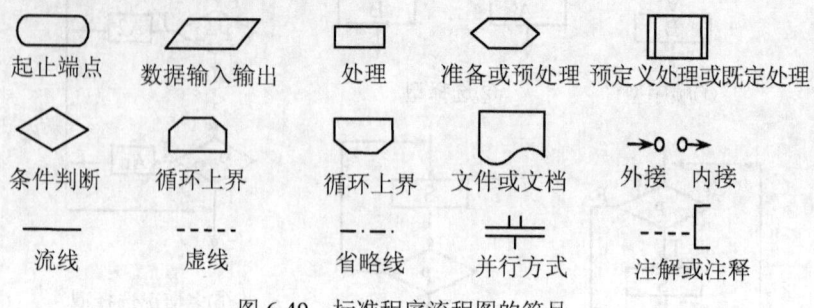

图6-49 标准程序流程图的符号

2. N-S图

Nassi 和 Shneiderman 提出了一种符合结构化程序设计原则的图形描述工具，叫作盒图（box-diagram），也叫 N-S 图。在 N-S 图中，为了表示五种基本控制结构，规定了五种图形构件，如图6-50所示。

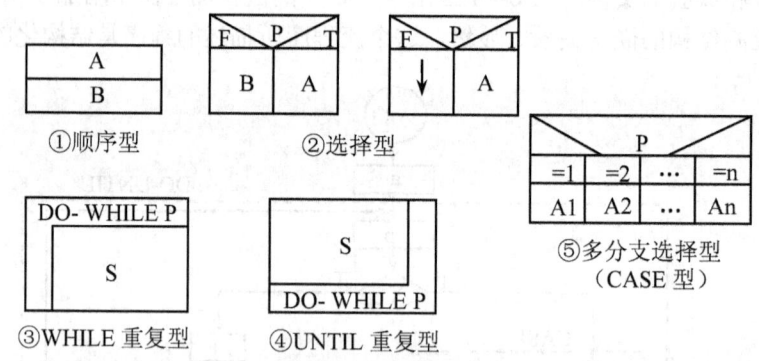

图6-50 N-S 图的五种基本控制结构

① 表示按顺序先执行处理 A，再执行处理 B。② 表示若条件 P 取真值，则执行"T"下面框 A 的内容；取假值时，执行"F"下面框 B 的内容。若 B 是空操作，则拉下一个箭头"↓"。③ 和 ④ 表示两种类型的循环，P 是循环条件，S 是循环体。其中，③ 是先判断 P 的取值，再执行 S；④ 是先执行 S，再判断 P 的取值。⑤ 给出了多出口判断的图形表示，P 为控制条件，根据 P 的取值，相应地执行其值下面各框的内容。

N-S 图有以下几个特点：

（1）图中每个矩形框（除 CASE 构造中表示条件取值的矩形框外）都是明确定义了的功能域（即一个特定控制结构的作用域），以图形表示，清晰可见。

（2）它的控制转移不能任意规定，必须遵守结构化程序设计的要求。

（3）很容易确定局部数据和（或）全局数据的作用域。

（4）很容易表现嵌套关系，也可以表示模块的层次结构。

如前所述，任何一个 N-S 图，都是前面介绍的五种基本控制结构相互结合与嵌套的结果。

当问题很复杂时，N-S 图可能很大，在一张纸上画不下，这时，可给这个图中一些部分取个名字，在图中相应位置用名字（用椭圆形框住它）而不是用细节去表现这些部分。然后在另外的纸上再把这些命名的部分进一步展开。

3. HIPO（分层和输入—处理—输出）技术

由于系统流程图的缺点，在 20 世纪 70 年代中期，又出现了 HIPO 技术，即用图形方法表达一个系统的输入和输出功能，以及模块的层次。HIPO（Hierarchy Plus Input/Process/Output）技术包含两个方面的内容：

（1）HIPO 分层图。用此图表示自顶向下分解所得系统的模块层次结构。

（2）IPO 图（输入—处理—输出图），此图描述分层图中一个模块的输入、输出和处理内容。

应用 HIPO 技术可以进行系统设计、评价，在系统实施之前加工和修改已设计的系统。HIPO 图清晰易懂，可以使用户、管理人员和其他系统建设者很方便地理解系统的程序结构，也有利于程序的编写和系统的维护。

4. 教学管理信息系统模块流程设计举例

（1）流程图设计。在教学管理系统的开发中，采用可视化语言编程，总控界面一般采用菜单式。但在一些具体编程实现中，流程图的作用非常重要，以系统的起始界面，判断用户与密码是否正确为例，每次仅允许用户和密码各输入三次。密码设计流程如图 6-51 所示，界面设计见图 6-45。

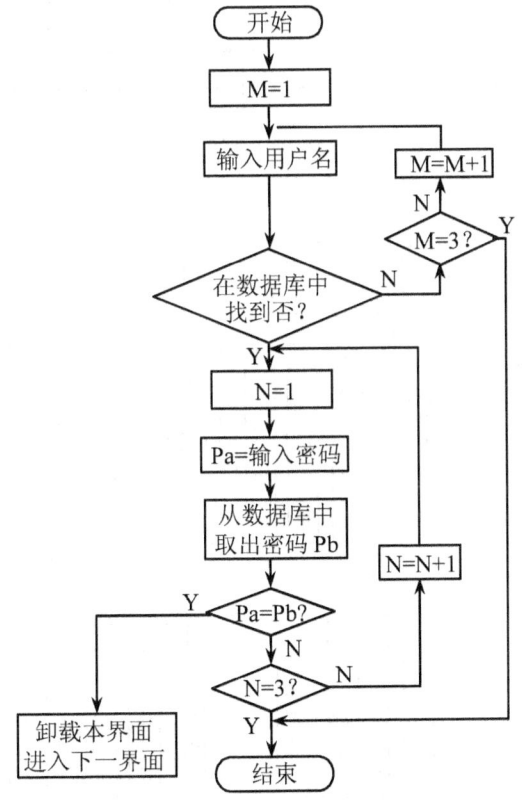

图 6-51 密码设计流程图

该图如用 N-S 图表示，见图 6-52。

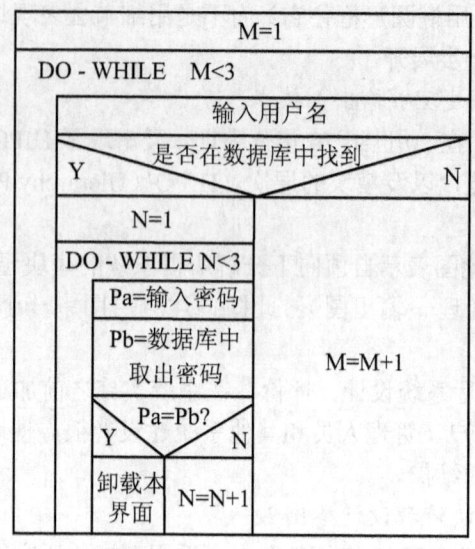

图 6-52　密码设计 N-S 图

（2）成绩管理子系统 HIPO 图。教学管理系统有非常完善的 HIPO 图，因篇幅所限，本书仅给出成绩管理子系统的 HIPO 图（见图 6-53）。

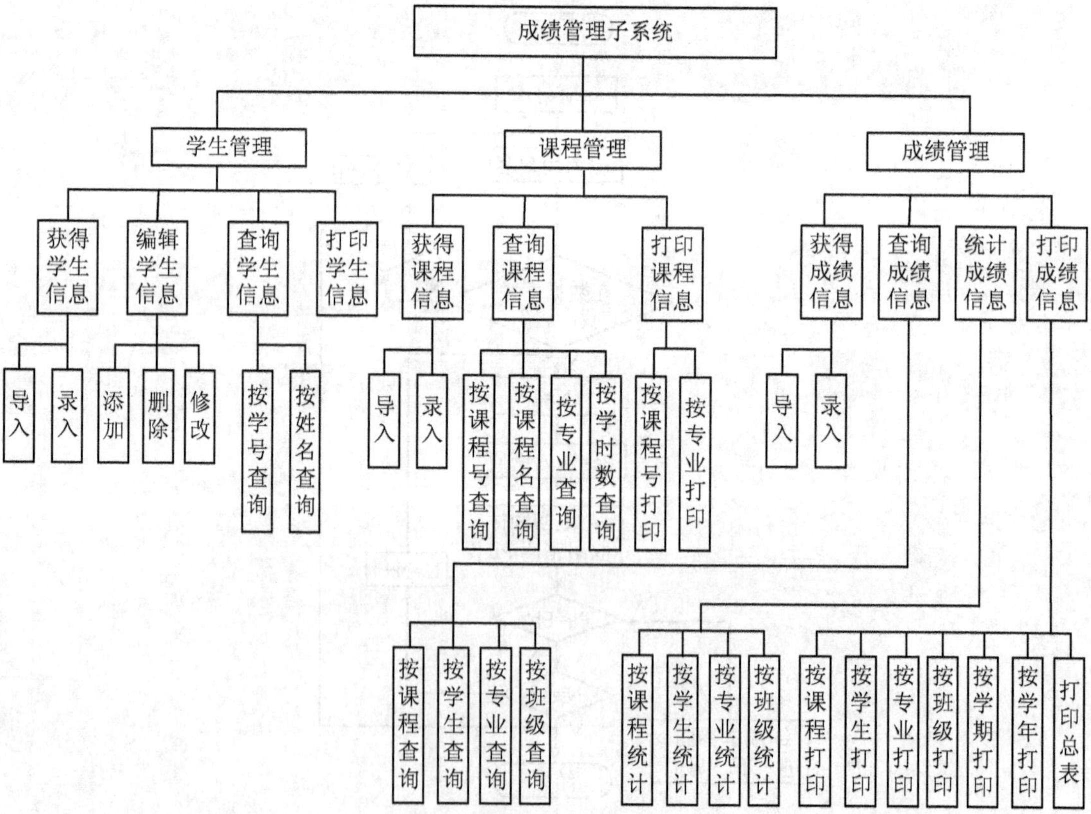

图 6-53　成绩管理子系统 HIPO 图

6.3.5 系统设计说明书内容与格式

系统设计说明书是从系统总体的角度出发对系统建设中各主要技术方面的设计进行说明，其着重点在于阐述系统设计的指导思想以及所采用的技术路线和方法。编写系统设计说明书将为后续的系统开发工作从技术和指导思想上提供必要的保证。

下面给出系统设计说明书编写格式与主要内容：

1. 引言
   1.1 摘要【摘要说明所设计开发系统的名称、目标和功能】
   1.2 背景
      （1）项目的承担者；（2）用户；（3）本系统和其他系统或机构的关系和联系。
   1.3 工作条件和限制【包括计算机系统环境限制、保密和安全的限制等】
   1.4 参考和引用资料
2. 系统总体技术方案
   2.1 模块设计
      【在系统内部划分各个基础部分——模块结构图，确定系统总体结构】
   2.2 代码设计
      【代码设计是进行信息分类、校对、总计和检查的关键】
   2.3 输入设计
      【输入设计担负着将系统外的数据以一定的格式送入计算机的任务，它直接影响到人工系统和机器系统的工作质量】
   2.4 输出设计
      【把由计算机对输入的原始数据进行处理加工的结果按一定的格式提供给用户。输出不仅有一定的格式要求，而且还必须有必要的介质和设备】
   2.5 数据库设计
      【指数据库应用系统的设计】
          2.5.1 需求规定
          2.5.2 运行环境要求
          2.5.3 设计方案
   2.6 网络设计
      【系统的网络结构，功能的设计】
   2.7 安全可靠性设计
   2.8 实施方案说明书
      【系统设计完成后就要确定系统实施方案，书写实施方案说明书，信息系统的研制工作就从系统设计阶段转入系统实施阶段。实施方案说明书就作为系统实施阶段的依据和出发点】

一、单项选择题

1. 下列关于系统设计说法正确的是（　　）。
   A．系统设计就是程序设计
   B．系统设计就是编制程序
   C．系统设计阶段的工作是一项技术性强、涉及面广的活动
   D．系统设计主要是总体概要设计

2. 下列哪种设计不属于概要设计（　　）。
   A．系统总体布局方案的确定　　B．软件系统总体结构的设计
   C．数据库设计　　　　　　　　D．数据存储的总体设计

3. 下列设计属于详细设计的是（　　）。
   A．软件系统总体结构设计和代码设计　　B．处理过程设计与安全可靠性设计
   C．输出设计、输入设计、数据存储设计　　D．系统总体布局方案确定与用户界面设计

4. 单机多终端分时系统是（　　）。
   A．集中式系统　　　　　　　　　　　　B．分布式系统
   C．既是集中式系统又是分布式系统　　　D．既不是集中式系统又不是分布式系统

5. 关于集中式系统与分布式系统，下列说法不正确的是（　　）。
   A．集中式系统管理与维护控制方便
   B．分布式系统可变性、灵活性高，易于调整
   C．分布式系统由于管理分散，使管理工作负担加重
   D．分布式系统应用范围与功能受限制

6. 整个软件系统是一个整体，具有整体目标和功能。但这些目标和功能的实现又是由相互联系的各个组成部分共同工作的结果。这是软件系统总体结构设计的（　　）原则。
   A．分解—协调原则　　　　　　B．自顶向下的原则
   C．一致性原则　　　　　　　　D．面向用户的原则

7. 下列关于模块的说明，不正确的是（　　）。
   A．一个模块的输入来源和输出去向是同一实体——模块的调用者
   B．模块的逻辑功能是指模块能做什么事情，表达了它把输入转变成输出的转换功能
   C．模块的运行程序是指它的程序实体，模块的逻辑功能是由程序实现的
   D．在模块结构图设计中主要关心的是模块的内部属性，即模块的功能，而不是它的外部属性

8. 模块结构图中表示在模块间传递的控制信息的基本符号是（　　）。
   A．　　B．　　C．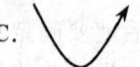　　D．

9. 度量模块独立性的两个准则是（　　）。
   A．模块的耦合性和模块间的内聚性　　B．模块间的耦合性和模块的内聚性
   C．模块间的联系和模块的独立性　　　D．模块的相互控制和模块的内部联系

10. 模块独立性比较强的模块应是（　　）的模块。
    A．无内聚仅耦合　　B．仅内聚无耦合　　C．低内聚高耦合　　D．高内聚低耦合
11. 模块内聚性最强的内聚是（　　）
    A．功能内聚　　　　B．偶然内聚　　　　C．过程内聚　　　　D．逻辑内聚
12. 若干项功能因逻辑上需要顺序执行而集合在一起构成的模块，称为（　　）模块。
    A．功能内聚　　　　B．偶然内聚　　　　C．过程内聚　　　　D．逻辑内聚
13. 一般模块之间可能的连接方式构成6种耦合性的类型，其中耦合性最低的是（　　），模块独立性最弱的是（　　）。
    A．非直接耦合，数据耦合　　　　　　　　B．控制耦合，外部耦合
    C．公共耦合，内容耦合　　　　　　　　　D．非直接耦合，内容耦合
14. DFD与MSC都是对系统的功能描述，作逻辑描述的是（　　）。
    A．MSC　　　　　　B．DFD　　　　　　C．DFD与MSC　　　D．二者都不是
15. 下列关于DFD和MSC的叙述，不正确的是（　　）。
    A．DFD的主体是加工，每个加工完成各自的对输入数据流到输出数据流的转换，全部加工的功能集合就是系统的数据处理功能
    B．MSC的主体是模块，每个模块都完成各自的对输入数据的处理，并输出处理结果
    C．DFD与MSC、加工和模块都是执行对输入数据的转换，得到输出数据功能的
    D．DFD与MSC、加工和模块都是执行对输出数据的转换，得到输入数据功能的
16. 关于DFD类型转换的说法，不正确的是（　　）。
    A．把变换型DFD转换成MSC关键是找出变换中心
    B．把事务型DFD转换成MSC关键是找出变换中心
    C．把变换型DFD转换成MSC关键是划定输入、变换中心、输出间的界线
    D．事务型DFD的前事务中心一般起判断作用，然后选择某一支路进行数据处理
17. 客观存在的事物分为"对象"和"性质"两个方面，同时事物之间有广泛的联系。这是人们对客观世界的认识，称之为（　　）。
    A．信息世界　　　　B．数据世界　　　　C．现实世界　　　　D．虚拟世界
18. 下列关于实体的概念描述不正确的是（　　）。
    A．任何客观存在的事物均可以是实体
    B．实体不可以是概念性的东西
    C．属性是实体（事物）的某一方面的性质或特性
    D．实体集（总体）是同类个体的集合
19. 关于实体模型与数据模型对应关系不正确的是（　　）。
    A．实体—记录；实体型—记录型；　　　　B．实体集—文件；个体—特定记录
    C．属性—数据项；属性名—数据项型　　　D．属性值—数据项值；实体型—属性型
20. 关于关系表的描述不正确的是（　　）。
    A．关系表中一条记录代表一个实体　　　　B．属性代表实体的各特征
    C．一张关系表代表一个实体集　　　　　　D．实体之间的联系是通过表与表之间的关系表达
21. 关系模型的本质是（　　）。
    A．关系表中一条记录代表一个实体　　　　B．关系模型用若干个二维表来表示实体及其联系

C．关系数据库管理系统（RDBMS）软件　　D．一张关系表代表一个实体集

22．如下所示关系，可能会出现的异常是（　　）。

学生情况（学号，姓名，性别，出生日期，班级名称，班主任）

　　A．数据冗余　　　B．更新异常　　　C．删除异常　　　D．添加异常

23．如下关系属于（　　）。

学生表（学号，姓名，性别，出生日期）

班级表（班级代码，班级名称，班主任）

教师表（教师编号，教师姓名，所在部门，……）

　　A．第一范式　　　B．第二范式　　　C．第三范式　　　D．第四范式

24．以下数据库逻辑模式设计中，从规范化角度看，最好的设计是（　　）。

A．教材（书号，书名）专业（专业代码，课程代码）课程用书（课程代码，书号）订单（书号，供应商，定价，订数）

B．教材（书号，书名）专业（专业代码，课程代码，书名）课程用书（课程代码，书号）订单（书号，供应商，定价，订数）

C．教材（书号，书名）专业（专业代码，课程代码，书名、作者）课程用书（课程代码，书号）订单（书号，供应商，定价，订数）

D．教材（书号，书名）专业（专业代码，课程代码）课程用书（课程代码，书号，书名）订单（书号，供应商，定价，订数）

25．概念模式简称模式，是对数据库的整体逻辑描述，并不涉及物理存储，故称为（　　）。

　　A．程序员视图　　B．用户视图　　　C．视图　　　　　D．DBA视图

26．作为DBMS，必须提供一定的数据恢复机制，把数据库从被破坏的状态恢复到破坏前的状态。这是DBMS对数据库控制功能中的（　　）。

　　A．数据安全性控制　B．数据完整性控制　　C．故障恢复　　　D．并发控制

27．国际标准书号由ISBN冠名，后接四段共13位数字：前缀号-组号-出版社号-书序号-校验码（如：ISBN 978-7-5170-0448-6。中国组号为"7"，出版社号是由国际标准书号中心分配的，例如中国水利水电出版社为"5170"，书序号是由出版社分配的图书出版的序号，校验码恒定为一位数字：0~9或x，则国际标准书号编码方案为（　　）。

　　A．顺序码　　　　B．助记码　　　　C．校验码　　　　D．区间码

28．下列关于输入设计的说法不正确的是（　　）。

A．输入设计的出发点是确保向信息系统提供正确的信息

B．输入设计的目标是：在保证输入信息正确性和满足需要的前提下迅速、经济和方便

C．输入设计的原则是在能满足处理要求的前提下减少输入量

D．输入设计可以不必考虑输入设备和介质

29．在界面设计中不必考虑的原则是（　　）。

A．界面要清楚、简单，不能具有二义性

B．界面本身应具有指导用户怎样操作和回答问题的能力

C．界面应该适合于用户的环境和具体情况

D．界面可不必考虑用户的观点、业务和习惯等

30．系统设计阶段的主要工作成果是（　　）。

A．系统分析说明书　　　　　　　　B．可行性调查报告
C．系统设计说明书　　　　　　　　D．系统使用说明书

二、填空题

1．管理信息系统设计阶段的主要目的是将_____阶段所提出的反映了用户信息需求的_____方案转换成可以实施的基于计算机与通信系统的_____（技术）方案。这一阶段的主要任务是从管理信息系统的_____出发，根据系统分析阶段对系统的_____的要求，并考虑到经济、技术和运行环境等方面的条件，确定系统的_____和系统各组成部分的_____，合理选择计算机和通信的软、硬件设备，提出系统的_____，确保总体目标的实现。

2．"_____"是系统设计阶段的成果，它从系统设计的主要方面说明系统设计的指导思想和采用的技术方法，是_____阶段工作的主要依据。

3．系统设计阶段工作的主要依据是_____、_____、现行的信息管理和信息技术的标准、规范和有关法律制度、_____和_____。

4．系统的总体布局是指系统的_____、_____资源以及_____资源在空间上的分布特征。分为_____系统和_____系统。

5．软件总体结构设计的主要任务就是_____，将整个系统合理地划分成各个功能_____，正确地处理_____与_____的联系以及它们之间的_____关系和_____联系，定义_____等。

6．模块是指具有输入、输出、逻辑功能、运行程序和内部数据等属性的_____。输入、输出和逻辑功能是模块的_____，运行程序和内部数据是模块的_____。

7．模块间的通信主要有两种，一是_____传递，二是_____传递。上级模块在调用下级模块时可以把_____传递给下级模块，下级模块运行结束时也可以把_____传回上级模块。

8．模块结构图中的模块类型有_____模块、_____模块、_____模块和_____模块。

9．模块的独立性，是指软件系统中每个模块只涉及软件要求的具体的_____，而和软件系统中其他的模块的接口是_____的。

10．模块之间的连接越紧密，联系越多，耦合性就越_____，而其模块独立性就越_____。一个模块内部各个元素之间的联系越紧密，则它的内聚性就越_____，相对地，它与其他模块之间的耦合性就会_____，而模块独立性就越_____。

11．一般模块的内聚性分为七种类型：偶然型内聚、_____内聚、_____内聚、_____内聚、_____内聚、_____内聚、_____内聚。

12．功能型内聚是指一个模块仅包含一种_____功能，就是说它所包含的所有成分都是为完成某一个_____的。

13．耦合性是程序结构中各个模块之间相互关联的_____。它取决于各个模块之间接口的_____、调用模块的方式以及哪些信息通过_____。

14．_____耦合是指调用模块把控制信息传递给被调用模块，被调用模块的工作情况与该控制信息有关。

15．按照_____原则，应当使一个模块只做一件事情，一个模块做好一件事情。合并模块可以减少_____，分解模块可以提高_____。

16．结构化设计方法以_____、_____为基础，从给出的加工逻辑描述导出_____，然后根据_____原则，对初始模块结构图进行优化，得到最后的_____。

17．DFD 实际上只有两种基本类型，_____和_____，大多数 DFD 是由这两种基本 DFD 复合而成的。

18．数据是信息的_____、形象化，是表示信息的_____。客观事物及其_____是信息之源，是组织和管理数据的_____，同时也是使用_____的归宿。_____模型和_____模型是对客观世界的两级抽象描述。在数据管理中，核心是_____模型。

19．实体分为两个层次，个体是指能_____的、特定的_____实体。实体集（总体）是同类个体的_____。属性由_____和_____来描述。特定的实体是由若干具体属性值_____起来进行描述的。

20．实体间的联系方式有以下三种：_____、_____和_____。

21．文件是_____和_____的总和，不仅要描述数据项、记录之间的_____，而且要描述记录型之间，也就是各种_____之间的联系。

22．关系模型将数据的_____归纳为满足一定条件的一个个_____的形式。一张二维表称为一个_____，关系又由_____（记录型）和若干_____（记录）组成。

23．关系模式处在关系表第_____行，它表达表中_____类型，其余每行都是一条_____（元组），实际记载数据；关系表的列称为_____（字段），它们表达记录的各组成部分。实体之间的联系是通过表与表之间的_____表达。

24．第一范式要求每个属性值都是不可再分的最小_____；第二范式是指所有非主属性都完全函数依赖于任意一个_____；第三范式要求所有非主属性对任何候选关键字都不存在_____。

25．数据库的组织从内到外分三个层次描述，分别称为_____、_____和_____。在三个模式间存在着两种映射：一是"_____"间的映射，这种映射把用户数据库与概念数据库联系起来；另一映射是"_____"间的映射，这种映射把概念数据库与物理数据库联系起来。

26．模式表示了_____级数据库，体现了对数据库的_____观；内模式表示了_____级数据库，体现了对数据库的_____观；外模式表示了_____级数据库，体现了对数据库的_____观。

27．数据库系统由_____、支持数据库运行的_____、_____、_____和人员等部分组成。其中人员分为_____、_____、_____。

28．数据库管理系统又称_____，具有如下功能_____、_____、_____、_____、_____。

29．数据库设计分为六个阶段，分别是_____、_____、_____、_____、_____、_____。

30．代码是表示客观实体或属性的_____（如数字、字母或它们的组合），代码设计是从编制_____开始的。其基本设计原则是：_____、_____、_____、_____、短小精悍、容易修改、考虑程序处理上的方便。

31．输出信息的主要使用者是_____，输出结果大多通过一定的表格形式表现出来。表格又可分为_____表格和纸质表格两种。

32．用户界面设计实际上既是输入的设计又是输出的设计，界面设计的形式有_____、_____、_____、_____。

33．模块流程设计就是决定各个模块的实现_____，并精确表达。模块流程设计工具主要有_____、_____、_____。

34．程序流程图的五种基本控制结构是_____、_____、_____、_____、_____。

35．系统设计说明书是从系统_____的角度出发对系统建设中各主要_____方面的设计进行说明，其着重点在于阐述系统设计的_____以及所采用的_____和方法。

三、简述题

1．系统设计的目标、任务和主要活动。
2．简述系统设计的依据。
3．简述系统总体概要设计的内容。
4．什么是系统总体布局？系统总体布局各种方案的特点是什么？
5．什么是模块？模块结构图的作用和绘制要求是什么？
6．模块的独立性怎样度量？具体内容是什么？
7．简述怎样从数据流图导出模块结构图。
8．简述数据库设计的内容与步骤。
9．简述代码设计、输入输出设计的目的、内容和方法。

四、应用题

1．从如图 6-54 所示的数据流图中导出模块结构图。

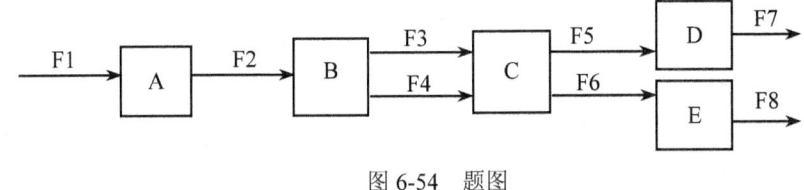

图 6-54　题图

2．分析你所在学校的成绩管理业务，找出相关的实体，实体间联系，给出关系模型。

五、实训题

给出系统设计方案实训。依据上一章给出的新系统逻辑方案，设计系统总体布局，从系统逻辑模型中导出系统模块结构图；然后进行必要的详细设计（包括数据库设计、代码设计、输入输出设计）。

第 7 章 系统实施

本章介绍系统实施阶段的作用与地位以及该阶段主要的活动内容；阐述程序设计质量、优良的程序设计风格、系统测试概念、系统测试方法与步骤和调试排错的方法策略；说明系统转换的各种方式，力图简明扼要地阐明系统实施阶段的工作思路，帮助初学者对该阶段理解与把握。

通过本章学习，读者应该：
- 理解系统实施阶段的作用与地位、主要活动内容。
- 掌握程序设计质量要求。
- 掌握保持优良程序设计风格的方法。
- 理解系统测试概念，会使用测试方法对程序进行基本测试。
- 掌握调试排错方法。
- 理解系统转换的各种方式特点。

7.1 系统实施阶段概述

7.1.1 作用与地位

在管理信息系统的系统开发期，经过系统分析和系统设计阶段以后，便开始了系统实施阶段。在系统分析和设计阶段，系统开发工作主要集中在逻辑、功能和技术设计上，工作成果是以各种系统分析与设计文档来体现的。系统实施阶段要继承此前各阶段的工作成果，将技术设计转化成为物理实现，因此系统实施的成果是系统分析和设计阶段的结晶。

由于系统实施是在系统详细设计以后才开始的，它是以系统分析和设计工作为基础的，必须按照系统设计的文档进行，因此在管理信息系统的整个生命周期中，相对来讲，系统分析与设计比系统实施要重要得多。只有在系统分析和设计工作完成以后，才能开始系统实施工作，切忌在系统开发工作中提前开展这部分工作。因为有些开发者，特别是程序编制人员，往往把开发的重点放在编程上，在没有完全了解系统的需求分析情况和总体设计的条件下，就匆匆开始程序编制工作，这必然会给系统开发工作带来挫折。

同时系统实施作为系统生命周期中的后期阶段，是把系统设计转化为可实际运行的物理系统的必然步骤，再好的系统设计，不通过系统实施也只能是不能带来现实效益的空中楼阁。系统实施作为系统的最后物理实现阶段，对于系统的质量、可靠性和可维护性等有着十分重要的影响。

7.1.2 主要活动内容

（1）系统实施的前提条件

系统实施工作必须在系统分析和系统设计工作完成后，严格按照系统开发文档进行，系统实施是以系统分析和设计文档资料为依据的。系统开发者只有通过系统开发文档，对系统目标、系统总体结构、系统代码设计、输入/输出设计、数据库设计、处理过程设计以及系统运行环境等有了明确理解和认识以后，才能开始系统实施活动。这里特别强调一点，系统开发人员不仅要了解本人所承担的部分，还要了解总体结构、彼此接口、数据交换等相互联系部分的内容，以保证在系统实施工作中局部分散实施与系统整体的协调一致性。

（2）系统实施的主要活动

这一阶段由程序设计、系统测试、系统安装和新旧系统转换等主要活动构成。

① 程序设计又称编写程序，按照详细设计阶段产生的程序设计说明书，用选定的程序设计语言书写源程序。

② 系统测试是系统质量可靠性保证的关键，也是对需求分析、系统设计和编码的最终评审。运用一定的测试技术与方法，通过模块测试、组装测试、确认测试和系统测试几个步骤，发现系统可能存在的问题。

③ 系统安装主要是指各种软、硬件设备的选型、论证、购置、安装，以及整个系统调试运行。

④ 新旧系统转换，也称系统切换与运行，是指以新开发的系统替换旧的系统，并使之投入使用的过程。它包括系统交付前的准备工作、系统切换的方法和步骤等。

7.2 程序设计

7.2.1 对程序的质量要求

系统实现阶段最主要的工作是程序设计。程序设计是根据系统设计说明书中有关模块的处理过程描述、数据库设计、输入设计、输出设计，选择合适的计算机语言，编制出正确、清晰、强健性好、易维护、易理解、工作效率高的程序。首先是正确实现程序说明书所规定的各项功能，其次要求程序具有以下良好的性能：

（1）结构清晰。结构清晰是保证程序正确，提高可读性与可维护性的基础。结构清晰的程序应尽量少用或不用 GOTO 转向语句；要用 IF-ELSE-ENDIF，DO WHILE-ENDDO 以醒目的层次结构排列。

（2）易理解。编写程序就如写文章，易理解是很重要的。一个逻辑上完全正确但杂乱无章，无法供人阅读、分析、测试、排错、修改与使用的程序是没有什么价值的。

（3）可维护。为排错、改进的需要，维护是必要的。可维护性是目前程序设计所追求的主要目标。

（4）健壮性。健壮性是要求系统对错误操作、错误数据录入能予以识别与禁止，不会因错误操作、错误数据输入及硬件故障而造成系统崩溃。

（5）效率。主要是指系统运行效率与存储效率。尽量用较少的空间，较快的速度完成规定的功能。

假如人们写出的源程序便于阅读，又便于测试和排除所发现的程序故障，就能够有效地在开发期间消除绝大多数在程序中隐藏的故障，使得程序可以做到正常稳定地运行，极大地减小了运行期间软件失效的可能性，大大提高了软件的可靠性。

如果写出的源程序在运行过程中发现了问题或错误时很容易修改，而且在软件使用过程中，能根据用户的需要很容易扩充其功能及改善其性能，则这样的程序就具有较好的可维护性，维护人员可以很方便地对它进行修改、扩充和移植。

7.2.2 程序设计的书写风格

有相当长的一段时间，许多人认为程序只是给机器执行的，而不是供人阅读的，所以只要程序逻辑正确，能被机器理解并依次执行就足够了。至于"文体（即风格）"如何是无关紧要的。但是，随着软件规模越来越大，复杂性增加，人们逐渐看到，在软件生存期中，人们经常要阅读程序。特别是在软件测试阶段和维护阶段，编写程序的人与参与测试、维护的人都要阅读程序。人们认识到，阅读程序是软件开发和维护过程中的一个重要组成部分，而且读程序的时间比写程序的时间还要多。因此，程序实际上也是一种供人阅读的文章，既然如此，就有一个文章的风格问题。20 世纪 70 年代初，有人提出在编写时，应该使程序具有良好的风格。这个想法很快就为人们所接受。人们认识到，程序员在编写程序时，应当意识到今后会有人反复地阅读这个程序，并沿着你的思路去理解程序的功能。所以应当在编写程序时多花些工夫，讲求程序的书写风格，这将大量地减少人们读程序的时间，从整体上看，效率是高的。

1. 源程序文档化

源程序文档化包括选择好标识符（变量和标号）的名字、安排注释以及程序的视觉组织等。

（1）符号名的命名

符号名即标识符，包括模块名、变量名、常量名、标号名、子程序名以及数据区名、缓冲区名等。这些名字应能反映它所代表的实际东西，应有一定的实际意义，使其能够见名知意，有助于对程序功能的理解。例如，表示次数的量用 times，表示总量用 total，表示平均值用 average，表示和的量用 sum 等。为达此目的，不应限制名字的长度。下面是三种不同的程序设计语言对同一变量的命名。

NEW.BALANCE.ACCOUNS.PAYABLE（PASCAL）
NBALAP　　　　　　　　　　　　（FORTRAN）
N　　　　　　　　　　　　　　　（BASIC）

第一个是 PASCAL 语言中的命名，它给变量赋予一个明确的意义，在读程序时对它的用途可一目了然。第二个是 FORTRAN 语言中的命名，由于许多 FORTRAN 语言的版本规定其编译器只能识别名字的前 6~8 个字符，所以把变量名进行了缩写。它虽然提供了较多的信息，但由于一个字符代替了一个词的意思，一旦程序员误操作，意思可能就完全变了。第三个是 BASIC 语言中的命名，由于变量过于简单，使得该名字的含义不清。

名字不是越长越好，过长的名字会增加工作量，给程序员或操作员造成不稳定的情绪，会使程序的逻辑流程变得模糊，给修改带来困难。所以应当选择精炼的意义明确的名字，才能简化程序语句，改善对程序功能的理解；使用缩写名字时要注意编写规则要一致，并且要给每一个名字加注释；在一个程序中，一个变量只应用于一种用途。就是说，在同一个程序中一个变量不能身兼几种工作。例如在一个程序中定义了一个变量 temp，它在程序的前半段代表"温度（temperature）"，在程序的后半段则代表"临时变量（temporary）"，这样就会给读者阅读程序造成混乱。

（2）程序的注释

夹在程序中的注释是程序员与日后的程序读者之间通信的重要手段。正确的注释能够帮助读者理解程序，可为后续阶段进行测试和维护提供明确的指导。因此注释决不是可有可无的，大多数程序设计语言允许使用自然语言写注释，这给阅读程序带来很大的方便。一些正规的程序文本中，注释行的数量占到整个源程序的 1/3 到 1/2。

注释分为序言性注释和功能性注释。

序言性注释通常置于每个程序模块的开头部分，它应当给出程序的整体说明，对于理解程序本身具有引导作用。有些软件开发部门对序言性注释作了明确而严格的规定，要求程序编制者逐项列出。有关项目包括：

① 程序标题；
② 有关本模块功能和目的的说明；
③ 主要算法；
④ 接口说明：包括调用形式，参数描述，子程序清单；
⑤ 有关数据描述：重要的变量及其用途，约束或限制条件，以及其他有关信息；
⑥ 模块位置：在哪一个源文件中，或隶属于哪一个软件包。

功能性注释嵌在源程序体中，用以描述其后的语句或程序段是在做什么工作，也就是解释下面要"做什么"，或是执行了下面的语句会怎么样。而不要解释下面怎么做，因为解释怎么做常常是与程序本身重复的。例如，

/*   ADD AMOUNT TO TOTAL */

TOTAL=AMOUNT+TOTAL

这样的注释行仅仅重复了后面的语句，对于理解它的工作并没有什么作用。如果注明把月销售额计入年度总额，便使读者理解了下面语句的意图：

/*   ADD MONTHLY-SALES TO ANNUAL-TOTAL   */

TOTAL=AMOUNT+TOTAL

书写功能性注释，要注意以下几点：

① 用于描述一段程序，而不是每一个语句；
② 用缩进和空行，使程序与注释容易区别；
③ 注释要正确。

有合适的、有助于记忆的标识符和恰当的注释，就能得到比较好的源程序内部的文档。有关设计的说明，也可作为注释，嵌入源程序体内。

（3）视觉组织——空格、空行和移行

一个程序如果写得密密麻麻，分不出层次来常常是很难看懂的。优秀的程序员在利用空格、空行和移行的技巧上显示了他们的经验。恰当地利用空格，可以突出运算的优先性，避免发生运算的错误。例如，将表达式

(A<-17) ANDNOT (B<=49) ORC

写成

(A<-17) AND NOT (B<=49) OR C

就更清楚。自然的程序段之间可用空行隔开；移行也叫作向右缩格，它是指程序中的各行不必都在左端对齐，都从第一格起排列。因为这样做使程序完全分不清层次关系。因此，对于选择语句和循环语句，把其中的程序段语句向右做阶梯式移行。这样可使程序的逻辑结构更加清晰，层次更加分明。例如，两重选择结构嵌套，写成下面的移行形式，层次就清楚得多。

```
IF（…）THEN
    IF（…）THEN
        ……
    ELSE
        ……
    ENDIF
……
ELSE
    ……
ENDIF
```

2. 数据说明

虽然在设计阶段，已经确定了数据结构的组织及其复杂性。在编写程序时，则需要注意数据说明的风格。为了使程序中数据说明更易于理解和维护，必须注意以下几点：

（1）数据说明的次序应当规范化，使数据属性容易查找，也有利于测试、排错和维护。原则上，数据说明的次序与语法无关，其次序是任意的。但出于阅读、理解和维护的需要，最好使其规范化，使说明的先后次序固定。一般顺序为：常量说明，简单变量类型说明，数组说明，公用数据块说明，所有的文件说明。

在类型说明中还可进一步要求。例如，可按如下顺序排列：整型量说明，实型量说明，字符量说明，逻辑量说明。

（2）当多个变量名用一个语句说明时，应当对这些变量按字母的顺序排列。如把

INTEGER   size,length,width,cost,price

写成

INTEGER   cost,length,price,size,width

7.2.3 程序设计步骤

（1）理解系统的设计要求。首先要仔细地阅读系统设计说明书，吃透系统设计所提出的任务、功能和目标，明确自己所编程序在系统中所处的位置及与之相关的环境条件。

（2）熟悉计算机性能。在程序设计前要熟悉系统的开发环境，包括计算机的性能，操作系统，程序设计语言与数据库管理系统。

（3）细化程序处理过程。系统设计说明书中给出的处理过程的描述还是比较粗糙的，程序设计者在编程前要根据所选择的程序设计语言予以细化，并用一定的方法对处理过程进行描述。

（4）编写源程序。在完成前三阶段工作的基础上，完成编程并在计算机上实现。

（5）测试。程序编制完成以后，要对程序的正确性做出评价，这就需要对程序进行测试。测试的目的是为了发现错误并加以改正。程序中常见的错误有：语法错误、逻辑错误、输入输出格式错误等。有关统计表明，程序测试所占用的时间和经费与开发系统的规模成正比。因此，组织测试数据、选择测试方法应引起系统开发者足够的重视。程序测试时应根据程序错误的特点选择有代表性的测试方法进行测试。

7.3 系统测试

7.3.1 系统测试的基本概念

1. 系统测试的作用和意义

系统测试是管理信息系统开发周期中一个十分重要而漫长的阶段。其重要性体现在它是保证系统质量与可靠性的最后关口，是对整个系统开发过程包括系统分析、系统设计和系统实现的最终审查。尽管在系统开发周期的各个阶段均采取了严格的技术审查，希望尽早发现问题予以修正，但依然难免遗留下差错，如果没有在投入运行前的系统测试阶段被发现并纠正，问题迟早会在运行中暴露出来，到那时要纠正错误将会付出更大的代价，甚至会造成不堪设想的后果。例如，1963年美国用于控制火箭飞行的FORTRAN程序中，把一个循环语句"DO 5 I=1,3"误写为"DO 5 I=1.3"，由于空格对FORTRAN的编译程序没有实际意义，编译后语句成为DO5I=1.3，在系统测试中这个错误又未被发现，仅这一点之差，致使飞往火星的火箭爆炸，造成1000万美元的损失。之所以说系统测试是一个漫长的过程，是因为测试阶段占用的时间、花费的人力和成本占软件开发的很大比例。统计表明，开发较大规模系统，系统测试的工作大约占整个软件开发工作量的40%～50%。而对于一些特别重要甚至人命关天的大型系统，测试的工作量和成本更大，甚至超过系统开发其他各阶段总和的若干倍。

因此不要以为程序设计完成后系统开发工作就接近尾声了，还有大量重要而艰巨的系统测试工作才刚刚开始。

2. 系统测试的对象和目的

由于信息系统的开发很大程度上是软件系统的开发，那么经过程序设计阶段以后，系统测试的对象是不是源程序呢？我们知道，系统开发周期内的各个阶段是彼此衔接的，前一阶段发生的问题如未能及时解决，很自然会带入下一个阶段，因此在测试中发现的问题不一定是在编码阶段产生的，而是前面各阶段的错误的集中反映。也就是说，对程序设计阶段来讲，有些错误是"先天性"的。因此系统测试的对象显然不仅仅是源程序，而应是整个软件，它把需求分析、概要设计、详细设计以及程序设计各阶段的开发文档，包括需求规格说明、概要设计说明、详细设计说明以及源程序，都作为测试的对象。由于"程序+文档=软件"，所以系统测试的对象是软件。

很自然读者会认为测试的目的是为了说明软件是没有问题的，因此程序编完后，只要找几个数据，使程序能够走通就完成了测试任务。从软件工程的角度看，这种认识不仅不正确，而且是十分有害的。因为出于这个目的，人们会自觉或不自觉地寻找容易使程序通过的测试数据，回避那些易于暴露软件错误的测试数据，从而致使隐藏的错误不被发现。恰恰相反，系统测试是以找错误为目的，我们不是要证明程序无错，而是要精心选取那些易于发生错误的测试数据，以十分挑剔的态度，证明程序有错。这个对于测试目的的观念，对于我们的测试工作是有很大影响的。由于人类思维的严密性是有限度的，加之开发人员的主观、心理、经验等方面的因素，实践证明，大型软件在测试前是不可能没有错误的，因此测试的目的就是发现软件的错误。

在系统测试中发现的错误可能是各式各样的，按其范围和性质可划分为以下几类：

（1）功能错误：由于功能规格说明书不够完整或叙述不够确切，致使在编码时对功能有误解而产生的错误。

（2）系统错误：指与外部接口的错误、参数调用错误、子程序调用错误、输入/输出地址错误，以及资源管理错误等。

（3）过程错误：主要指算术运算错误、初始过程错误、逻辑错误等。

（4）数据错误：数据结构、内容、属性错误，动态数据与静态数据混淆，参数与控制数据混淆等。

（5）编码错误：语法错误、变量名错误、局部变量与全局变量混淆、程序逻辑错误和编码书写错误等。

3. 测试与调试

测试与调试意义是不同的，仅就测试而言，其目标是发现系统中的错误，但发现错误并不是我们的最终目的。系统开发的最终目的是高质量的完全符合用户需要的信息系统。因此测试发现问题后，还必须诊断错误，改正错误，这就是调试，准确判定错误位置以及具体的出错情况，继而进行改正以排除错误。

进行测试时，通过比较测试结果与预期结果的差异来确认错误的存在。而错误在哪儿，如何解决？这就是调试的内容，所以调试又称排错或纠错。首先，准确判定出错的位置并不是一件容易的事，它要占去测试工作的大部分工作量（约90%左右），而在找到错误原因后，改正错误往往相对容易得多。注意：改正错误后，应及时对系统文档中相关的内容进行修改，以保证程序与文档的一致性。

4. 穷举测试与选择测试

既然测试的目的在于寻找错误，并且找出的错误越多，测试就越成功，那么能不能通过测试把所有隐藏的错误全部找出来呢？换句话说，能否将所有可能发现错误的测试都做完呢？我们把能够包含所有可能情况的测试称为穷举测试。下面举例看穷举测试的情况：

假设有一个简单程序，有两个输入变量 X 和 Y，程序输出变量为 Z。X、Y 只能取整数，在字长为 32 位的计算机上运行，那么 X、Y 可分别有 2^{32} 个可能的取值，则输入数据的所有可能值有 2^{64} 种，如果这个程序测试一组数据需要 1 毫秒，则需要 5 亿年才能全部测试完这组输入数据。穷举所有输入数据是不可能的。

再看一个试图走遍程序中所有可能的路径的例子，如图 7-1 所示，一段程序对嵌套的条件分支语句循环执行 20 次，要遍历所有的路径。这段程序有五条路径，需循环 20 次，则共有 5^{20} 条路经，即 10^{14}（约 100 万亿）条路径。这还是很简单的嵌套结构，如复杂些，则路径数量呈指数上升趋势。可见穷举路径的测试也是不现实的。

既然无论是穷举输入还是穷举路径的测试对于信息系统都是不现实的，那么为了节省时间和资源，提高测试效率，就必须精心设计测试用例，即从数量极大的测试用例中挑选一部分进行选择测试，从而获得以较少的测试数据发现最多的错误的最佳测试效果。

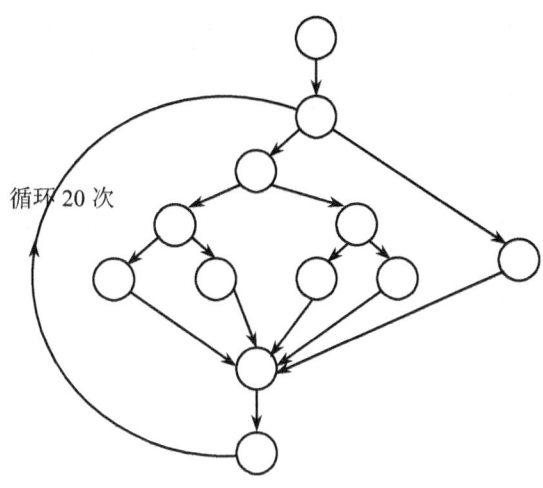

图 7-1 穷举路径示例

由此,我们看到系统测试的一个致命缺陷:任何程序只能进行少量有限的测试(相对穷举测试的极大数量而言),在测试中发现问题则说明程序有错误,但如果测试没有发现问题,则不能说明程序无错误。换句话讲,测试能够发现程序的错误,但不能发现程序的全部错误,不能证明程序无错!因此系统经过测试后仍有错误的可能性是难以避免的,但如果我们测试工作做得好,可以使遗留错误减少到尽可能低的程度。

7.3.2 系统测试的基本原则

基于以上系统测试的概念,在进行系统测试中应遵循以下基本原则:

(1)测试工作应避免由原开发软件的个人或小组来承担。测试的目的就是挑剔地找错误,而从心理上来讲,软件开发人员对自己的工作成果有所偏爱,总认为自己开发的软件没有错误或错误不大,因而有一种不愿否定自己成果的心理;另一方面,如果开发人员对软件的功能有理解错误,由本人去找,肯定是找不出错误的,正所谓"当局者迷"。

(2)设计测试方案时,不仅要包括确定的输入数据,而且应包括从系统功能出发预期的测试结果。把预期测试结果作为测试方案的组成部分,对于发现错误是有帮助的,并且可以提高效率,只要将运行结果与预期测试结果进行对比即可发现有无错误。否则,由于人们的心理作用或粗心大意,常把一些似是而非的结果当成正确结果,把本该发现的问题漏掉。

(3)测试用例不仅要包括合理、有效的输入数据,还要包括无效的或不合理的输入数据。在测试中人们常常只注意到从系统功能角度是合理有效的和可以预想得到的输入数据,而忽视那些无效的和预想不到的输入数据。实际上一个软件在投入运行后,一些意想不到的输入是常常会遇到的,如用户按错键、输错数、键入非法命令等,如果软件不能做出适当的反应而失控,就不能说明软件是可靠的。往往使用预期不合理的数据进行测试比用合理数据收获要大。

(4)不仅要检验程序是否做了该做的事,还要检查程序是否同时做了不该做的事。多余的副作用即使是无意义的也会影响程序运行效率,甚至有时会带来潜在的危害。

(5)软件中仍存在错误的概率和已经发现错误的个数是成正比的。有时软件经测试发现了许多错误后,测试者认为可能错误已找得差不多了,因而不再继续测试了。但经验和统计结果均表明，发现的错误越多，程序中潜在的错误可能会越多。这个事实还可用米中含沙的情况做比喻，当我们发现手中抓到的一把米里有沙时，绝不表示米袋里的沙粒只有这些，往往是随手一抓，手中的沙子越多，说明米中含沙量越高。因此，如软件经测试发现了许多错误，则继续测试发现错误的可能性更大。

（6）保留测试用例，作为软件文档的组成部分。测试用例无论是否发现软件中的错误，都是花费了大量精力精心设计出来的，保留这些测试用例将会给重新测试和追加测试带来方便。一旦程序纠错、改进或扩充后，需要重新测试时，将在很大程度上重复以往的测试工作，一方面验证原有错误是否确实正确修改了，另一方面能够发现因修改或扩充而可能引入的新错误。

7.3.3 系统测试的方法

对软件进行测试的主要方法如图 7-2 所示。

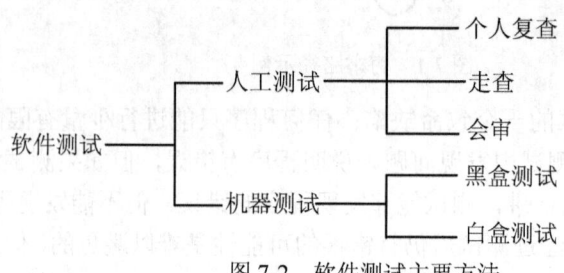

图 7-2 软件测试主要方法

一般源程序通过编译后，要先经过人工测试，然后再进行机器测试。人工测试是采用人工方式进行，目的在于检查程序的静态结构，找出编译不能发现的问题，然后再进行机器测试。经验表明，组织良好的人工测试可以发现程序中 30%～70%的编码和逻辑设计错误，从而可以减少机器测试的负担，提高整个测试工作的效率。机器测试是运用事先设计好的测试用例，执行被测程序，对比运行结果与预期结果的差别以发现错误。对某些类型的错误，机器测试比人工测试有效，但对另一些类型的错误，人工测试的效率往往比机器测试更高。而且机器测试只能发现错误的症状，不能进行问题定位，而人工测试一旦发现错误，同时就确定了错误位置、类型和性质。因此人工测试不可忽视，不是为了节约时机的权宜之计，它是机器测试的准备，是测试中必不可少的环节。

1. 人工测试

人工测试又称代码复审，主要有下列三种方法：

（1）个人复查：指源程序编完以后，直接由程序员自己进行检查。由于心理上对自己程序的偏爱，因此有些习惯性的错误自己不易发现，如果对功能理解有误，自己也不易纠正。所以这是针对小规模程序常用的方法，效率不很高。

（2）走查：一般由 3～5 人组成测试小组，测试小组成员应是从未介入过该软件的设计工作的有经验的程序设计人员。测试在预先阅读过该软件资料和源程序的前提下，由测试人员扮演计算机的角色，用人工方法将测试数据输入被测程序，并在纸上跟踪监视程序的执行情况，让人代替机器沿着程序的逻辑走一遍，以发现程序中的错误。由于人工运行很慢，因此走查只能使用少量简单的测试用例，实际上走查只是个手段，随着"走"的进程不断从程序中发现错误。

（3）会审：与走查相似，要求测试成员在会审前仔细阅读软件有关资料，根据错误类型清单（从以往经验看一般容易发生的错误），填写检测表，列出根据错误类型要提问的问题。会审时，由程序作者直接逐个阅读和讲解程序，测试人员逐个审查、提问、讨论可能产生的错误。会审对程序的功能、结构及风格等都要进行审定。

2. 机器测试

通过在计算机上直接运行被测程序来发现程序中的错误。机器测试有黑盒测试和白盒测试两种方法。

（1）黑盒测试：也称功能测试，将软件看作黑盒子，在完全不考虑程序的内部结构和特性情况下，测试软件的外部特性。根据软件的需求规格说明书设计测试用例，从程序的输入和输出特性上测试是否满足设定的功能。

（2）白盒测试：也称结构测试，将软件看作一个透明的白盒子，按照程序的内部结构和处理逻辑来选定测试用例，对软件的逻辑路径及过程进行测试，检查它与设计是否相符。

7.3.4 系统测试的策略

软件测试工作分模块测试（单调），子系统测试（分调），系统测试（联调），如图 7-3 所示。软件测试成功后，还有用户的验收测试。到目前为此，人们还无法证明一个大型复杂软件的正确性，只能依靠一定的测试手段来说明该软件在某些特定条件下没有发现错误。

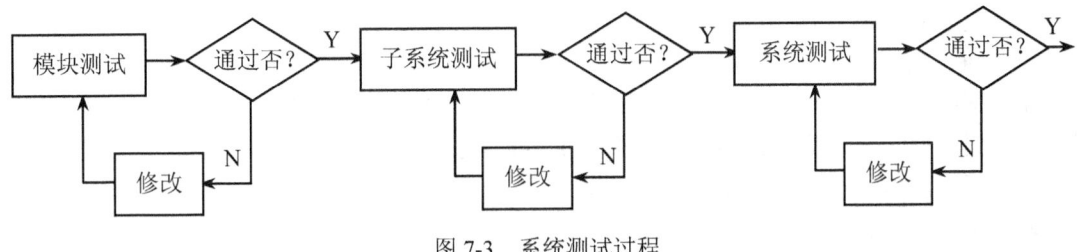

图 7-3　系统测试过程

1. 模块测试（单调）

模块测试是独立地对单个模块进行测试，是整个系统测试的基础。模块测试比系统测试更容易发现错误之所在，也能更有效地进行排错处理。

模块测试前必须先通过编译检查并改正所有语法错误。

模块测试主要从下述五个方面去检验模块：

（1）模块接口：测试信息能否正确无误地流入、流出模块。

（2）模块内部之数据结构：测试内部数据的完整性，包括内容、形式及相互关系。

（3）逻辑路径：测试应覆盖模块中关键的逻辑路径。

（4）出错处理：测试模块对错误及产生错误的条件的预见能力，并且检测其出错处理是否适当。

（5）边界条件：软件往往容易在边界条件上发生问题，如循环的第一次和最后一次执行，判断选择的边界值等。

模块测试方法还是分人工测试和机器测试两种。

对于机器测试的黑盒法和白盒法有以下几个具体典型方法。

（1）等价分类法。

根据选择测试思想，在所有可能的输入数据中取一个有限的子集作为测试用数据。通常在黑盒测试中将模块的输入域划分成有效等价类（模块中符合规范的输入）和无效等价类（模块中非法的输入）两种。例如，某模块的合理输入是 0～100，则大于等于 0 且小于等于 100 的数据属于有效等价数据；小于 0 或大于 100 的数据为无效等价类，测试数据可以从这两个等价类中抽取。

所谓等价类是指某一类输入数据的集合，用该集合中的一个例子作为测试数据对程序进行测试，与使用该集合中其他例子进行测试发现错误的机会是等效的。这样在同一个等价类中只要选取其中的一个典型例子，其他数据对发现错误没有改进，因此可以省略，从而减少了测试用例的数量。

（2）边缘分析法。

这也是一个黑盒测试法。在编写程序时，人们往往只注意正常情况，忽视了边界条件下的程序运行状态。因此，在测试过程中边缘值常被用来作为测试数据。如模块的有效值是 0～100，则可以取-0.1，0.1，99.9，100.1 作为测试数据。

（3）逻辑覆盖法。

用白盒法测试模块时，要执行程序中的每一条路径，当程序中有循环存在时，要测试程序中的每一条路径是不可能的。而用逻辑覆盖法测试模块，只要模块中的每一个分支方向都至少测试一次即可。对模块中的循环语句，只需测试循环语句是否执行，而不必去测试每次循环情况。

逻辑覆盖测试常用的方法有：

① 判断覆盖。

即让程序中每个判断语句至少获得一次"真"值和"假"值。以图 7-4 为例，如果一次两组测试数据，使它们能够通过路径 ace 和 abd，或者通过路径 acd 和 abe，就可以达到"判断覆盖"的标准。为此，可以选择输入数据为：

- A=3，B=0，X=1（沿路径 acd）
- A=2，B=1，X=3（沿路径 abe）

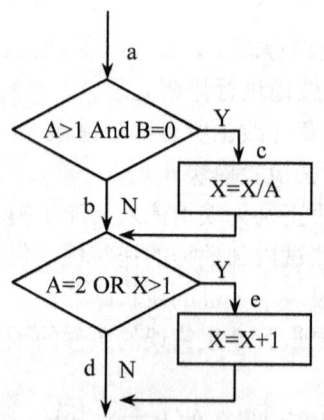

图 7-4 测试用例设计的参考例子

② 条件覆盖。通常一个判断语句中往往含多个条件，能使这些条件的各种可能取值出现的测试方法称之为条件覆盖，它比判断覆盖在测错能力上强些。

如图 7-4 所示，它共有四个条件：

A>1，B=0，A=2，X>1

所以要选择测试数据能使在 a 点有：

A>1，A<=1，B=0，B<>0 四种情况出现，可选择以下两组测试用例：

- A=1，B=0，X=3（沿路径 abe）
- A=2，B=1，X=1（沿路径 abe）

③ 判断/条件覆盖。一般讲，条件覆盖比判断覆盖所取得的测试结果要好些。但有时并非如此，即条件覆盖的测试用例未能使判断语句中的"真"、"假"情况都出现。对此，可采用判断/条件覆盖方法。它所采用的测试数据使每个条件都取得各种可能值，并使每个判断也取得"真"和"假"。例如，下面的两个测试用例就能满足图 7-4 的判断/条件覆盖。

- A=2，B=0，X=4（沿路径 ace）
- A=l，B=1，X=1（沿路径 abd）

④ 条件组合覆盖。上面的判断/条件覆盖看起来似乎能使每个条件取得所有可能的结果，但实际上并不一定能做到这一步。因为在多条件判断中，逻辑运算符 AND 或 OR 在某些条件下会屏蔽其他条件。例如在（A.OR.B）的逻辑表达式中，若 A 为真，则程序通常不会去检查 B，B 中可能隐含的错误也发现不了。采用条件组合覆盖可解决这一问题。条件组合覆盖使每个判断中的各种条件组合至少出现一次。显然满足条件组合覆盖的测试用例是一定能满足判断覆盖，条件覆盖及判断/条件覆盖的。

对于图 7-4 的程序来说，可以选择这样的四个测试用例，使它的八种条件组合都至少出现一次：

- A=2，B=0，X=4 使 A>1，B=0 和 A=2，X>1 两种情况出现（沿路径 ace）；
- A=2，B=l，X=1 使 A>l，B<>0 和 A=2，X<=1 两种情况出现（沿路径 abe）；
- A=l，B=0，X=2 使 A<=1，B=0 和 A<>2，X>l 两种情况出现（沿路径 abe）；
- A=l，B=1，X=1 使 A<=1，B<>0 和 A<>2，X<=1 两种情况出现（路径 abd）；

尽管条件组合覆盖要求很严格，但它还没有将程序中的每一条路径都覆盖到，例如路径 acd 就没有执行到。由此可见，在模块测试中，单独依靠某一种测试方法，并不是很理想的。通常是将两种方法结合起来使用。

2. 子系统测试（分调）

子系统测试是在模块测试的基础上，解决模块间相互调用的问题。子系统测试，通常可以采用自顶向下测试和自底向上测试两种方法。

（1）自顶向下测试

先用主控模块作为测试驱动模块，然后将其所有下属模块用桩模块代替。桩模块中只保留所代替模块的名字，输入输出参数，而没有具体的处理功能。在子系统测试过程中再逐步将桩模块用实际模块替换。在替换时，可以按数据流动的方向：输入模块，处理模块，输出模块的顺序逐步替换。在替换桩模块时，通常是在完成一组测试后，用一个实际模块替换一个桩模块，然后再进行下一组测试，这样依次结合构成一个完整的子系统。为保证模块替换后没有引入新的错误，可以在模块替换后先进行回归测试即重复以前已进行过的部分或全部测试，然后再进行新的测试。

（2）自底向上测试

从系统结构的最低一层模块开始，进行组装和测试。这种测试方法需要设计一些测试驱动模块而不是桩模块。测试驱动模块主要是用来接受不同测试用例的数据，并把这些数据传递给被测试模块，最后打印测试结果。采用自底向上方法测试子系统时，要先将一些低层模块组合成实现某一特定功能的模块群。然后为这些模块设计一个驱动模块，作为测试的控制模块，以协调测试用例的输入输出。在完成这一模块群的测试后，按照系统的层次结构从底向上用实际模块替换驱动模块，组合成一个新的规模更大的模块群，然后再进行新的一轮测试。

上述两种子系统测试方法各有其优缺点，并且一种方法的优点正是另一种方法的不足之处。

自顶向下方法的优点在于和子系统整体有关的接口问题可以在子系统测试的早期得到解决，但设计测试用例比较困难。

自底向上测试方法的优点在于设计测试用例比较容易，但它必须在最后一个模块组装出来后，才能使模块群作为一个整体存在。

通常在进行子系统测试时，是将这两种方法结合起来进行。即对子系统的较高层次使用自顶向下的组装方法，对子系统的较低层次使用自底向上的组装方法。

3. 系统测试（总调）

所有子系统都测试成功以后，就可以进行系统整体测试。它主要解决各子系统之间的数据通信和数据共享（公用数据库）问题以及满足用户要求的程度。

系统测试的依据是系统分析报告，要全面考核系统是否达到了系统分析的目标。在系统测试中可以发现系统分析中所遗留下来的未解决的问题。

在系统测试完成后要进行用户的验收测试，它是用户在实际应用环境中所进行的真实数据测试。主要使用原手工系统所用过的历史数据，将运行结果和手工所得结果相核对，以考察系统的可靠性和运行效率。如果测试数据只使用一个月，则最好选择 12 月份数据。因为管理业务数据在年底时较全面，数据量也大，并且有许多报表要处理。

经过以上分析可得出：模块设计时可发现程序设计中的错误，子系统测试时可以发现系统设计中的错误，而系统测试才发现系统分析中的错误。也即，越早的错误，越晚发现。因此，系统分析与设计人员要极其重视早期的系统分析与设计工作。

7.3.5 调试排错的方法与策略

调试工作是一个具有很强技巧性的工作。一个软件工程人员在分析测试结果的时候会发现，软件运行失效或出现问题，往往只是潜在错误的外部表现，而外部表现与内在原因之间常常没有明显的联系。如果要找出真正的原因，排除潜在的错误，不是一件易事。因此可以说，调试是通过现象找出原因的一个思维分析的过程。

1. 调试的步骤

调试不是测试，但是，它是作为测试的后继工作而出现的。

调试的执行步骤如下，如图 7-5 所示。

（1）从错误的外部表现形式入手，确定程序中出错位置。

（2）研究有关部分的程序，找出错误的内在原因。

（3）修改设计代码，以排除这个错误。

（4）重复进行暴露这个错误的原始测试或某些有关测试，以确认：①该错误是否被排除；②是否引进了新的错误。

（5）如果所作的修正无效，则撤销这次改动，重复上述过程，直到找到一个有效的解决办法为止。

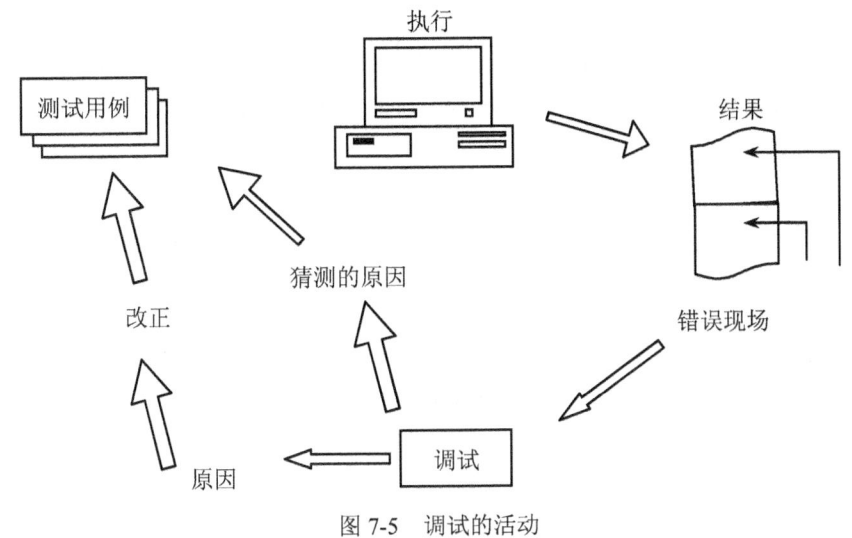

图 7-5 调试的活动

2. 调试方法

测试过程中发现的错误，需根据错误的类型与性质进行修改。对于语法错误，计算机系统可以发现，而对于方法上的逻辑错误，计算机系统不能发现。对此，可以采用以下的一些方法予以排除。

（1）追踪法

即将程序执行过程中的实际踪迹在屏幕上显示或打印出来。如 FoxBASE 中的 SET ECHO ON，SET ECHO OFF，SET DEBUG ON，SET DEBUG OFF，SET STEP ON，SET STEP OFF 等跟踪命令。除进行语句跟踪外，还可以进行赋值跟踪和变量跟踪。即在遇到赋值语句时，显示左部变量名的值。

利用动态调试窗口 Debug，可以将程序运行过程中的状态和结果在 Debug 窗口中显示，通过设置跟踪窗口可以看到程序执行的全部过程和程序变量的变化情况，由此来推断错误之所在和原因。

（2）截取法

在程序的某个位置设置断点，使程序在执行到该断点时停止运行。一些高级语言都有设置和废除中断的语句或命令，并有相应的继续执行命令。通常是在程序中两个相对独立的程序段之间设置断点，并预期程序执行到该处的结果，比较预期结果与实际运行结果，以判断该程序的正确性，或从中发现错误的位置。

以上两种方法是目前在排错中使用最多，但效率较低的方法。

（3）归纳法

从测试结果发现的错误入手，分析错误原因，查找错误所在。归纳法排错的步骤：

① 设置数据。列出所有已知信息，即程序能正确完成什么，存在什么类型的错误？

② 组织数据。这是从特殊到一般的处理过程，也就是使所设置的数据结构化，便于从中发现矛盾。

③ 假设错误可能原因。研究错误迹象与数据间的关系。提出一个或多个假设原因,若提不出假设,则要设置更多的数据和执行附加的测试用例。若存在几种假设,则首先选择可能性最大的一个。

④ 证明错误原因假设。通过比较错误原因假设与原来的错误数据,确定该假设是否完全解释了原有的错误迹象。如果比较结果不满意,则说明该假设不完全适用,要重新假设错误可能原因或重新设置数据。

(4) 演绎法

首先列出所有可能的错误原因,然后一个接一个地划去特殊的原因,直到留下一个主要原因为止。演绎法的步骤如下:

① 列出可能的错误原因;

② 仔细分析现有数据,寻找矛盾,排除所有无关因素,找出主要原因。若全部原因都被排除,则要设计附加的测试用例来发现新的错误原因;

③ 进一步完善留下的错误原因假设。利用可靠的错误迹象来完善错误原因假设,使之更加具体化;

④ 证明错误原因假设的正确性。

除了以上所介绍的排错方法外,还可以利用一些排错工具来帮助排错工作。

7.4 系统转换

7.4.1 系统转换

系统开发出来经过测试、试运行以后,就可以着手进行系统的转换工作,让系统进入实际运行。系统转换不可能一天完成,需要一个转换过程,并建立与之相适应的一整套健全的管理制度。

系统转换的方式有直接方式、并行方式和分阶段三种。三种转换方式如图 7-6 所示。

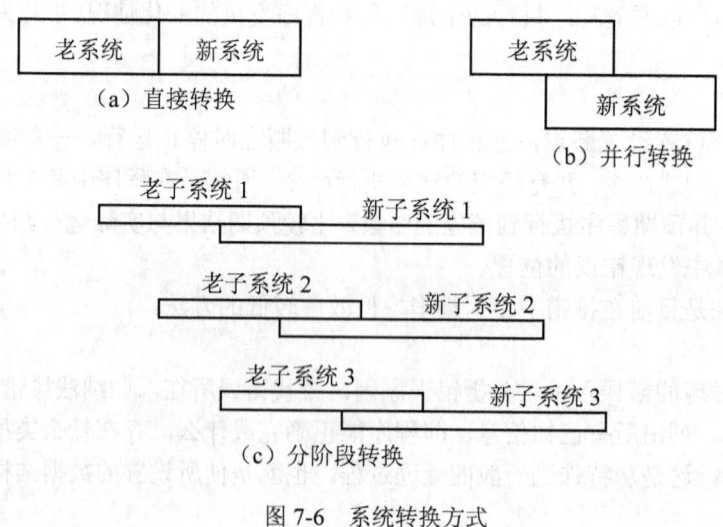

图 7-6 系统转换方式

（1）直接转换方式。这种转换方式是在某一时刻，用新系统完全代替老系统工作。这种转换方式省时省力，但风险较大。对于信息规格要求高的那些信息系统，比如会计信息系统而言，不能采用这种转换方式。因为系统中可能会存在一些始料不及的事情。

（2）并行转换方式。新老系统同时在一段较长时间内并行运行，并行期的初期是以老系统来考核新系统，老系统处理的结果作为管理的依据。并行期的后期，根据新系统工作情况逐步让老系统退出实际管理工作，这时的老系统起考核作用。这种转换方式可靠性高，风险小，但并行运行阶段会增加业务人员的工作量。

（3）分阶段逐步转换方式。新老系统的转换是一个子系统一个子系统地进行。每个子系统的转换是按并行方式进行。这种转换方式风险小，又不加重业务部门的负担。但各个子系统转换的先后次序和相互之间的接口处理较难解决。通常是先转换相对独立的"前道工序"的子系统，联系密切的"后道工序"的子系统则留在后期转换。

7.4.2 系统转换的主要工作

根据信息系统实际开发和应用的情况，确定了系统转换的方式以后，除了做好组织准备、物质准备和人员培训等准备工作之外，最重要并且工作量最大的是数据准备和系统初始化工作。

数据准备是从老系统中整理出新系统运行所需的基础数据和资料，即把老系统的文件、数据加工成符合新系统要求的数据，其中包括历史数据的整理、数据口径的调整、数据资料的格式化、分类和编码，以及统计口径的变化、个别数据及项目的增删改等。特别是对于那些采用手工方式进行信息处理的老系统，这个数据准备的工作量是相当大的，应提前组织进行，否则将延迟系统转换的进程。

信息系统从开发到投入应用必须经过一个初始化的过程。系统初始化包括对系统的运行环境和资源进行设置、系统运行和控制参数设定、数据加载以及调整系统与业务工作同步等内容。其中数据加载是工作量最大且时间最紧迫的一个重要环节。因为大量的原始数据需一次性输入系统，而组织生产经营管理业务活动不断产生新的信息，如果不能在有限的时间内将数据输入完毕并启动系统，则新的数据变化会造成系统中的数据失效。系统初始化中大量的数据加载工作是系统启动的先决条件，并且大多都是由手工输入突击完成的，因此输入中最重要的是正确性。数据加载中出现的数据错误，大体有四种来源：原始数据中就存在错误；数据整理工作中产生的错误；输入错误；新系统可能的程序错误。在系统初始化过程中要注意采取一定的手段来查错和纠错，以防止错误的数据进入系统。例如为了保证输入的正确性，有时采用数据重复输入法，把同一批数据分两次重复输入，由系统自动核对输入的差异，以检查数据输入的错误。尽管输入工作量增加了一倍，但有效地避免了数据的输入错误。如果数据内部有计算或平衡关系，可用程序对输入的数据进行检查，发现其可能存在的错误。如果老系统是计算机系统，则数据加载的主要工作将是进行数据和文件的转换，使数据转入新系统中。总之，数据加载工作量大、要求高，应予以高度重视。

在系统转换过程中，尤其是长时间的并行转换过程中，用户又会发现系统的一些错误和功能的缺陷，此时应以系统分析中确定的系统目标来衡量是否要对系统进行修改，对此，无论是用户还是系统开发者都应采取慎重态度。对于系统中的错误和漏洞是必须修改的，其工作量一般也并不大。但若用户提出要补充新的功能，如增加某些新的查询或报表功能，这种要求往往超出了系统目标和系统总体设计方案的范围。如果改动量不太大，则可考虑进行必要的改动，及时满足用户的要求。如果改动工作量很大,甚至要重新从系统分析或设计做起,则最好是把这些要求先记载下来,留待下一周期去扩展。事实上,各种新的要求在系统运行中会不断地提出来,如果每提一个新要求就进行一次修改,新系统将永远无法正式投入运行。在新系统投入运行时,应该理解和允许系统有某些不足,并在运行过程中不断积累经验,发现新的问题,然后再通过系统维护和系统更新来逐步解决这些问题,使系统逐步改善。

习题七

一、单项选择题

1. 系统实施阶段要继承此前各阶段的工作成果,将技术设计转化成为( )。
   A. 文档　　　　　B. 设计框图　　　　C. 物理实现　　　　D. 代码
2. ( )是系统质量可靠性保证的关键,也是对需求分析、系统设计和编码的最终评审。
   A. 程序设计　　　B. 系统安装　　　　C. 新旧系统转换　　D. 系统测试
3. 以下性能不是良好的程序所必备的( )。
   A. 结构清晰　　　B. 易理解　　　　　C. 可维护　　　　　D. 算法巧妙
4. 夹在程序中的( )是程序员与日后的程序读者之间通信的重要手段。
   A. 注释　　　　　B. 代码　　　　　　C. 说明　　　　　　D. 文档
5. 下列不属于注释内容的是( )。
   A. 程序标题　　　B. 接口说明　　　　C. 代码说明　　　　D. 主要算法
6. 程序编制完成以后,要对程序的正确性做出评价,这就需要对程序进行( )。
   A. 编写说明　　　B. 测试　　　　　　C. 纠错　　　　　　D. 调试
7. 下列关于系统测试不正确的说法是( )。
   A. 系统测试的对象是软件　　　　　　B. 系统测试是一个十分重要而漫长的阶段
   C. 系统测试过程可以省略　　　　　　D. 测试的目的就是改正软件的错误
8. 关于测试与调试,下列正确的是( )。
   A. 测试而言,其目标是发现系统中的错误　　B. 系统开发的最终目的是没有任何错误
   C. 调试就是找出错误　　　　　　　　　　　D. 调试与测试是一回事儿
9. 关于系统测试的原则,下列不正确的是( )。
   A. 测试工作应尽量由原开发软件的个人或小组来承担
   B. 设计测试方案时,不仅要包括确定的输入数据,而且应包括从系统功能出发预期的测试结果
   C. 测试用例不仅要包括合理、有效的输入数据,还要包括无效的或不合理的输入数据
   D. 软件中仍存在错误的概率和已经发现错误的个数是成正比的
10. 源程序编完以后,直接由程序员自己进行检查,这种测试方法称为( )。
    A. 走查　　　　　　　　　　　　　　B. 会审
    C. 个人复查　　　　　　　　　　　　D. 人工测试
11. 模块测试前必须先通过( )并改正所有语法错误。
    A. 模块接口　　　　　　　　　　　　B. 逻辑路径
    C. 边界条件　　　　　　　　　　　　D. 编译检查

12．机器测试中的边缘分析法是（　　）
　　A．黑盒测试　　　　　　　　　　B．白盒测试
　　C．既是黑盒测试又是白盒测试　　D．既不是黑盒测试又不是白盒测试

13．（　　）可以发现系统设计中的错误
　　A．模块设计　　　　　　　　　　B．子系统测试
　　C．系统测试　　　　　　　　　　D．人工测试

14．首先列出所有可能的错误原因，然后一个接一个地划去特殊的原因，直到留下一个主要原因为止。这种调试方法称为（　　）。
　　A．追踪法　　　　　　　　　　　B．截取法
　　C．归纳法　　　　　　　　　　　D．演绎法

15．新老系统的转换是一个子系统一个子系统地进行，这种转换方式称为（　　）。
　　A．直接转换方式　　　　　　　　B．并行转换方式
　　C．分阶段转换　　　　　　　　　D．逐步转换

二、填空题

1．系统实施在_____以后开始，以_____和_____为基础，必须按照系统设计的_____进行。

2．系统实施的主要活动由_____、_____、_____和_____等构成。

3．源程序文档化包括选择好标识符（变量和标号）的_____、安排_____以及程序的_____等。

4．一些正规的程序文本中，注释行的数量占到整个源程序的_____到_____。注释分为_____和_____。

5．视觉组织要注意_____、_____和_____。

6．开发较大规模系统，系统测试的工作大约占整个软件开发工作量的_____。

7．在系统测试中发现的错误按其范围和性质可划分为以下几类：_____、_____、_____、_____和_____。

8．软件测试的方法主要分为_____和_____。

9．黑盒测试：也称_____测试，将软件看作黑盒子，在完全不考虑程序的_____情况下，测试软件的外部特性。

10．软件测试工作分_____（单调），_____（分调），_____（联调）。

11．逻辑覆盖测试常用的方法有：_____、_____、_____和_____。

12．先用主控模块作为测试驱动模块，然后将其所有下属模块用桩模块代替，这种测试方法称为_____测试；从系统结构的最低一层模块开始，进行组装和测试，称为_____测试。

13．所有子系统都测试成功以后，就可以进行_____测试。它主要解决各子系统之间的_____和_____（公用数据库）问题以及满足用户要求的程度。系统测试的依据是_____，要全面考核系统是否达到了系统分析的目标。在系统测试完成后要进行用户的验收测试，它是用户在实际应用环境中所进行的_____测试。

14．调试不是测试，但是，它是作为测试的_____工作而出现的，调试采取的排除错误的方法有：_____、_____、_____和_____。

15．确定了系统转换的方式以后，除了做好组织准备、物质准备和_____等准备工作之外，最重要并且工作量最大的是_____和_____工作。

三、简述题

1. 简述系统实施的目标和活动。
2. 简述程序设计的质量要求和步骤。
3. 简述程序设计风格应达到的基本要求。
4. 什么是软件系统测试?其目的是什么?
5. 简述软件系统测试的方法。
6. 什么是调试?其步骤是什么?方法有哪些?
7. 系统转换的三种转换方式是什么?
8. 系统转换的主要工作有哪些?

第 8 章　系统运行管理与维护

本章简要阐述管理信息系统进入运行与维护阶段的管理要点、工作内容和注意事项。力图简明扼要地阐明系统运行维护阶段的工作性质，帮助初学者对该阶段理解与把握。

通过本章学习，读者应该：
- 理解系统运行管理工作，掌握运行管理的工作内容。
- 领会系统运行管理机构的组织形式与作用。
- 掌握系统维护的概念、维护工作的内容和类型。

8.1　系统运行管理

8.1.1　系统运行管理的主要任务

管理信息系统在完成系统实施、投入正常运行之后，就进入了系统运行与维护阶段。

管理信息系统运行管理的目标就是使信息系统能够根据企业的需要，提供持续可靠的业务支持和管理决策服务。这个阶段的管理任务主要有以下四个方面。

1. 建立运行管理机构

企业中信息系统的运行维护需要有专门的管理机构，负责对企业的信息系统和信息资源进行规划协调、服务支持和管理控制，它可以是企业内部的机构，如信息部、网络管理部或信息中心；也可以是接受企业委托的外部机构，如应用服务提供商。企业内部的相应机构在本书中统称为信息中心。企业信息中心的运营管理和服务方式有集中式和分散式两种。

（1）集中式

集中式是指所有信息资源的规划配置、协调服务和管理控制权都集中于统一的信息中心，支持企业运营的流程以及各个业务部门的信息服务需求都由信息中心负责提供。实现集中式管理要求有高度集中的主机资源配置，快捷可靠的网络环境。

集中式管理和集中服务的主要优点是：便于对集中运营的企业流程提供经济、高效的服务支持；统一的资源管理和控制，有利于内部信息资源的协调与平衡；便于系统保持整体运行，充分发挥系统的服务潜力；便于贯彻统一的信息标准、操作规程和服务规范；有利于实现数据的完整性和安全性控制。

（2）分散式

分散式是将信息资源分别置于企业各部门的管理和控制之下，信息系统的开发活动、开发人员、数据存储等都分散进行，信息服务和流程支持尽量由本地提供。分散式服务和管理的成功往往需要有优秀的本地资源。

分散式的主要优点是：便于满足业务部门内部的独特信息需求；部门一级对信息资源的控制、使用和维护比较方便；在业务处理以本地或局部性业务为主的条件下，业务处理成本较低。

（3）互相结合

集中式与分散式各有其优点，也可以采取集中与分散相结合的方式。计算机网络和通信技术的迅速发展，使企业可以根据业务流程的特点，合理地选择运行服务管理方式，并安排数据库资源、处理能力和技术资源的分布。一般情况下，企业信息技术资源的分布与业务管理的流程应相互匹配，以获得较高的经济性和可靠性。

2. 制定运行管理制度

管理规范是系统稳定运行的基本保障，也是信息中心开展各项运行管理工作的依据。要建立必要的运行管理制度，并落实管理责任，明确运行管理任务的工作内容。这些制度中有些是所有信息系统都适用的，一般领域的制度；还有一些是针对某些具体应用系统的制度。

系统操作和使用制度是最基本的制度之一。应该为每个投入运营的应用系统建立相应的正确操作和使用规则。如系统的管理流程、使用手册、上岗人员规程等。特别重要的系统还有专门的业务权限设置、数据安全性规定等。这些规则是系统持续可靠运行的基础保障。

3. 系统日常运行服务及管理

信息系统投入使用后，日常的运行服务与管理工作量巨大。其中不仅有对机器设备的管理，更重要的是对人员、数据及软件的管理。运行管理的基本内容包括。

（1）数据收集与维护

及时完成数据收集任务，迅速、准确地录入数据，并设置数据校验，对输入数据把关，避免错误数据进入系统；维护系统中的管理参数，如技术资源库、资源成本单价、用户权限数据等。

（2）例行信息处理

按规程进行数据更新，完成统计分析、报表生成工作，完成数据复制及保存，定期的数据交流等任务。

（3）系统运行与维护

安排专职人员负责计算机本身的运行与维护，包括设备的使用管理、定期检修、备品配件的准备及使用，各种消耗性材料（如软盘、打印纸等）的使用及管理，电源及工作环境的管理等。

（4）系统的安全管理

维护企业正当的信息活动，保证信息系统安全运行。

为保证运行管理任务的完成，检验运行管理工作的质量，为运行管理的改善提供切实依据，一项必不可少的常规工作，就是从信息系统投入运行开始，就要对系统运行情况进行规范、详细和完备的记录。这些记录的内容包括以下五个方面：

①工作的数量信息。如开机的时间、每日（周、月）提供的报表数、每日（周、月）录入数据的数量、系统中积累的数据量、修改程序的数量、数据使用的频率、满足用户临时要求的数量等；

②工作的效率信息。系统完成某项工作时，占用的人力、物力及时间情况。如消耗性材料的使用等；

③系统信息服务的质量信息。使用者对于服务提供的方式是否满意,信息的精确程度是否符合要求,信息提供得是否及时,临时提出的信息需求能否得到满足等;

④系统的维护修改情况。维护工作的内容、情况、时间、执行人员等;

⑤系统的故障情况。故障发生时间、故障现象、故障发生时的工作环境、处理方法、处理结果、处理人员、善后措施、原因分析。故障记录还应包括不属于计算机故障的信息,如数据收集不及时、年度报表未能按期生成、采集的原始数据有错等。

4. 系统评价及维护

系统评价及维护是系统可靠持续服务的保证。系统运行环境不断变化,投入运行后的系统需要及时更新,硬件和软件都不可能百分之百地排错,经历一定的运行时间后可能会暴露出缺陷和错误。系统维护也成为系统投入运行后一项经常性的任务。

8.1.2 系统的运行管理机构

1. 信息中心

信息中心是企业中支持信息系统运行管理、承担信息化工作支持服务的职能机构。在企业组织系统中,信息中心的地位与该企业中信息技术的应用范围和深度有密切关系。如图8-1所示,一般可分为四种情况。

第一种如图 8-1(a)所示,企业没有设立统一管理的信息中心这样的专业机构,各部门以分散和独立的方式使用和管理不同的信息系统和各自的信息技术资源。企业的计算机应用处于早期和起步阶段时往往会采用这种形式。

第二种如图 8-1(b)所示,企业已经建立了信息中心部门,它与其他业务部门地位平行,主要负责信息技术平台和业务系统的运营维护等工作,涉及企业信息技术发展的高层决策则需要由上级管理层来做。

第三种如图 8-1(c)所示,企业中的信息中心由高层直接领导,可以充当企业的决策参考支持中心,容易对企业信息资源进行集中调度和管理。

第四种如图 8-1(d)所示,信息中心与其他业务部门的下层信息部组成类似矩阵式的联系,既可以比较好地参与上级的信息技术决策,还可以直接管理和支持具体业务部门的信息需求。

信息中心的组建形式需要顺应企业组织的计算机应用发展的要求,与组织的业务战略保持一致。不同的组织形式各有利弊,并没有一种普遍适用的最优方式。如第四种的信息中心是矩阵式组织关系中的一个交叉点。企业本身的结构就比较复杂,信息中心应对企业内部管理和协调的工作任务会比较多,这对信息中心领导的素质要求也较高。如果企业中的应用系统规模较小,或者是局部性的,可以选用第一种形式。

2. 信息技术监管委员会

在那些高度依赖信息技术、通信技术和自动化技术的大型制造性企业中,信息中心还负责把计算机管理信息系统、计算机过程控制、计算机辅助设计、计算机辅助工艺和制造联结为一个整体,形成支持企业运作的计算机集成制造系统(Computer Integrated Manufacturing System,CIMS)。同时,电子商务、供应链管理、客户关系管理等系统的发展,使信息技术应用在企业中的重要性进一步提高,也需要企业在信息技术应用方面加强领导,进行更广泛的协调。这时企业会成立一个高层的信息技术监管委员会,由来自各个业务部门(财务、生产、市场等)的高层管理者组成,指导信息中心和相关职能部门一起,共同承担企业的信息技术管理和战略牲规划工作；同时对信息中心的工作进行管理、监督和指导。

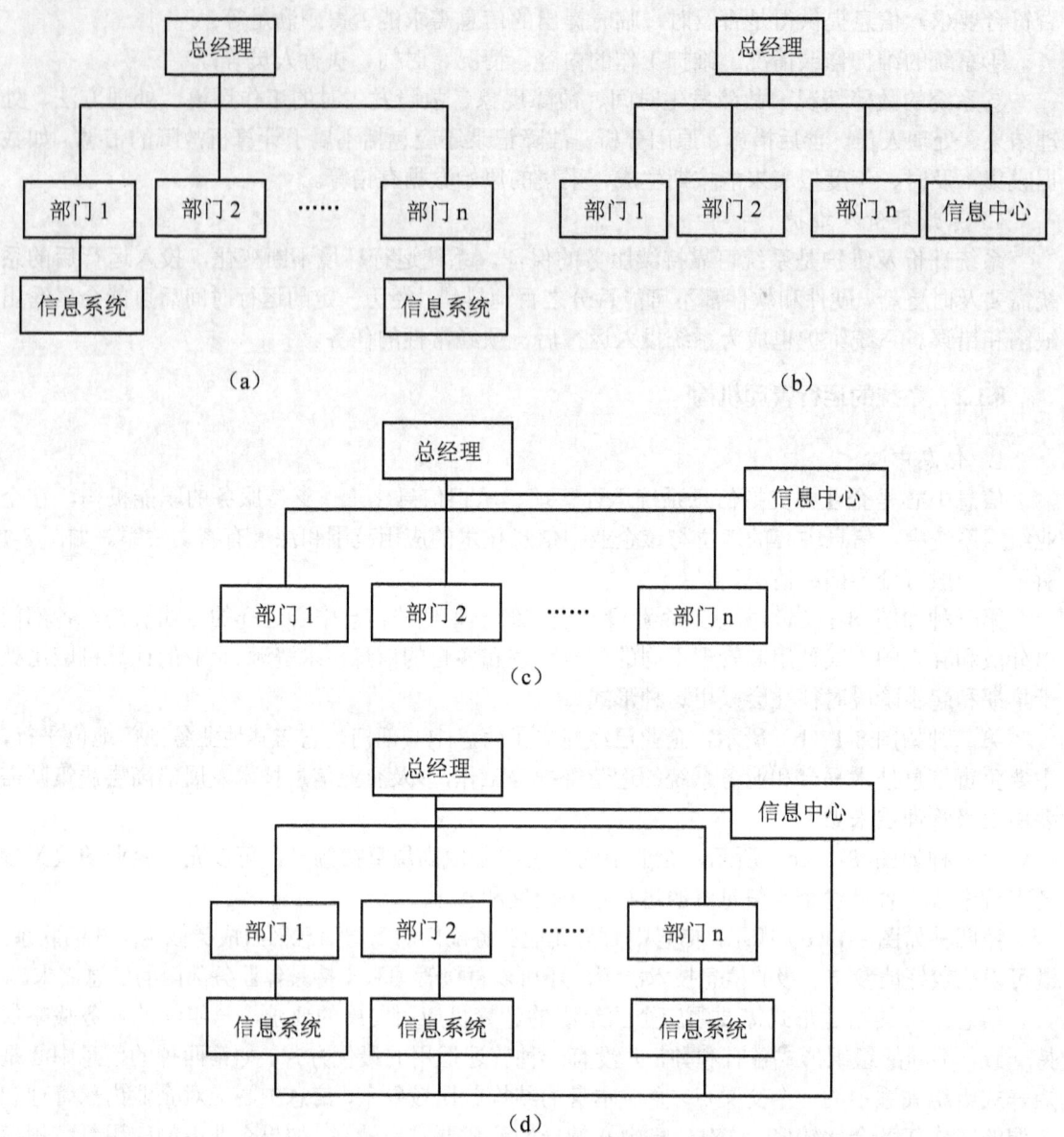

图 8-1　信息中心在企业组织中的地位

3. 企业的信息主管 CIO

那些引入了 ERP 系统或其他大规模的业务支持系统的企业，为了全面提高集中运作和管理的能力，往往需要建立较大型的信息中心，对组织中的各种应用进行全面的服务管理与集中化的技术支持。此时，企业需要由高级管理者或一名副总裁专门负责信息中心以及各种繁杂而重要的信息管理工作。企业会因此而设立新的信息主管（CIO）岗位，也被称作首席信息官。

CIO 往往直接负责管理信息中心，甚至兼任信息中心主任，但他的职责明显是超出信息中心管理者的范畴。CIO 将与企业的财务主管、市场营销主管、生产主管、产品开发与技术主管处于相同层级。CIO 的职责将包括如下几条：

①以整个企业为目标，着眼企业信息系统、信息技术和信息资源的管理；

②从性能、成本、可控性、复杂性等多个角度，对企业信息系统项目的价值进行评估，不断改善企业信息技术应用的效益；

③准确、及时地收集企业内外部的有用信息，深入开发信息价值，为企业决策提供依据；

④以信息技术带动企业的业务创新和管理创新，提高企业的核心竞争力；

⑤参与企业的高层决策过程，负责企业信息化战略和相关规划的制定。

从人员素质上看，CIO 不仅要精通信息技术，还必须熟悉组织的业务管理现状，富有战略眼光，深入了解组织的目标和业务发展战略；掌握现代管理思想和方法，有洞察力和创新精神；了解信息技术前沿，熟悉信息系统开发和运行管理工作；有较强的资源统筹管理意识和对技术资源进行统一组织的能力。

8.1.3 信息中心的组成和职责

1. 信息中心的组成

信息中心规模有大有小。小的仅有几个人，大的可能成百上千人。在企业计算机应用的初期，信息系统的分析设计、运行操作、维护管理可能只由 1~2 人承担。随着应用范围的扩大，应用的复杂性增加，出现了系统分析员、程序员、数据库管理员、网络管理员等不同岗位。随着网络交易的出现和应用的深入，又出现了电子商务管理员、系统安全员等岗位。组织业务应用规模越大，种类越多，管理和服务功能越细，信息中心的组织和人员构成也越复杂，还会分布在不同地点。某信息中心的组织结构如图 8-2 所示。

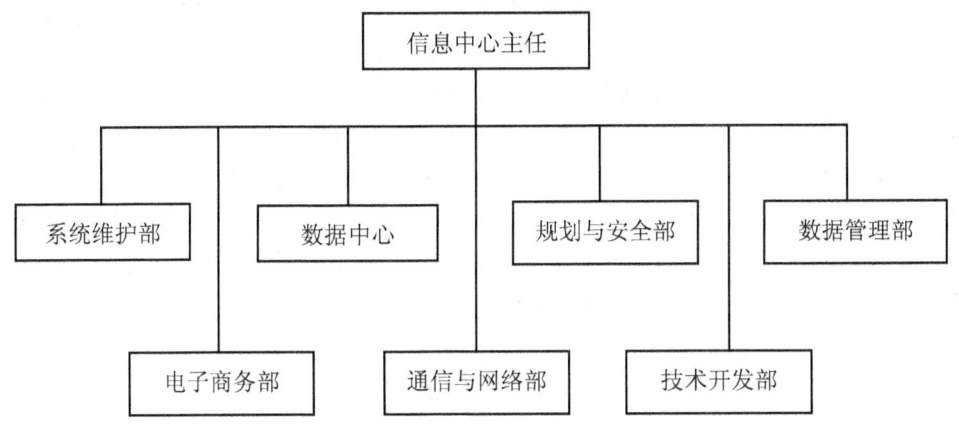

图 8-2 某信息中心的组织结构示例图

其中，各服务部门的主要工作职责如下。

规划与安全部：协助制定信息系统的规划，分析企业业务对信息服务的需求，规划应用系统的开发工作，制定与信息系统应用有关的安全策略和服务保障措施。

数据中心：维护和管理组织的共享数据库和数据仓库，集中录入，文档管理，提供安全访问服务。

系统维护部：负责计算机硬件和系统软件的安装及维护，使信息系统的硬件设备处于良好工作状态。

数据管理部：与用户协调沟通，利用和开发对企业有用的数据、信息和知识资源。

电子商务部：监控电子商务交易行为，服务商管理，内部用户培训支持，研究电子商务环境的变动对组织的影响。

通信与网络部：负责网络设施的设计、安装、运行、安全和维护工作。

技术开发部：研究信息技术的变动前沿，分析潜在应用领域，对信息系统在企业中应用的价值进行评估。

2. 信息中心的人员及素质要求

随着时代的变动，信息中心的人员和岗位构成变动很快，可能每隔两年就有明显的调整。包括增加新的岗位，撤并低效过时的岗位等。同时保证信息中心人员的素质是非常关键的，它不仅仅涉及技术方面，而且包括工作态度和责任意识等综合性要求。以下是对信息中心一些重要岗位人员的素质要求。

系统分析师：需要研究企业对信息系统的需求，负责设计新系统等。系统分析师应熟悉企业业务，关注企业的信息服务应用需求；有管理技能；精通系统分析技术和方法；能够领导开发人员完成系统建设项目；能协调好技术人员、外包人员、业务人员之间的关系。

程序员：能够根据系统设计报告，编制、调试和修改程序。程序设计员应有较强的逻辑思维能力与学习能力，熟练掌握相关的计算机程序设计语言，能够创造性地开展工作，有较强的严谨性、科学性和合作意识。程序员还可进一步细分为系统程序员、应用程序员、维护程序员等。

数据库管理员：负责整个企业共享数据资源、核心数据库的建立、运行安全和维护工作。了解数据库底层结构和基本内容，对数据库存取操作权限高。数据库管理员不仅仅要精通数据库技术知识，而且要熟悉数据的应用环境、网络平台状况和业务应用流程，熟知相关的保密工作条款，工作原则性强，有很强的工作责任心和对资源主动维护的意识。

用户协调员：随着信息中心规模的扩大和在组织中地位的提升，信息中心会分别设立与信息安全、办公自动化应用等重点应用有关的专职岗位。负责系统安全的协调员重点负责建立和维护各种系统安全规程，调查各种安全隐患，及时纠正违规行为等；负责办公自动化的协调员可能会随时关注局部利益和组织整体利益的冲突，发现潜在问题，正确采取上报或纠正措施。协调员要有较好的技术知识和实际工作经验，并熟悉业务部门的工作环境，能够把握和分析用户利益，掌握良好的沟通技巧，有解决冲突的管理能力。

8.2 系统维护

8.2.1 系统维护的目的和重要意义

一般信息系统的使用寿命，短则 4~5 年，长则达到 10 年以上。在系统的整个使用寿命中，都将伴随着系统维护工作的进行。系统维护的目的是保证管理信息系统正常而可靠地运行，并能使系统不断得到改善和提高，以充分发挥作用。因此，系统维护就是为了保证系统中的各个要素随着环境的变化始终处于最新的、正确的工作状态。

然而系统维护工作在整个系统生命周期中常常被忽视。人们往往热衷于系统开发，开发工作完成后，开发队伍解散或撤走，系统开始运行后没有配置适当的系统维护人员。这样，一旦系统发生问题或环境发生变化，最终用户将无从下手，这就是为什么有些信息系统在运行环境中长期与旧系统并行运行不能转换，甚至最后被废弃的原因。随着信息系统应用的深入，以及使用寿命的延长，系统维护的工作量将越来越大。系统维护的费用往往占整个生命周期总费用的 70%以上，因此有人曾以浮在海面的冰山来比喻系统开发与维护的关系，系统开发工作如同冰山露出水面的部分，容易被人看到而得到重视，而系统维护工作如同冰山浸在水下的部分，体积远比露出水面的部分大得多，但由于不易被人看到而常被忽视；从另一方面来看，相对具有"开创性"的系统开发来讲，系统维护工作属于"继承性"工作，挑战性不强，成绩不显著，使很多技术人员不安心于系统维护工作，这也是造成人们重视开发而轻视维护的原因。但系统维护是信息系统可靠运行的重要技术保障，我们应给予足够的重视。

8.2.2 系统维护工作的内容和类型

1. 系统维护工作的内容

系统维护是面向系统中各种构成因素的，按照维护对象的不同，系统维护的内容可分为以下几类：

（1）系统应用程序维护。系统的业务处理过程是通过应用程序的运行而实现的，一旦程序发生问题或业务发生变化，就必然地引起程序的修改和调整，因此系统维护的主要活动是对程序进行维护。

（2）数据维护。业务处理对数据的需求是不断发生变化的，除了系统中主体业务数据的定期正常更新外，还有许多数据需要进行不定期的更新，或随环境或业务的变化而进行调整，以及数据内容的增加、数据结构的调整。此外，数据的备份与恢复等，都是数据维护的工作内容。

（3）代码维护。随着系统应用范围的扩大、应用环境的变化，系统中的各种代码都需要进行一定程度的增加、修改、删除，以及设置新的代码。

（4）硬件设备维护。主要是指对主机及外设的日常维护和管理，如机器部件的清洗、润滑，设备故障的检修，易损部件的更换等，都应由专人负责，定期进行，以保证系统正常有效地运行。

2. 系统维护的类型

系统维护的重点是系统应用软件的维护工作，按照软件维护的不同性质，可以划分为下面四种类型：

（1）纠错性维护。由于系统测试不可能揭露系统存在的所有错误，因此在系统投入运行后频繁的实际应用过程中，就有可能暴露出系统内隐藏的错误，诊断和修正系统中遗留的错误，就是纠错性维护。纠错性维护是在系统运行中发生异常或故障时进行的，这种错误往往是遇到了从未用过的输入数据组合或是在与其他部分接口处产生的，因此只是在某些特定的情况下发生。有些系统运行多年以后才遇到这种情况，暴露出在系统开发中遗留的问题，这是不足为奇的。

（2）适应性维护。适应性维护是为了使系统适应环境的变化而进行的维护工作。一方面计算机科学技术迅速发展，硬件的更新周期越来越短，新的操作系统和原来操作系统的新版本不断推出，外部设备和其他系统部件经常有所增加和修改，这就必然要求信息系统能够适应新的软硬件环境，以提高系统的性能和运行效率；另一方面，信息系统的使用寿命在延长，超过了最初开发这个系统时应用环境的寿命，即应用对象也在不断发生变化，机构的调整、管理体制的改变、数据与信息需求的变更等都将导致系统不能适应新的应用环境。如代码改变、数据结构变化、数据格式以及输入输出方式的变化、数据存储介质的变化等，都将直接影响系统的正常工作。因此有必要对系统进行调整，使之适应应用对象的变化，以满足用户的要求。

（3）完善性维护。在系统的使用过程中，用户往往要求扩充原有系统的功能，提高其性能，如增加数据输出的图形方式，增加联机在线帮助功能、调整用户界面等，尽管这些要求在原来系统开发的需求规格说明书中并没有，但用户要求在原有系统基础上进一步改善和提高；并且随着用户对系统的使用和熟悉，这种要求可能不断提出。为了满足这些要求而进行的系统维护工作就是完善性维护。

（4）预防性维护。系统维护工作不应总是被动地等待用户提出要求后才进行，应进行主动的预防性维护，即选择那些还有较长使用寿命，目前尚能正常运行，但可能将要发生变化或调整的系统进行维护，目的是通过预防性维护为未来的修改与调整奠定更好的基础。例如将目前尚能应用的报表功能改成通用报表生成功能，以应付今后报表内容和格式可能的变化。

根据对各种维护工作分布情况的统计结果（如图 8-3 所示），一般纠错性维护占 21%，适应性维护占 25%，完善性维护达到 50%，而预防性维护及其他类型的维护仅占 4%。可见系统维护工作中，一半以上的工作是完善性维护。

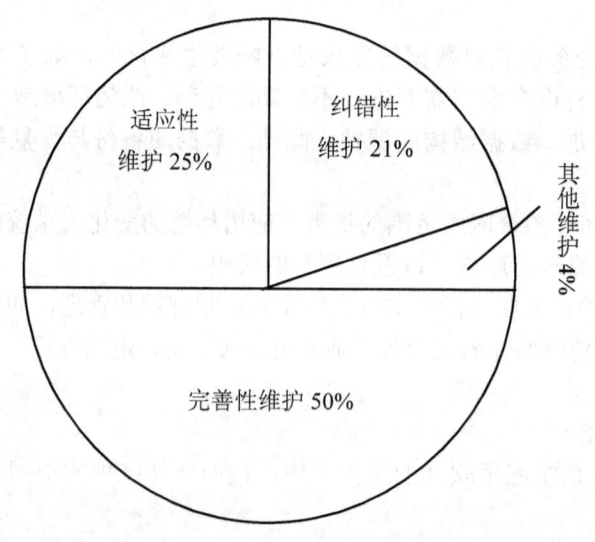

图 8-3　各类型维护占总维护的比例

8.2.3　系统维护工作的管理

系统维护的根据是系统的文档。在系统中，一个程序的改变可能会涉及其他程序或系统。因此，系统维护要特别谨慎。系统维护工作应视维护内容指派专人负责，并通过一定审批手续。对于重大的维护项目要填写申请单，经批复后方可实施。审批人应对系统非常熟悉，能够判断维护的必要性和可能性、维护的影响范围、维护的工作量及维护的后果等。

维护工作的步骤是：

（1）提出维护要求。用户或系统操作人员提出维护要求，填写申请报告。

（2）审批。维护申请报告经专家研究和领导审批。

（3）组建维护小组。根据维护工作的内容选择有关维护人员组成维护小组，负责维护工作。

（4）维护实施。维护人员研究维护任务，阅读系统文档以确定维护工作的实施细则。进行维护时一定要填写维护记录。

（5）文档维护。对程序进行维护后，一定要对相应的文档做维护。以保持系统的一致性，给以后的维护打好基础。

（6）验收。维护工作完成后，由用户、专家及有关领导进行验收，同时要验收有关资料。对于重大的维护应作为小系统开发对待，按部就班地进行。

习题八

一、单项选择题

1. 管理信息系统运行管理的目标就是使信息系统能够根据企业的需要，提供持续可靠的（　　）服务。
   A．业务支持和业务处理　　　　　　B．管理支持
   C．业务支持和管理决策　　　　　　D．业务管理

2. 企业信息中心的运营管理和服务方式中，（　　）是指将信息资源分别置于企业各部门的管理和控制之下，信息系统的开发活动、开发人员、数据存储等都分散进行。
   A．集中式　　B．分散式　　C．集中与分散式　　D．分开式

3. （　　）是系统稳定运行的基本保障，也是信息中心开展各项运行管理工作的依据。
   A．日常运行服务及管理　　　　　　B．系统操作和使用制度
   C．管理规范　　　　　　　　　　　D．数据设置等安全性规则

4. 信息中心是企业中支持信息系统运行管理、承担信息化工作支持服务的职能机构。在企业组织系统中，信息中心的地位与该企业中信息技术的（　　）有密切关系。
   A．应用范围和深度　　　　　　　　B．企业的规模
   C．企业领导者的意志　　　　　　　D．企业的经营内容

5. 企业由高级管理者或一名副总裁专门负责信息中心以及各种繁杂而重要的信息管理工作。这个岗位被称作（　　）。
   A．CAO　　B．CCO　　C．ICO　　D．CIO

6. 在信息中心中，负责维护和管理组织的共享数据库和数据仓库，集中录入，文档管理，提供安全访问服务的部门是（　　）
   A．数据中心　　B．规划与安全部　　C．系统维护部　　D．电子商务部

7. 系统维护就是为了保证系统中的各个要素随着环境的变化始终处于（　　）工作状态。
   A．最稳定的　　B．最新的、正确的　　C．正确的、长久的　　D．最新的，稳定的

8. 在系统的使用过程中，用户往往要求扩充原有系统的功能，提高其性能。这种维护叫做（　　）。
   A．完善性维护　　B．纠错性维护　　C．适应性维护　　D．预防性维护

9. 系统维护工作中，一半以上的工作是（　　）。
   A．完善性维护　　B．纠错性维护　　C．适应性维护　　D．预防性维护

10. 系统维护的根据是系统的（　　）。
    A．说明书　　B．文档　　C．框图　　D．数据流图

二、填空题

1. 管理信息系统在完成系统实施、投入正常运行之后，就进入了_____阶段。
2. 管理信息系统运行管理的管理任务主要有以下四个方面_____、制定运行管理制度、_____、系统评价及维护。
3. _____是系统稳定运行的基本保障，也是信息中心开展各项运行管理工作的依据。
4. 运行管理的基本内容包括数据收集与维护、_____、系统运行与维护、_____。
5. _____是由企业成立的，由来自各个业务部门（财务、生产、市场等）的高层管理者组成，指导信息中心和相关职能部门一起，共同承担企业的信息技术管理和战略性规划工作；同时对信息中心的工作进行管理、监督和指导。
6. 信息中心一些重要岗位人员的素质要求如下：_____，需要研究企业对信息系统的需求，负责设计新系统等；_____，能够根据系统设计报告，编制、调试和修改程序；_____，负责整个企业共享数据资源、核心数据库的建立、运行安全和维护工作；_____，重点负责建立和维护各种系统安全规程，随时关注局部利益和组织整体利益的冲突，发现潜在问题，正确采取上报或纠正措施。
7. 系统维护的内容可分为：系统应用程序维护、_____、_____、_____。
8. 根据对各种维护工作分布情况的统计结果，一般纠错性维护占_____，适应性维护占_____，完善性维护达到_____，而预防性维护及其他类型的维护仅占_____。
9. 系统维护工作应视维护内容指派_____负责，并通过一定_____。对于重大的维护项目要填写_____，经批复后方可实施。
10. 维护工作的步骤是：①_____；②_____；③_____；④_____；⑤_____；⑥_____。

三、简述题

1. 简述系统运行管理的主要内容。
2. 简述集中式管理和分散式管理的主要优点。
3. 什么是系统日常运行管理的基本内容？
4. 简述信息主管（CIO）的主要职责。
5. 简述数据库管理员的主要职责。
6. 简述维护工作的重要性。
7. 简述系统维护工作的内容和类型。
8. 简述系统维护的管理工作步骤。
9. 依据书中理论思考一下，成绩管理信息子系统中主要维护的内容有哪些？这些维护内容都属于什么维护类型？

附录　管理信息系统课程设计指导建议

F.1　课程设计实习基本要求

课程设计作为一个重要的实践环节，旨在培养学生应用计算机系统管理信息的思想、意识和能力，在实干中牢固掌握管理信息系统开发方法的要点。

F.1.1　组织与选题

（1）首先做好动员工作，讲清课程设计的目的和意义，特别告诫学生在软件编制和系统调试中会因发现许多错误而产生厌烦和畏难情绪，鼓励学生积极进取，解决难题，提高编程兴趣。

（2）按照课题小组形式组织学生实习，一个40人左右的标准班大约可建8~10个课题小组，每组有3~5名学生。各小组选1名同学为课题负责人，负责制定课程设计的具体计划，人员分工，并管理小组成员实施计划。

（3）选择一个合适的课题。课题的来源：
① 社会调查、社会实践中得到；
② 自己讨论产生；
③ 教师指定；
④ 本附录提供的参考。

如果选择课题相当小，一个人就可以独立完成。但我们提倡选择的课题范围比较大一些，需要几个人合作完成，经过讨论，统一进行系统的分析与设计，统一设计数据库。然后进行分工，每个人负责开发并调试成功一个子系统或几个功能模块，大家使用同一个数据库。最后进行联合调试。这样比较接近实际问题，而且有利于培养同学们的团队协作精神。

（4）遵循管理信息系统开发生命周期，分阶段组织课题设计开发。课程设计时间：4周。

F.1.2　编写技术文档

多人合作课题，可分工编写系统开发技术文档，各阶段技术文档的规范格式参见本书中相关章节，可使用CASE工具。文档的分工办法有几种：

（1）每人负责不同的子系统，分别写出系统开发文档，允许有三分之一内容相同。
（2）分别执笔系统分析报告，系统设计报告，系统实施报告等，合成一份完整的技术文档。

F.1.3　设计结果、验收评分

（1）开发工作完成后，学生须编写出一套完整可运行的信息系统程序和一份课程设计报告，可用磁盘或网站形式提交。
（2）课程设计报告内容包括：封面、目录、各阶段技术文档（正文）、致谢、参考资料。

(3) 文档、可运行软件各 50 分。文档要求 5000 字左右。数据库至少由 3 个相互关联的数据表组成。

F.2 课程设计课题参考

本附录提供的课程设计课题参考，给出管理信息系统课题的功能要求或者系统的输出要求。同学们根据这些要求，应用所学知识，可以发挥自己的创造性，设计并开发出一个比较接近实际问题的小型管理信息系统。

F.2.1 学生成绩管理信息系统

本书中案例包含学生成绩管理信息系统，读者对这个课题已经有了较多的了解。我们知道，管理信息系统的设计由输出决定着输入。

这个课题要求实现如下功能（至少有三个班，每班 10 名学生，5 门课）：

（1）学生成绩录入。
（2）学生成绩增删改。
（3）学生成绩查询。
（4）学生成绩统计分析。

输入格式 1：**课学生成绩查询表

学号	姓名	课程	成绩（不及格用红色表示）

输入格式 2：学生成绩统计表

课程名	班级 1			班级 2			班级 3		
	人数	90 分以上（%）	不及格	人数	90 分以上（%）	不及格	人数	90 分以上（%）	不及格
课程 1									
课程 2									
……									
课程 5									

F.2.2 某企业库房物资管理信息系统

某企业的库房物资管理信息系统划分为计划、合同、库存管理三个子系统。计划管理的主要功能是：根据各生产部门上报的生产、维修及材料计划和已有的库存情况建立数据库，与已签订的采购合同进行物资汇总平衡，制定物资采购计划。合同管理的主要功能是建立物资合同台账，对已签订的物资供应合同进行管理。库存管理对库房物资的进货与发放、库存进行管理。输出要求有：收料单、领料单、库存平衡表、合同台账、物资采购计划。

这个课题范围比较大，需要几个人合作完成，经过讨论，统一进行系统的分析与设计，统一设计数据库。然后进行分工，每个人负责开发并调试成功一个子系统或几个功能模块，大家使用同一个数据库。最后进行联合调试。

F.2.3　工资管理信息系统

这个课题要求实现如下功能：
（1）建立职工基本数据库（至少有 3 个部门，每部门 5 人）。
（2）建立职工基本工资表与变动工资数据表。
（3）基本工资与变动工资分别输入。
（4）输出信息 1：个人工资条

编号，姓名，部门，基本工资，津贴，奖金，加班，税金，公积金，保险，事病扣领，水电费，房租，应发工资，实发工资
（5）输出信息 2：按部门工资汇总表

部门名称，人数，基本工资，津贴，应发工资，加班，税金，公积金，保险，事病扣领，水电费，房租，实发工资

F.2.4　租赁光盘管理系统

在自己居住的小区附近，找几间光盘租赁店铺进行调查分析。调查内容包括：
（1）租赁店的规模，即租赁的音像制品数目、音像制品编码方式、职工文化水平、租赁店的主要业务、顾客流量、顾客的租盘凭证等。
（2）租赁业务流程调查。

经过开发小组的分析讨论后，明确用户需求。租赁光盘系统一般须具备以下几项功能：
（1）光盘库的录入与维护：记账员负责根据采购员的入库单进行光盘的录入，并且对于过期或损毁的光盘进行注销处理。
（2）光盘租还功能：租盘时，系统可输出租盘单和押金单，让顾客交押金，然后营业员付盘和押金单给顾客。还盘时，顾客将盘和押金单给营业员，营业员根据系统提供的租盘单进行还盘业务，并计算应退押金，给顾客开出应退押金单，退给顾客押金。
（3）查询功能：音像店老板根据库存光盘台账和租赁光盘台账，查询光盘库存和租盘情况。
（4）统计功能：可以盘点库存光盘和租出光盘情况，可以进行资金统计，得到购买光盘的费用、押金总数和租金总数等。

F.2.5　图书管理系统

为学校图书资料室设计一个信息管理系统，包括以下功能：
（1）读者信息管理：记录读者的基本信息。
（2）书籍信息管理：记录书籍的基本数据，查询书籍是否借出，预计何时归还。
（3）借阅信息管理：读者借书时，登录有关借书信息；读者还书时，检查是否有逾期和其他违规行为。

F.2.6　书店图书预定信息系统

欲开发一个书店图书预定系统，该系统的功能要求为：

(1) 书店向顾客发征订单，顾客将所填写订单交由系统处理。
(2) 系统首先对订单进行检查并只对合格订单进行处理。
(3) 处理过程中，根据订单数量和顾客情况将订单分为优先订单和正常订单两种。
(4) 随时处理优先订单，定期处理正常订单。
(5) 系统根据所处理的订单按出版社的要求汇总发给出版社。

F.2.7　某商场销售管理信息系统

(1) 输出信息 1：销售量分析。商品代码，商品名称，日销量，累计量，去年同期累计额，同比增长%，日销售金额，累计金额，去年同期累积金额，同比增长%。

(2) 输出信息 2：销售月度分类汇总。商品类别，当月销量，累计销量，与去年同比增长%。

(3) 输出信息 3：日销售台账。日期，商品代码，日销售量，日销金额，柜台代号，各类条件查询，历史数据查询。

F.2.8　运动会成绩管理系统

以学校运动会为背景开发运动会成绩管理系统，包括以下功能：
(1) 登记各项比赛成绩。
(2) 根据预赛成绩自动产生决赛名单。
(3) 查询各项比赛成绩，统计团体成绩、名次。
(4) 管理奖品发放。

F.2.9　银行储蓄信息系统

为方便储户，某银行拟开发计算机储蓄系统，应用于银行下属的任何一个储蓄所，其功能要求是：

(1) 储户填写的存款单或取款单由业务员键入系统，如果是存款，系统记录存款人姓名、住址、存款类型、存款日期、利率等信息，并印出存款单给用户。

(2) 如果是取款，系统计算利率并印出利息清单给储户。

系统的处理功能为：

(1) 业务分类处理。系统首先根据储户填写的存/取款单确定本次业务的性质，并将存/取款单和存折一起交下一步处理。

(2) 存款处理。系统将存款单上的存款金额分别记录在存折和账目文件中，并将本金存入现金库，最后将存折还给储户。

(3) 取款处理。系统将取款单上的取款金额分别记录在存折和账目文件中，并从现金库中提取现金，最后将现金和存折一起交给储户。

F.2.10　设备管理信息系统

(1) 查询1：设备台账

设备代码，设备名称，类别，生产厂家，出厂日期，金额，到达日期，领取单位，领取人，领取时间，固定资产卡片号。

（2）查询2：固定资产维护台账

固定资产卡片号，维护记录，领用人变动。

（3）查询3：固定资产汇总

使用单位，设备类别，设备台数，金额。

F.2.11　航空订票信息系统

为方便旅客，航空订票系统实现的主要功能是：旅行社把预定机票的旅客信息（姓名、性别、工作单位、身份证号、旅行时间、航行目的地等）输入该系统，系统为旅客安排航班，印出取票通知和账单，旅客在飞机起飞的前一天凭取票通知和账单交款取票，系统校对无误即印出机票给旅客。

F.2.12　医院危重病人管理信息系统

目前住院病人主要由护士护理，这样做不仅需要大量护士，而且由于不能随时观察危重病人的病情变化，还会延误抢救时机。某医院打算开发一个以计算机为中心的患者监护系统，医院对患者监护系统的基本要求是随时接收每个病人的生理信号（脉搏、体温、血压、心电图等），定时记录病人情况以形成患者日志，当每个病人的生理信号超出医生规定的安全范围时向值班护士发出警告信息。此外，护士在需要时还可以要求系统打印出某个病人的病情报告。

F.2.13　住房管理信息系统

在我国住房管理是一个关系到每个人切身利益的大问题。拟开发一个用计算机进行房产管理的系统，要求系统具有分房、调房、退房和咨询统计等功能。房产科把用户申请表输入系统后，系统首先检查申请表的合法性，对不合法的申请表系统拒绝接受；对合格的申请表根据类型分别进行处理。

如果是合法的分房申请，则根据申请者的情况（年龄、工龄、职称、家庭人口等）计算其分数，当分数高于规定分数时，按分数高低将申请单插到分房队列的适当位置。每月最后一天进行一次分房活动，从空房文件中读到空房信息，如房号、面积、等级、单位面积金额等，把好房优先分配给排在分房队列前面的符合该等级住房条件的申请者，从空文件中删掉这个房号的信息，从分房队列中删掉该申请表，并把此房号的信息和住户信息一起写到住房文件中，输出住房分配给住户，同时计算房费并将算出的房费写到房费文件中。

如果是退房申请，则从住房文件和房费文件中删掉有关的信息，再把此房号的信息写到空房文件中。

如果是调房申请，则根据申请者的情况确定其住房等级，然后在空房文件中查找属于该等级的空房，退掉原住房，再进行欲分房类似的处理。

住户可向系统询问目前居住某房屋的条件，某房号的单位面积房费等信息。房产科可以要求系统随时打印出住房情况的统计表，或更改某类房屋的居住条件、单位面积房费等。

参考文献

[1] 王彤宇. 管理信息系统. 北京：中国水利水电出版社，2008.
[2] 郭宁，杨一平. 软件工程实用教程. 北京：人民邮电出版社，2006.
[3] 甘仞初. 管理信息系统. 北京：机械工业出版社，2002.
[4] 程宏. 管理信息系统. 杭州：浙江大学出版社，2006.
[5] 毛基业，郭迅华，朱岩. 管理信息系统——基础、应用与方法. 北京：清华大学出版社，2011.
[6] 闫菲. 软件工程. 北京：中国水利水电出版社，2001.
[7] 苑伟，景福文. 新编管理信息系统. 大连：大连理工大学出版社，2005.
[8] 陈圣国. 信息系统分析与设计. 西安：西安电子科技大学出版社，2001.
[9] 甘仞初. 信息资源管理. 北京：经济科学出版社，2000.
[10] 黄梯云，李一军. 管理信息系统. 北京：高等教育出版社，2005.
[11] 蔡淑琴. 物流信息系统. 北京：中国物资出版社，2002.
[12] 刘慧. 供应链管理. 北京：中国人民大学出版社，2002.
[13] 国家经贸委贸易市场局，北京大学网络经济研究中心编. 中国企业互联网应用与电子商务白皮书. 北京：中国经济出版社，2002.
[14] 特班等. 电子商务管理视角. 严建援等译. 北京：机械工业出版社，2010.
[15] 周林勇. 电子商务网站与 Web 数据库. 商场现代化，2006（5）：75-76.
[16] 殷建民. 软件系统分析与设计. 北京：中国水利水电出版社，2008.
[17] 王彤宇，王秀红. 数据库系统设计教程. 兰州：甘肃文化出版社，2002.
[18] 周山芙，赵苹. 管理系统中计算机应用. 北京：外语教学与研究出版社，2012.
[19] 钱英. 电子商务时代 ERP 的应用与实施. 计算机时代，2004（7）：49-50.
[20] 查菲，伍德. 企业信息管理——用信息系统改进绩效. 赵苹，陈守龙，刘现伟译. 北京：中国人民大学出版社，2008.